構造設計を仕事にする

思考と技術・独立と働き方

〈編著〉
坂田涼太郎
山田憲明
大野博史
村田龍馬
木下洋介
名和研二
多田脩二
鈴木啓

〈著〉
小澤雄樹
三原悠子
黒岩裕樹
礒崎あゆみ
桝田洋子
萩生田秀之
松尾智恵
山脇克彦
金田泰裕

学芸出版社

まえがき

この本を出すきっかけは2015年のセミナー「アトリエ構造設計事務所[*1]の仕事」に遡ります。このセミナーは今回の編集メンバーである、世代の近い構造設計者8人が、建築を学ぶ学生や若い実務者の方々に、一般的にあまり知られていないアトリエ構造設計事務所の実務とその実際を知ってもらい、この世界に興味を持ってくれる人が一人でも増えれば、という思いから企画したものでした。

構造設計は主に建築家と協働する専門職間の仕事であるため、その具体的な仕事の内容が一般に分かりにくく、あってもその接点は建築作品に限られます。そこで、セミナーでは構造設計の「仕事」そのものを知ってもらおうと思いました。東京で開催したこのセミナーは、当初の予想を大幅に上回る200人以上の学生や若い社会人の方々に足を運んでもらうことができました。多くの方に構造設計の仕事を紹介できたことも収穫でしたが、我々自身にとっても仕事を捉え直す機会になりました。このセミナーは4年目となった今も、毎年回を重ねて開催を続けています。

そして、編集メンバー同士でこのセミナー開催のためにお互いの事務所を行き来し、事務所や仕事の様子を垣間見ながら打ち合わせをして、お酒を酌み交わしながら自分たちの今まで・今・これからのことを語り合ううちに、ひょっとしたらそこで話している構造設計の仕事にまつわる四方山《よもやま》をかたちにして知ってもらうほうが、より構造設計の魅力を知ってもらえるのではないかと考えるようになりました。そんなとき、この本の出版の企画をいただいたのです。

本書は東京近辺で活動する編集メンバーを含め女性や、地方・海外を拠点としているなど多彩な16人のアトリエ構造設計者と、構造設計に関わる6人の識者に筆をとっていただき、構造設計という仕事の四方山を書き下ろしたものです。修行時代、独立のタイミング、事務所の立ち上げ、その後の運営、日々の設計、どのような思いで構造設計に取り組んでいるか。私たち構造設計者の日常は、建物の構造（フレーム）を建築家とともに構想し、手でスケッチや計算をしながら考え、建設現場に足を運んで設計が形になるのを確認します。そして、現場で協働する多くのプロフェッショナルからヒントをもらって次に作るものに思いを巡らせます。

陶芸家の河井寛次郎の言葉に次のようなものがあります。

手考足思*(2)

手で考え、足で思う、構造設計者の日常がそこにあります。そして、その日常は仕事としての構造設計を行いながら、個人としての暮らしや生き方に連続していきます。建築という広大な文明・文化のフィールドで、数千年に渡って築き上げられた工学という巨人の知恵を拝借して仕事をした先に、自分は何ものになれるのか。

新しい自分が見たいのだ―仕事する*(3)

―河井寛次郎―

構造設計者の仕事をのぞいてみませんか。

２０１９年８月
木下洋介

＊(1) 構造設計を専業とした事務所のなかでも、特に一人（もしくは一人に近い人数）の構造設計者を中心として建築作品のための固有の構造を設計することを主たる業務とする事務所
＊(2) 河井寛次郎『六十年前の今』日本民芸館、1968
＊(3) 河井寛次郎『いのちの窓』 東方出版、2007

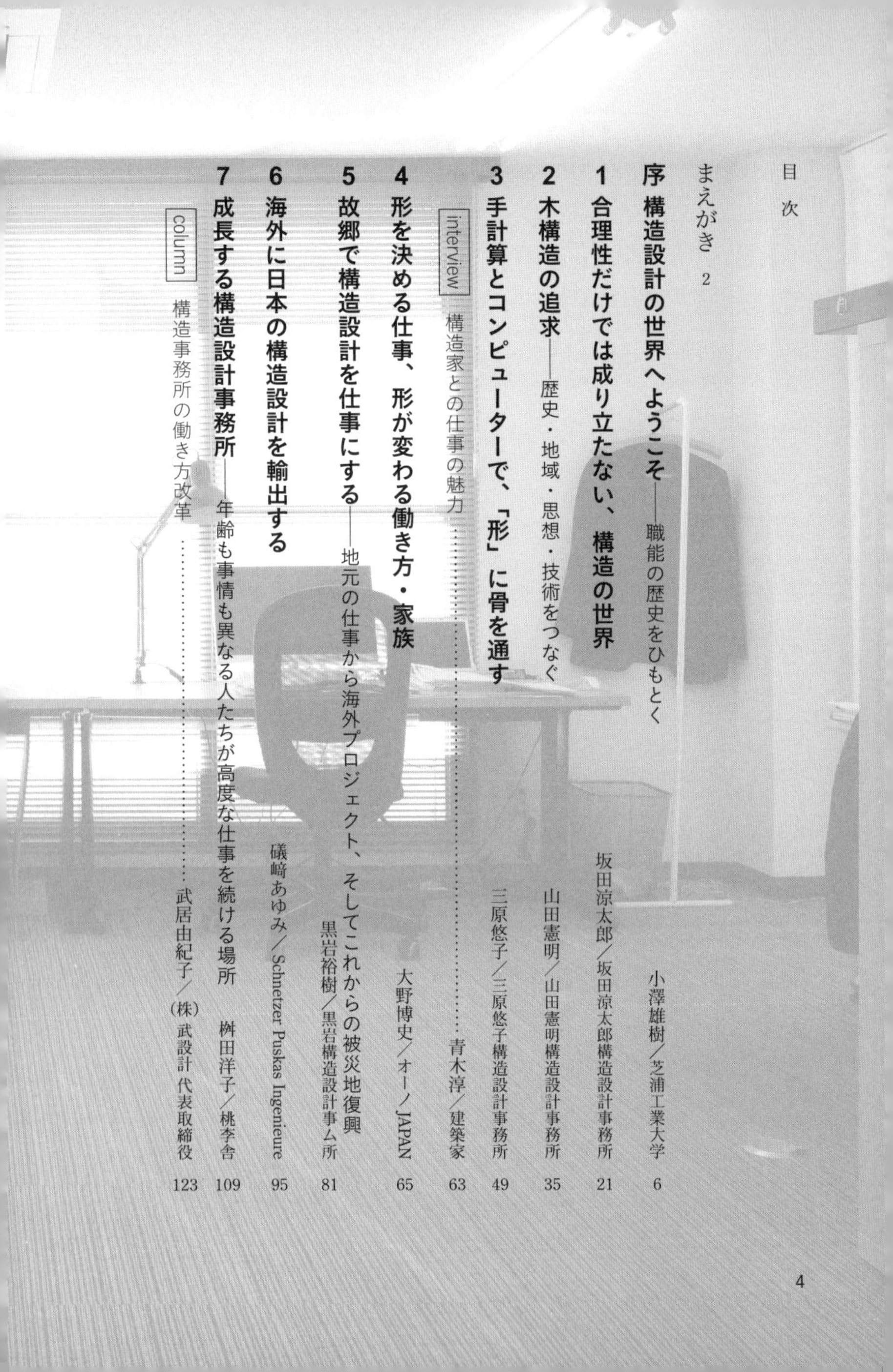

目次

まえがき　2

序　構造設計の世界へようこそ――職能の歴史をひもとく　小澤雄樹／芝浦工業大学　6

1　合理性だけでは成り立たない、構造の世界　坂田涼太郎／坂田涼太郎構造設計事務所　21

2　木構造の追求――歴史・地域・思想・技術をつなぐ　山田憲明／山田憲明構造設計事務所　35

3　手計算とコンピューターで、「形」に骨を通す　三原悠子／三原悠子構造設計事務所　49

interview　構造家との仕事の魅力……青木淳／建築家　63

4　形を決める仕事、形が変わる働き方・家族　大野博史／オーノJAPAN　65

5　故郷で構造設計を仕事にする――地元の仕事から海外プロジェクト、そしてこれからの被災地復興　黒岩裕樹／黒岩構造設計事ム所　81

6　海外に日本の構造設計を輸出する　礒﨑あゆみ／Schnetzer Puskas Ingenieure　95

7　成長する構造設計事務所――年齢も事情も異なる人たちが高度な仕事を続ける場所　桝田洋子／桃李舎　109

column　構造事務所の働き方改革……武居由紀子／(株)武設計 代表取締役　123

8 意匠から構造設計へ――より自分らしい建築との関わり方　村田龍馬／村田龍馬設計所　125
9 アトリエ構造設計事務所のすすめ――技術を軸に自立した人生を選択する　木下洋介／木下洋介構造計画　141
10 新しい構造設計事務所のかたちをつくる　萩生田秀之／KAP　155
column 構造家とのコラボレーション……山梨知彦／（株）日建設計常務執行役員 設計部門プリンシパル　169
11 構造設計を学び続ける楽しさ　松尾智恵／川口衞構造設計事務所　171
12 すごろく的巡り――偶発的機会でつながるよこ道・わき道からの構造　名和研二／なわけんジム　187
13 構造デザインの実践と教育の両立　多田脩二／多田脩二構造設計事務所　203
column 構造教育における人材育成……斎藤公男／日本大学名誉教授　219
14 ローカルエンジニアリングと構造デザインの挑戦　山脇克彦／山脇克彦建築構造設計　221
15 世界共通言語としての構造設計を武器に　金田泰裕／yasuhirokaneda STRUCTURE　235
16 良い建築は綺麗な骨組みでできている　鈴木啓／ASA　249
column 構造設計者の生き方……金箱温春／建築構造家　265
あとがき　267

序　構造設計の世界へようこそ
——職能の歴史をひもとく

芝浦工業大学　小澤雄樹

「構造設計」とは

構造設計。こうぞうせっけい・・・。

硬い。響きがとても硬い。

「構造」という言葉自体硬いのに、実際に扱うのが硬くて重い骨組みだから、イメージはなおさら硬い。いかにも硬派で難しい計算ばかりしていそうな感じがする。同じエンジニアリング系でも、空気や光、音を扱う環境分野とはイメージが随分違う。こちらは何とも涼し気である。

実際のところ、大学での構造系科目の大半は計算ばかりだから、「構造設計って計算ばかりしてるんでしょ」という先入観を持たれるのもまあ無理がない。筆者がもう少し若いエンジニアだった頃、著名な建築家に初対面で「毎日計算ばっかりしてるの？」と言われて絶句したことがある。普段構造家と直接接している建築家にしてこの反応であるから、大半の学生や一般の人からすれば、毎日パソコンとにらめっこして黙々と難しい解析ばかりしている人たち、というイメージなのだろう。

最初に言っておくが、構造設計＝構造計算では全く、全くない。もちろん計算は行うが、それはあくまでその性能を確かめるための手段の1つである。構造設計の目的は、建築を成り立たせる構造のあるべき姿を見極め、それをリアルな構造物としてデザインすることである。

本書を手に取った皆さんには段々わかってくると思う。「構造設計」がいかに人間的なドラマに満ちた仕事で、建築という「モノづくり」の本質に迫る行為であるかが。

構造とは何か

構造とは文字通り、「構（かまえ）」を「造（つくる）」ことである。「構え」とはその時々の状況や変化に対応するための姿勢のことであり、剣道等に例えればわかりやすい。立ち合いの時には、相手からの攻撃に備えて防御し、同時にすきあらば攻撃するための姿勢を取るだろう。それが「構え」である。

単に身を守るだけであれば、亀のように縮こまっていれば事足りる。お互いそれではいつまでも決着がつかないから、相手がすきを見せたときは自ら打って出なければならない。それが構えの難しさであり面白さでもある。

建築における「構え」とは何であろうか。言うまでもなく、重力や地震・風等の圧倒的な自然現象に対峙し、そこから受ける力に対して、建築とそれを利用する人々を守るための仕組みのことである。一方で、建築も守るばかりでは可能性は広がらないし、急激に変化し続ける時代に取り残されるばかりである。しっかりと身を固めつつも、時には自ら打って出る気概がないと、新たな可能性を切り開くことはできない。

そして、人間と違い、建築は自ら「構え」を取ることができない。建築自身に代わりその「構え」を整えてあげること、それが「構造設計」であり、「構造家」の仕事である。

建築の本質に迫る構造の役割

建築の成り立ちは人体に似ている。人間の骨格が人体を支えているのと同じように、建築には建築の骨格があり、この骨格の強靭さによって地震や台風等の力に抵抗している。これが建築の構造である。

建築における構造の役割を理解するには、骨のない人間をイメージすると良い。グニャグニャと軟体動物のようになり、とても人間らしく生きていくことはできない。

建築も同じことで、骨組みがしっかりして健全でないと、長く使い続けられる良い建築にはならない。建物から仕上げや設備を全てはぎ取れば、構造だけが残る。逆に古くなった建物も、構造さえ健全であれば適切なリノベーションを施すことで何度でも蘇る。

建築に求められる機能は極めて多様で、それは時代と共に激しく変化してきたが、古来から変わることのない最も本質的なものが、人々を守るためのシェルターとしての役割である。そういった意味で「構造」とは建築そのものであるとも言え、構造をデザインすることは建築という「モノづくり」の本質に迫る行為である。

海外の大学における建築教育

よく言われるように、日本の大学における建築教育は、海外とかなり異なった独自のものとなっている。

海外の大学では、建築家(Architect)を養成するための建築(Architecture)学科は基本的に芸術系学部に属していて、カリキュラムの大部分が設計系の演習科目等に割かれている一方、構造や施工、環境等のエンジニアリング教育がほとんど行われていない。

では構造エンジニア（Structural Engineer）はどこで専門知識を身につけるかというと、その教育は一般的に工学系学部のなかのシビル・エンジニアリング（Civil Engineering）学科で行われる。ここでは逆に建築デザインや建築史に関する科目はほとんど用意されておらず、建築・土木の区別なく建設に関する技術や知識を総体的に身に着けるカリキュラムとなっている。学生は卒業後、自分の関心に合わせて建築構造や橋梁、環境、施工等のエンジニアリング分野に進んでいく。

海外の建築家とエンジニアの出会い

西欧諸国において、建築家と構造エンジニアは全く別の歴史的背景を持ち、それぞれ長い年月をかけて独自に発展してきた。

建築家（Architect）とはその語源を辿れば「最高の技術を持つ人」という意味で、もともとは今日で言うエンジニア（Engineer）の意味を含む言葉だった。それがいつからか、芸術の一分野としての性格が強まり、建築家は〝装飾的で美しい〟建物のみを扱うようになる。

産業革命以後、鉄やコンクリート、ガラスといった新しい素材が大量生産され普及し始めると、それを駆使して橋梁や塔、駅、温室と言った新しく誕生した構造物を手掛けるエンジニアが誕生し、そのフィールドを急速に拡大していく。

当初は建築家とエンジニアのテリトリーが被ることはなく、〝美しい〟建築は建築家の仕事、〝美しくない〟構造物はエンジニアの領分として棲み分けができていた。しかし、建築家が醜悪だと決めつけていた〈クリスタル・パレス〉や〈エッフェル塔〉等が市民に熱狂的に受け入れられるや、彼らはこれらの新技術が建築の新たな可能性を切り開くものであると認め、エンジニアと手を結ぶことに決めたのである。

その後、R・マイヤール（1872-1940）、P・L・ネルヴィ（1891-1979）、E・トロハ（1899-1961）、F・カーン（1929-1982）、J・シュライヒ（1934-）といった個性的なエンジニアの活躍、〈シドニー・オペラハウス〉完成までの困難とO・アラップ（1895-1988）の貢献、〈ポンピドゥー・センター〉におけるピアノ&ロジャースとP・ライス（1935-1992）の有機的な協働の成果等を刺激として、建築家とエンジニアの関係は時間をかけて徐々に成熟してきたのである。

日本の建築教育

一方、日本の建築教育はどうなっているのか。

現役の学生や卒業生であれば容易に理解できるように、日本の建築学科の多くは工学系学部に属し、概ねその半分がエンジニアリングに関する講義等に割かれている。建築家に憧れて入学した学生も構造系科目をある程度取得しないと卒業できないし、逆にエンジニアを目指す学生も歴史やデザインの教育を全く避けて通ることはできない。

このデザイン系科目からエンジニアリング系科目まで包括的に学ぶ（学ばざるを得ない）ところが、世界的に見ても珍しい日本の建築教育の特徴となっている。勿論その背景には、「地震国日本では建築家も技術を学ぶべき」という明治時代から脈々と受け継がれる先人たちの信念がある。

海外の構造エンジニアと日本の構造家

述べたように、海外では建築家とエンジニアは異なるバックグラウンドを持っており、異分野の専門家同士として社会に出てから初めて協力して仕事をする。いわば成熟してから結ばれた夫婦のような関係である。行動原理が違う者同士、一定の距離感を保ちつつ刺激と緊張感のある関係を築ける一方、利害が一致しなければその関係は容易に破綻してしまう（図1a）。

一方、日本では建築家と構造家はその教育的土台を完全に共有している。両者の関係は海外に比べるとかなり親密で、どちらかというと多感な思春期を共にした兄弟に近い（図1b）。海外の構造エンジニアとは仕事内容は似ているがその立ち位置がかなり異なる。そういった意味で、「構造家」は日本独自の職能であると言える。

近年、日本人建築家がプリツカー賞を度々受賞する等、その作品は建築と技術が高次元に融合した事例として国際的な評価が極めて高い。そこには両者の親密な関係が少なからず貢献していることは間違いがないだろう。

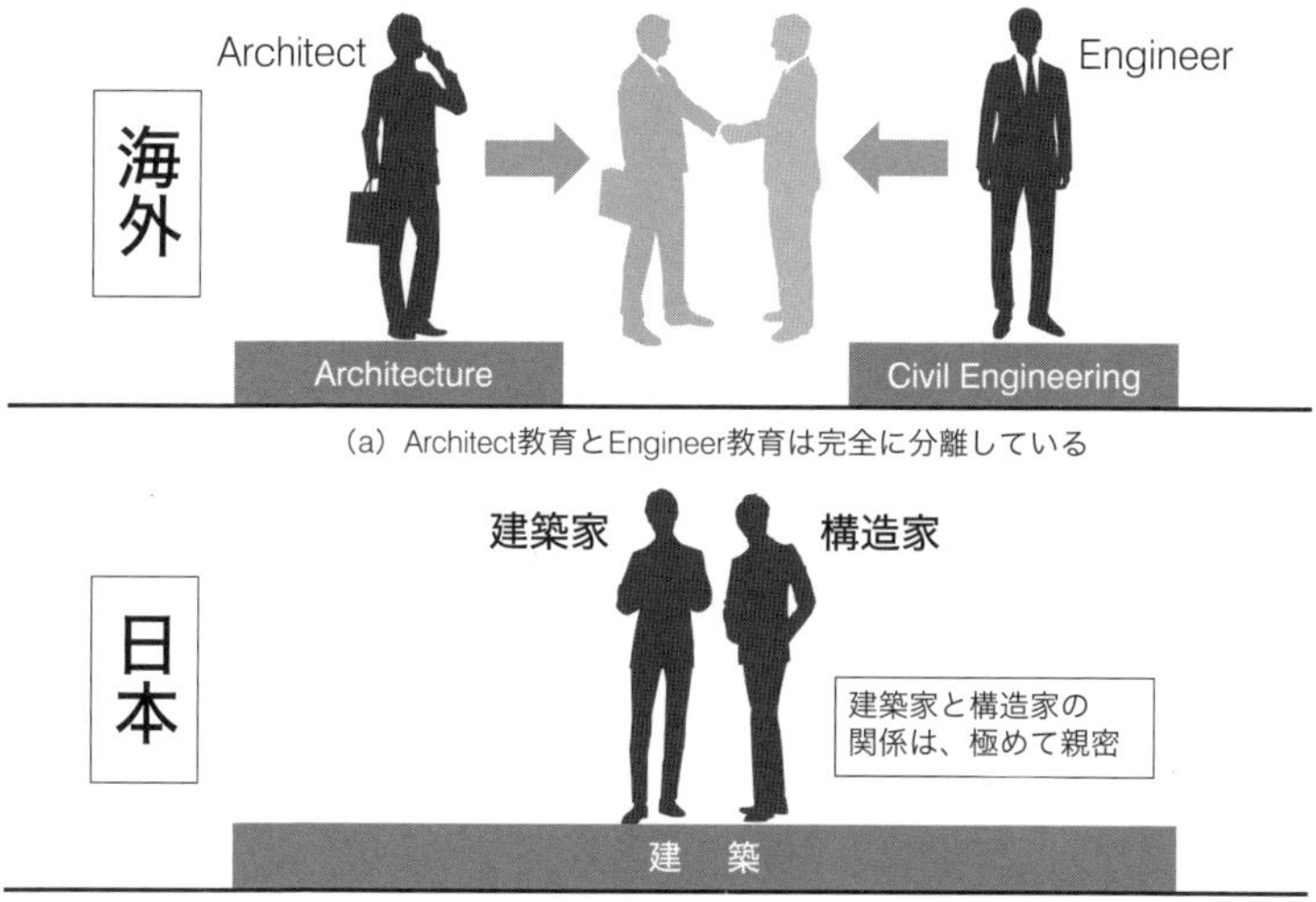

(a) Architect教育とEngineer教育は完全に分離している

(b) 建築家教育と構造家を含むエンジニア教育が、同じ建築学科のなかで包括的に実施されている

図1　海外と日本の建築教育

構造分野の成立と建築との対立

この独自の教育システムが物語るように、日本の建築構造分野は最初から芸術というよりは工学として西欧から移入された建築分野のなかから分離発生したものである。ルーツが同じだから最初から上手くいったかというとそうではない。むしろ両者の関係は当初はかなり対立的であった。

佐野利器《としかた》(1880-1956)、内田祥三(1885-1972)、内藤多仲《たちゅう》(1886-1970)ら、「構造派」とも呼ばれる彼らを祖とする日本の建築構造の始まりは、20世紀初頭と言われる。この時代、「構造家」という言葉はまだなく、彼らはあくまで「構造派」建築家であった。ここから第二次世界大戦までは、社会全体が欧米諸国に追いつき追い越せと技術力向上へと血道を上げている段階である。技術重視の社会情勢を養分として、建築から派生した構造分野は、兄貴分である建築をも上から抑えこもうとするかのように急激に成長する。

建築家はこの流れに反発し、コルビュジエやミース、ライトらの活躍、欧州諸国の表現主義や分離派等の建築運動に触発されて新しい時代に相応しい建築を模索しようとする。

しかし、度重なる震災被害に衝撃を受け、戦争の気配も近づくなか、より燃えにくい強固な都市づくりへと邁進する「構造派」建築家や研究者たちにその思いは届かない。関東大震災で被害の出なかった日本独自の耐震構造に自信をつけ、建築はより硬く強く、より閉鎖的で不自由になっていくばかりであった。

「構造家」の誕生（図2）

日本独自の職能である「構造家」はいつ誕生したのか。

この言葉がいつから使われ始めたのかははっきりはしないが、戦後すぐの１９４０年代半ば頃より、学会等アカデミックな世界を中心に「構造家」という言葉が使われ始めている。長く続いた「建築」と「技術」の対立を背景に、建築家への対抗意識からこの言葉が広まり始めたようである。

では、だれが最初にこの言葉を自称し始めたのか。坪井善勝(1907-1990)か木村俊彦(1926-2009)のどちらかだと言われているが、おそらく坪井であろう。

50年代、丹下健三はエーロ・サーリネンらの動きに触発され、新しい日本に相応しい空間としてＲＣシェルに目を付ける。丹下はパートナーとして坪井を選んだ。建築と構造が最初から一体となった空間構造を介して建築家と構造家の距離は一気に近づく。構造の理を理解し、それを駆使して新たな空間を創造する自らの立場を表すものとして坪井はこの「構造家」という言葉を使い始めたのだろう。そういった意味で、研究・設計の両面で最前線に立ち続けた坪井ほど、この言葉を象徴するに相応しい人物をほかに知らない。

構造家概念の拡大

50年代を風靡したRCシェルであるが、施工に手間がかかりすぎることから徐々に敬遠され、60年代に入ると世界的に急激に衰退を始める。それに代わって誕生したのが、吊構造やケーブルネット、スペースストラス等、より軽量で未来的な構造システムであった。この新しいシステムへの丹下の挑戦は、坪井と彼の弟子・川口衞（1932-2019）の闘争心に火を付け、1964年、ついに20世紀を代表する大傑作〈代々木競技場〉が完成する。

そういった一連の動きと呼応するかのように、坪井の薫陶を受けた青木繁（1927-）、川口衞、斎藤公男（1938-）らは、研究と設計をリンクさせる坪井の手法を引き継ぎ、それぞれ大学研究室を拠点に精力的に活動を続ける。日本におけるプロフェッサー・エンジニアのあり方を示しつつ、空間構造技術の発展における主導的役割を果たした。

松井源吾（1920-1996）は早稲田大学で教鞭をとりながら坪井らとはまた異なる視座で両者を結びつける活動を行い、建築家・菊竹清訓との協働は丹下・坪井と並ぶ名コンビと呼ばれた。彼の功績を記念して創設された「松井源吾賞」は、その後「構造デザイン賞」へと継承され、JSCA賞と並んで構造家の社会的評価の向上に大きな貢献を果たした。

一方、アカデミックな世界から距離を置いた横山不学《ふがく》（1902-1989）、岡本剛（1915-1994）、木村俊彦らは構造設計の裾野を広げる活躍を精力的に始めていた。建築家・前川國男と構造家・横山による親密な協働関係は、その後の日本における両者の関係を示唆するものであり、彼らの元で働いていた木村に強い影響を与えた。

特に木村が果たした役割は大きい。在野の一設計者としての立場にこだわった彼は、現在の日本建築構造技術者協会（JSCA）の前身にあたる構造家

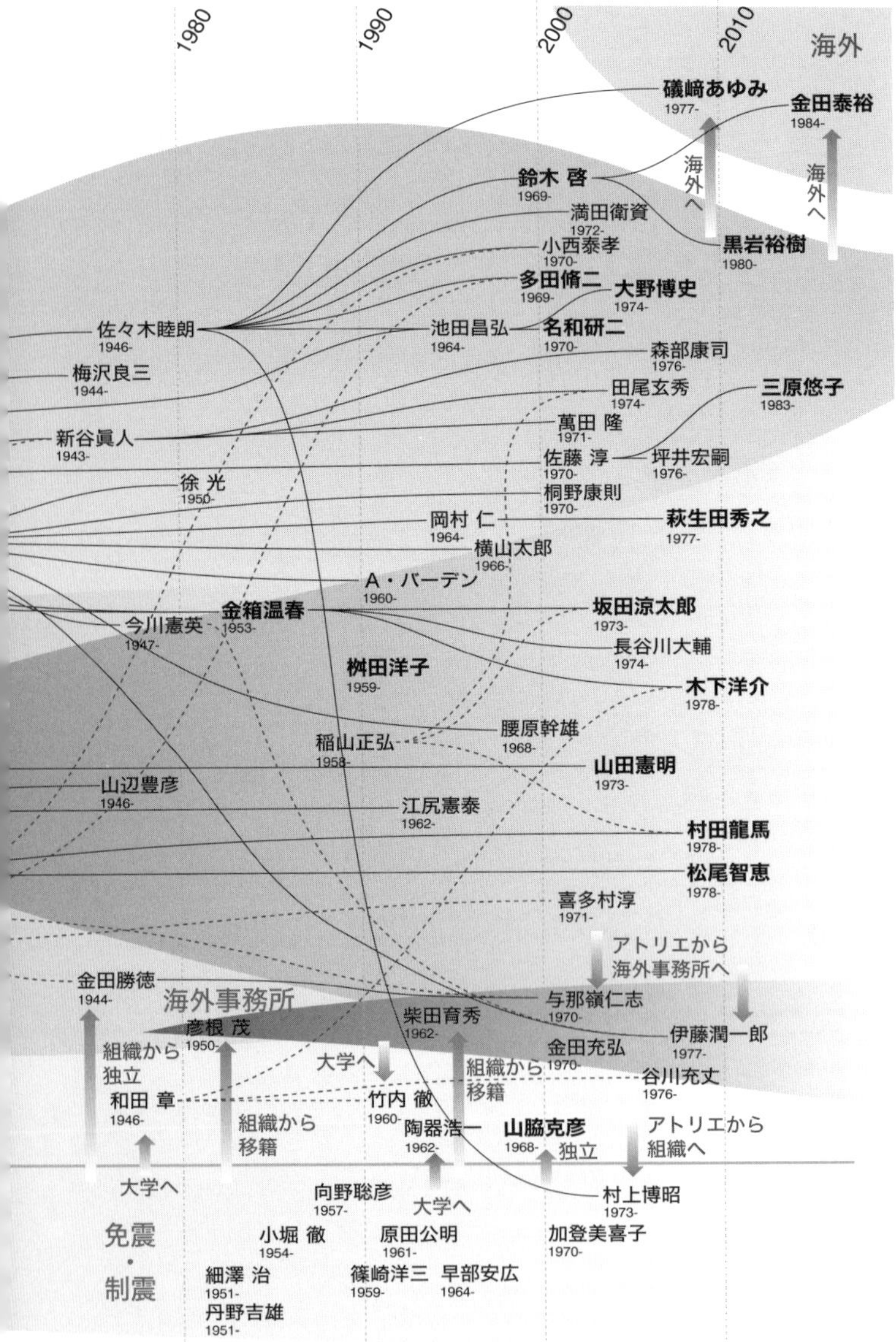
1980
1990
2000
2010
海外
礒﨑あゆみ
1977-
金田泰裕
1984-
鈴木 啓
1969-
海外へ
海外へ
満田衛資
1972-
小西泰孝
1970-
黒岩裕樹
1980-
多田脩二
1969-
大野博史
1974-
佐々木睦朗
1946-
池田昌弘
1964-
名和研二
1970-
森部康司
1976-
梅沢良三
1944-
田尾玄秀
1974-
三原悠子
1983-
新谷眞人
1943-
萬田 隆
1971-
佐藤 淳
1970-
坪井宏嗣
1976-
徐 光
1950-
桐野康則
1970-
岡村 仁
1964-
萩生田秀之
1977-
横山太郎
1966-
A・バーデン
1960-
金箱温春
1953-
坂田涼太郎
1973-
今川憲英
1947-
長谷川大輔
1974-
桝田洋子
1959-
木下洋介
1978-
腰原幹雄
1968-
稲山正弘
1958-
山田憲明
1973-
山辺豊彦
1946-
江尻憲泰
1962-
村田龍馬
1978-
松尾智恵
1978-
喜多村淳
1971-
アトリエから
海外事務所へ
金田勝徳
1944-
海外事務所
与那嶺仁志
1970-
彦根 茂
1950-
柴田育秀
1962-
伊藤潤一郎
1977-
組織から
独立
大学へ
金田充弘
1970-
組織から
移籍
谷川充丈
1976-
和田 章
1946-
竹内 徹
1960-
組織から
移籍
陶器浩一
1962-
山脇克彦
1968-
独立
アトリエから
組織へ
大学へ
向野聡彦
1957-
大学へ
村上博昭
1973-
免震
・
制震
小堀 徹
1954-
原田公明
1961-
加登美喜子
1970-
細澤 治
1951-
篠崎洋三
1959-
早部安広
1964-
丹野吉雄
1951-

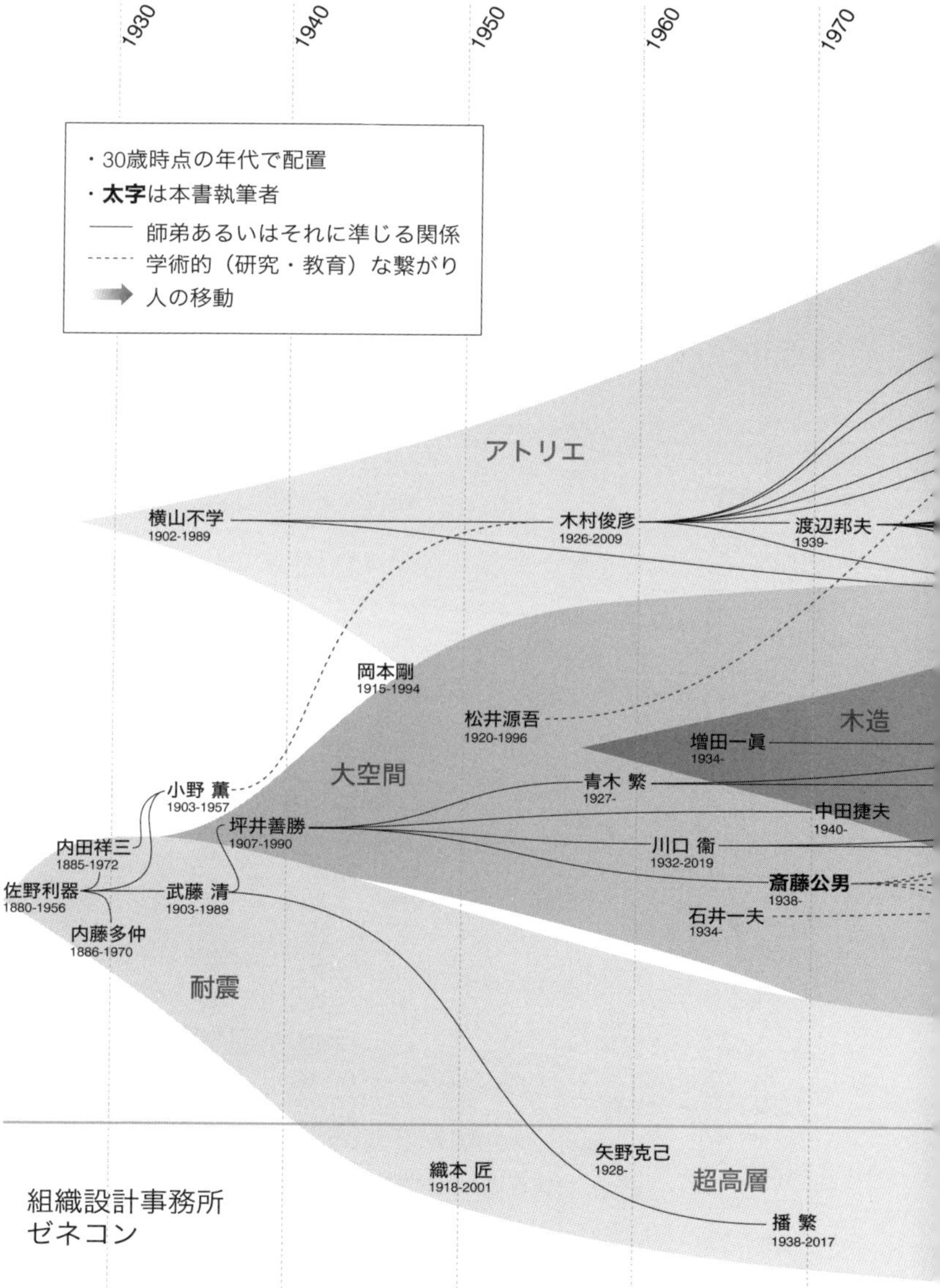

図2　日本の構造家の系譜図

懇談会を設立する等、構造家の地位向上に心血を注いでいた。大谷幸夫、槇文彦、磯崎新、谷口吉生らと日本を代表する建築家らと協働して多数の名作を残す一方、渡辺邦夫（1939-）、新谷眞人（1943-）、梅沢良三（1944-）、佐々木睦朗（1946-）といった、のちに木村門下生とも呼ばれる多くの弟子を育てた。

構造表現主義からポストモダンへ

60年代から大阪万博が開かれた70年代初頭までは、構造技術の進歩が最も華々しかった時代である。建築専門誌の誌面は新たな構造技術がもたらす未来への希望に溢れ、空間を支える構造のあり方をダイレクトに建築表現として利用したそのスタイルは「構造表現主義」とも呼ばれた。

それが80年代、いわゆるポストモダンの時代に入ると、構造技術を巡る環境は一変し、にわかに冬の時代を迎える。近代モダニズムの機能主義への反発から、それを体現するかのような構造の率直な表現は敬遠され、バブル経済と強固に結び付いた装飾的な建築ばかりがもてはやされるようになる。

この構造家にとって非常に重苦しい時代、培われた技術の流れを途絶えさせることなく、次の時代へとつなぐ役割を果たしたのが、川口衞と斎藤公男である。大学に籍を持つ彼らは、吹き荒れるポストモダンの強風から距離を置くことができた。若くして〈代々木競技場〉を任され、〈大阪万博お祭り広場〉を成功に導いた川口は、ドーム型大空間の新たな施工方法の開発に取り掛かる。電車のパンタグラフのように折り曲げて地上近くで施工し、最後にそれをジャッキアップして一気にドームを完成させる工法を、彼はパンタドーム工法と名付けた。

やはり坪井門下の1人である斎藤は、日本大学の研究室を拠点として地道な活動を続け、ポストモダンの最中、後に大きく花開く張弦梁構造の原型となる〈ファラデーホール〉を実現。まさに斎藤が得意とする軽量構造の大屋根の下にいるかのような大らかな気風の元、日大斎藤研は日本の構造デザイン教育におけるメッカとなる。空間構造に関するアカデミックな流れと、前線で格闘する実務者の流れを合流させる、人材の交差点としての役割を果たし続けた。

アトリエ系構造家たちの系譜

建築家と構造家の関係を示した横山、日本の空間構造を独力で切り開いた坪井らを構造家第一世代、それに続く木村・川口らを第二世代とすれば、先に述べた木村門下生たちに金田勝徳《かつのり》（1944-）、今川憲英《のりひで》（1947-）らを加えた世代は第三世代に当たる。これら次世代の血気盛んな若い構造家たちが80年前後から続々と独立を始める。坪井の事務所を支え引き継いだ中田捷夫《かつお》（1940-）、ポストモダン以前から活躍していた木村、川口、斎藤らに加え、冬の時代を耐え抜き力を蓄えた若手構造家たちは、90年代に入り一斉に開花した。

木村は門下生たちの力を結集して〈梅田スカイビル〉〈京都駅ビル〉等のビックプロジェクトをやり抜き、渡辺率いるＳＤＧは〈幕張メッセ〉〈東京国際フォーラム〉等、構造表現を力強く押し出した作品で華々しい活躍を見せる。佐々木は伊東豊雄、ＳＡＮＡＡらとコンビを組み、〈せんだいメディアテーク〉や〈ロレックス・ラーニング・センター〉等の作品を通じて国際的に際立った存在感を示している。そして横山事務所出身で木村の弟弟子にあたる金箱温春《かねばこよしはる》（1953-）は、１９９２年に満を持して独立し、青木淳らと協働して〈青森県立美術館〉など、構造と建築が見事に調和した作品を生み出していった。

これら構造専門の小規模事務所を率いる個性的な構造家たちは、「アトリエ系」等とも呼ばれ、同じくアトリエ的な事務所を率いる建築家と協働して先鋭的な作品を手掛け、建築界を力強く牽引していく。その系譜は脈々と、本書で紹介されるさらに次の世代の構造家たちへと引き継がれ、今日の日本の構造家の陣容は世界的に類を見ないほど層の厚いものとなっている。

木造の復権

この頃、暗黒時代とも言われる不遇の時代を耐え忍んだもう1つの流れが芽を出そうとしていた。木造の復権である。

伊勢湾台風の壊滅的被害を受けて日本建築学会が1959年に提議した所謂「木造禁止」令に端を発した木造不遇の時代は、80年代半ばまで続く。

80年代後半以後、斎藤、中田、渡辺、今川らが鉄等の異種素材と組み合わせたハイブリッドな木材の利用方法を提案して構造設計界を刺激し、にわかに木造ブームが到来する。

一方、増田一眞（1934-）、山辺豊彦（1946-）、稲山正弘（1958-）ら「木造派」とも呼べる木構造を専門とする構造家たちは、雌伏《しふく》してこの不遇の時代を耐え抜き、90年代に入って精力的な活動を再開。伝統構法の仕組みに学び、木材物性に関する知見を丁寧に蓄積することで、日本により相応しい木造のあり方を提案し始めた。

これらの成果は近年さらに大きく開花し、木造を手掛ける構造家の裾野は近年一段と拡大してきた。今や木造抜きでは日本の構造設計界は成り立たないと言っても過言ではない。

多様化する構造家像

かつては構造家と言えば曲者ぞろいで、大学を出てわざわざ過酷なアトリエに進むやつは変わり者と思われていた。今ではアトリエでも世代交代が進み、職場環境も以前に比べればはるかに改善している。将来の進路として、アトリエか組織（設計事務所）かゼネコンか、フラットに比較できる状況が近づいてきた。

建築家の世界ではゼネコンや組織設計事務所に属

する設計者が建築家を名乗ることにいまだ根強い抵抗があるようだが、構造家界隈ではもう少し寛容で、例えば播繁《ばんしげる》（1938-2017）等は鹿島建設に属しながらそのダイナミックで個性的な仕事が注目され、構造家として評価された1人である。必ずしもアトリエ系に属するものばかりが構造家と呼ばれるわけではないし、そこに限定する理由もないであろう。

世界最大のエンジニアリング会社 Arup（アラップ）が1989年に設立した日本支社は早くも30年目を迎えた。所属の若手構造家が賞を受賞する等、近年その存在感はさらに高まっている。

組織やゼネコンに所属しながら活躍する構造家の存在感は増し、アトリエ系構造家と組織が協働で仕事をする機会も増えている。アトリエから組織へ転職、逆に組織から独立して事務所を構えるといった人材交流も盛んになってきた。

構造家の働き方は以前に比べ、かなり多様化してきている。

世界で活躍できる日本の構造家

地震、台風、津波…。あらゆる自然災害に直面する日本は世界的に見ても稀なほどの「災害大国」である。エンジニアが仕事をする上では、間違いなく世界一過酷な環境であろう。逆に言えば、日本で構造技術を身に付ければ、世界のどこにいってもそのまま通用するほどの地力を備えていることになる。

技術というのは元来ユニバーサルなものなので、構造家のフィールドは容易に国境を超えるだけのポテンシャルを持っているはずである。しかし実際のところ、日本の建築家が60年代から既に世界で注目を集める一方、海外における日本の構造家の活躍は長らく見られなかった。

しかしようやく近年、建築家との密接なコラボレーションにより細部まで行き届いた質の高い作品を生み出す日本の構造家はにわかに注目され始め、国際的なプロジェクトを実現する事例や、実際に海外で活躍する若手構造家も増え始めた。本書からもそれが垣間見えることと思う。

構造設計や構造家に興味を持ったら

構造に興味がある学生、構造家を目指す若者は概して真面目である。真面目さは美徳だが、建築家を目指す若者と比較するとどうしてもその視線は内向的で、実社会に目が向きにくい傾向がある。大学での勉強は重要だが、そればかりではやはりさみしい。

それは仕事を始めた若いエンジニアにとっても同じことである。構造エンジニアは建築家から仕事をもらう場合が多いため、その視線はつい建築家に向きがちである。ある程度は仕方がないとしても、彼らが本来見据える先は建築家でも基準書でもなく、社会そのものであることを意識する必要がある。そういった奥行きのある視野を獲得して初めて、建築家と真に対等な関係を築くことができるのだろう。

二十世紀から今日にかけての、激動の時代を逞しく生き抜いてきた、あるいは現在進行形で時代と格闘し続けている構造家たちの仕事や生き様、その考え方に触れることは、社会に目を向ける一歩となるだろう。本書に少しでも目を通せば、一見堅苦しく見える構造設計が、いかに社会と結びつき、人間的なドラマに富んだ仕事であるか、それを感じてもらえることと思う。

本書を手にして、少しでも構造設計という仕事や、それを手掛ける構造家という存在に興味を持ったら、ためらわずに話を聞きに行ってみて欲しい。構造家は皆、喜んで話をしてくれるでしょう。

そしてもしその中で、憧れ目標とできる構造家を見つけることができれば、本書に携わった者の一人としてこれ以上の喜びはない。誰かに憧れ、意識が外に向かうことで、世界の見え方がこれまでと違ってくると思うからである。

1 合理性だけでは成り立たない、構造の世界

坂田涼太郎
坂田涼太郎構造設計事務所

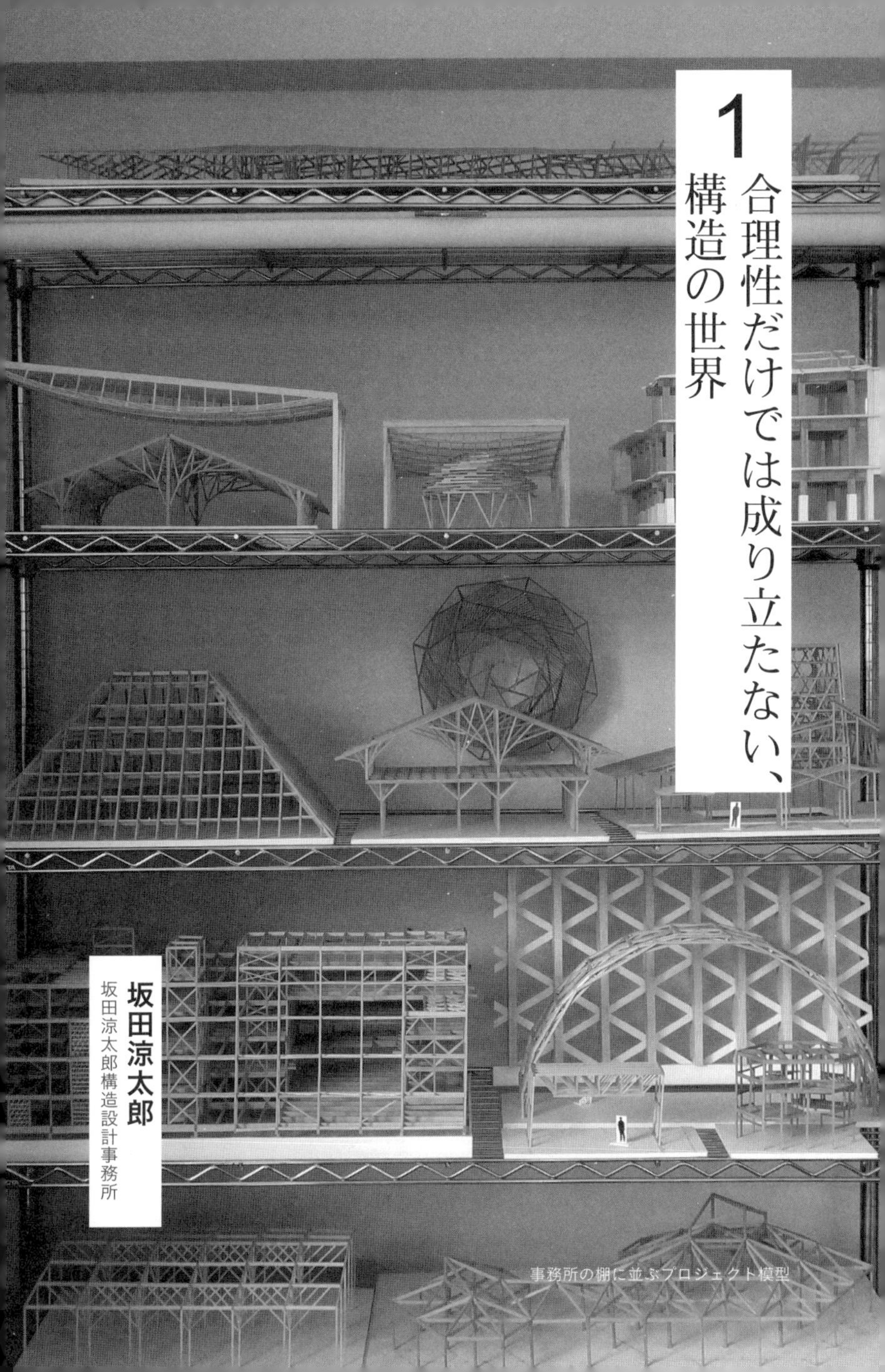

事務所の棚に並ぶプロジェクト模型

床に接地しない壁の構造

〈青森県立美術館〉の設計者、青木淳さんとの初回打ち合わせ。当時、金箱構造設計事務所の所員だった私は、事前に平面図を見て、「複雑そうではあるけれど、壁も多いし構造計画は成立するだろう」と感じていました。しかし、打ち合わせ用につくった模型を持って行ったところ、青木さんは床から立ち上がる壁を「ここは壁のように見えるけど、床には接地しないんだよ」と、カッターでザクザクと楽しそうに切り始めました。最終的に壁と床が接地している部分は当初の半分ほどになり、想像していた安定的な状態からは程遠いことに（図1）。

宙に浮いているところばかりで、どのように成立させるのか、難題を突きつけられると同時に、「これからこの建物に何が起きていくのか」と期待が膨らんだ瞬間でもありました。

それまで、構造設計において合理性を重視することとは常識だと考えていましたが、実際にはそれだけで構造設計を語ることはできないと認識を改めたのが、このプロジェクトでした。以来、独立してからも、合理性を追求しつつ、同時に非合理と思える部分も楽しむ余裕を持つことを心がけてきました。

柱、梁、屋根のあいまいな関係――〈幻庵〉との出会い

大学で建築を学ぼうと思ったのは、自動車や飛行機、船などのプロダクトデザインよりも、建築はより私小説的につくられていると感じたからでした。同じように理論や技術を用いて設計するけれど、人の所作や感覚に大きく左右される側面があり、さらに社会にとっての存在の意味が問われる。一見、合理性を求められるようで、実はそれだけでは物事が成立しない世界が建築に垣間見え、魅惑的に思いました。

いわゆる「建築」との出会いは高校生の時、「おもしろい建物が載っている」と父親が見せてくれた週刊誌の写真でした。載っていたのは石山修武の〈幻

図1 〈青森県立美術館〉の模型（意匠設計：青木淳建築計画事務所、構造：SRC造・鉄骨造、竣工：2006年）

庵〉。コルゲートに包まれた独特のフォルム、機械のような生き物のような外観が不可思議な雰囲気を漂わせていました。構造はおろか建築の知識もありませんでしたが、柱や梁のような建物を構成する要素がはっきりとせず、自分が考えていた住宅に対する概念とはまるで異なった、奇妙な世界を感じました。

石山修武先生

早稲田大学建築学科に入学した直後のガイダンスで、その石山先生から強烈な言葉を投げかけられました。「ここにいるのは建築家になりたいと思っている奴がほとんどかもしれないが、実際になれるのはほんの一握りだ。夢はさっさと諦めた方がいい」。先生は製図の授業でも建築をなめるなと言わんばかりに、常にパンチのある言葉で学生を圧倒していました。的確さと理不尽さが同居した言葉を聞いているうちに、線引きのしづらい曖昧な感覚を取り扱う意匠は自分には向かない、むしろ論理的な思考で建築をつくる方が性に合っていると、構造系の授業をとるようになりました。その後、石山先生とは直接関わることはありませんでしたが、人生の選択において大きな影響を受けていたと思います。

モノクロームな構造

当時、構造設計に関する授業といえば、コンクリートや鉄骨造の設計法が主な内容でした。ラーメン構造のオフィスビルやトラス・耐震ブレース構造の工場等、整形な建物を例題に、電卓を叩いて覚えるものでした。構造デザインに関する授業はなく、計算結果が建築の意匠とどう関わっているのか、ということまでは触れられませんでした。

例えて言うならば、意匠の授業は希望に満ちあふれた色とりどりの世界なのに、構造になると途端に色が消え実務的な世界になる。そんな印象でした。内藤多仲、松井源吾という早稲田大学を代表する構造家の名前は耳にしていたものの、「建築」に関われる構造エンジニアは大学教授のような特別な立場の人なのだと思っていました。

そんな状況だったので、建物を制御して地震応答を軽減する技術に先進的な可能性を感じて、西谷章先生の研究室に入りました。構造物の動的性状を調べるため、構造力学・振動工学に加えて機械制御についての論文を読んだり、プログラミングを学ぶ等、それはそれで興味深い分野でした。一方、入学当初の建築デザインへの思いからは遠ざかったまま、就職の時期を迎えました。

道を決める

研究室の同期は大企業の構造設計部や技術研究所に就職を希望する人がほとんどでした。修士1年の冬、気付くと自分1人だけ行き先を決められないでいました。多数の意向が重視される大きな組織に属することが自分に合うのか逡巡していたのです。

小さい建物でもよいので、できるだけ自分で関われる選択肢はないのだろうか。西谷先生に相談したところ、構造家と呼ばれる人たちがいるから、彼らの事務所に行くのはどうかと提案されました。研究室からは誰も選ばない道をあえて行く不安を吐露したところ、「何も皆と同じところに行く必要はない。大きな会社に行き安定した状態から、独立することは難しいことだが、厳しい状態から始めれば、むしろ生きていく力がつくのでは」と背中を押され、視界が開けました。

先生からは新谷眞人さんや佐々木睦朗さん等、何人かの構造家を紹介していただきました。〈葛西臨海公園レストハウス展望広場〉の繊細な構造に感銘を受け、新谷さんの事務所を希望したのですがタイミングが合わず、有望な人だからと金箱温春さんを紹介していただきました。

安藤忠雄建築研究所とのプロジェクトや原広司＋アトリエファイ建築研究所の〈京都駅ビル〉等の実績や、実際にお会いした時にも実直な人だと感じたことから、金箱事務所で働くことに決めました。

金箱さんの度量と器量

金箱さんの実直さは、構造に対しても現れていました。「何故この構造になったのか」、論理的に説明できなければいけない。経済的ではない、非効率なことは最終的に施主に迷惑がかかる。ただし、地震は想定しづらいものだから、安全には余裕をとるべき。そのような視点で、合理性をもたない提案は却下されました。一方で、所員が自分なりに考えた案に納得できれば、それを受け入れてくれる度量もあり、案を見てもらう前はいつも、どんな風に捉えてもらえるのか楽しみでした。

まだ仕事をどう進めたらいいかもわからなかった頃、所内での打ち合わせ時に、金箱さんがフリーハンドで図面を描く姿を眺めながら、その思考の過程をトレースする経験ができたことは貴重でした。

金箱さんは、プロジェクトの意義、意匠事務所に対する誠意、構造設計が社会に果たす責任、構造設計者の地位の向上等について常に考えており、それを実行に移すことで、構造設計の世界から社会全体を見渡していました。また、意匠設計者だけではなく同業者からも信頼が厚い。そのような器量は、それまで重要な役割を避けてきた自分の人生にはなく、学んだことを活かさなければと思っています。

構造のもつ多様な意味

金箱さんに合理的であることの大切さを学ぶ一方で、実務を経験していく中で構造設計に多様な意味があることを知りました。前述の〈青森県立美術館〉で青木淳さんから投げられた課題はその1つです。ほとんどの壁が床に接地しない構造をどう成り立たせるか（図2）。

これを解決するため、この時は3ｍグリッドのフレームシステムを採用し、複雑なプランニングにルールを与えました。屋根レベルに剛性の高い層（ルーフマトリクス）を設け、そこから床を吊り下げるという架構形式です。またグリッドフレーム内に配置された斜材に、耐震ブレースやトラスとしての機能を兼用させせました（図3）。

さらに、ルールが決まったところで詳細を検討したときのこと。白く塗られたレンガの外壁には開口部がポツリポツリと空いている程度なので、開口部を邪魔しないように斜材を隠して配置することは難しいことではありませんでした。しかし、最終的には隠したかった鉄骨の斜材が耐火被覆を纏《まと》ったまま開口部に露わになっていたのです。

金箱さんは納得がいかない様子でしたが、あるとき青木さんが「ウェアハウス」という言葉で説明してくれました。最低限必要な機能だけがある「倉庫」のような建物。古いウェアハウスの壁に適当に開口をあけてみると、そこには整然と並んだ構造体

図 2 〈青森県立美術館〉外壁の開口部にフレームが現れた様子（写真：阿野太一）

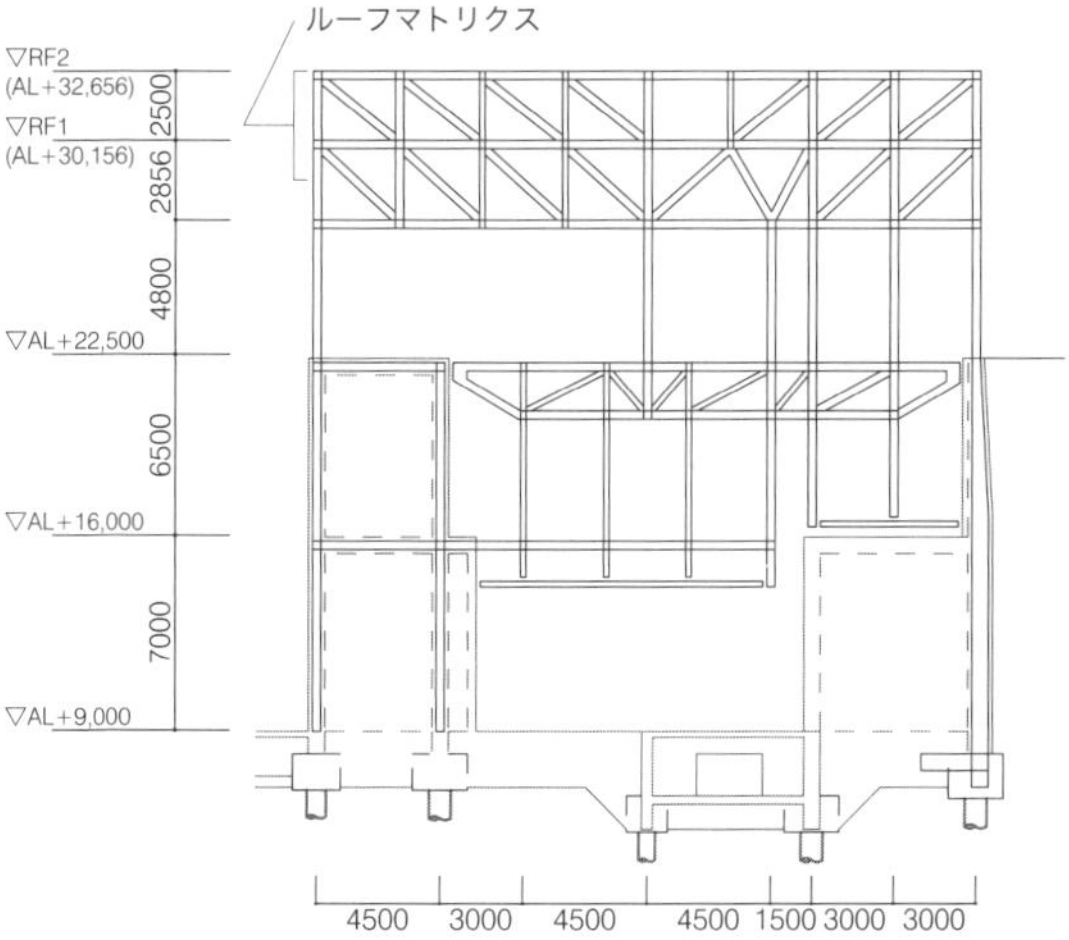

図 3 〈青森県立美術館〉構造軸組図

や壁を覆っている材の構成（外壁や断熱材や胴縁等）がそのまま見える。構造体は存在するのが当たり前のものだから、人の意図に関わらず存在しているのは自然なことである。そんな状態をつくりたかったというのです。

ここでの構造は「建物を支持する」という重要な役目から、「壁面を構成する要素」に成り下がっています。構造のもつ意味が逆転し低位のものと並列化されている。構造体が本来の意味を超えて扱われていると感じました。建築における構造が持つ意味の多面性を考えさせられたプロジェクトです。

独り立ちすること

この道を選んだ時から、独立を目標にしてきました。誰からも指示を受けず、自分自身でどんな構造がよいのか考えられる。就職時に安定を求めなかった代わりに得られるのは、そんな状況で仕事をすること。ただ、まだ経験が足りていないのではないかと、なかなか独り立ちする時期を決められずにいました。ようやく決めたのは、免震構造やベースボールスタジアムなど、様々なタイプの建物を経験して自信がついたからでした。

独立すると、責任ある決定は自分自身でしなければなりません。「私が考える構造とは何か」ということについて自分と対話することが増え、考える範囲が独立前に比べて大きく広がりました。プロジェクトが増えると、考えてきたことが蓄積され、それらが頭の中で繋がり始めていく感覚があります。独立前は、経験の修得にこだわり過ぎ、このような可能性を想像していませんでした。

独立後は木造の建物を多く手がけるようになりました。自分にとって、扱った経験の少ない構造でしたが、まだまだ発展途上のところもあり、小さい事務所でも修得できると強みになると考えたのです。木造は、有機体ゆえに未解明なことが多くあります

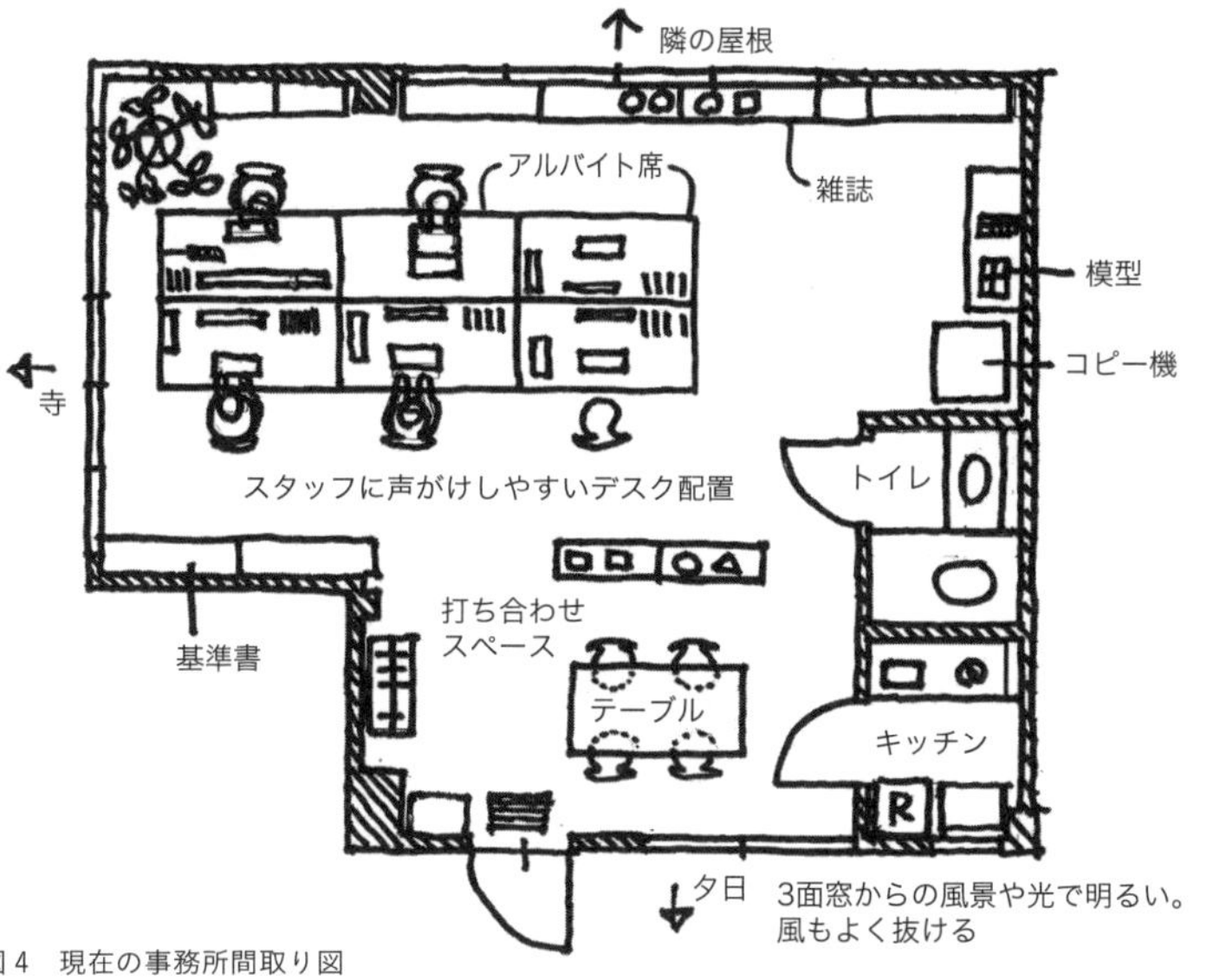

図４　現在の事務所間取り図

が、他の構造と比較すると試験を行い挙動を確認することが簡便なので、フットワーク軽く新しいことに挑戦しやすいと思っています（図４）。

路地裏の風情に合う構造とは

木造とRC造の混構造のプロジェクト〈柳小路南角〉を通して、構造がもつ意味について考えてみました。ここでは一般的な設計手法とは少し異なることを試みています。

敷地は二子玉川の路地裏の風情を演出した街の一角にあります。新築ですが、「既に何年も時を経てきたような懐かしさや温かみのある建物として欲しい」と要望されました。仕上げで古めかしくするのは簡単ですが、それではただの化粧でしかありません。この問題を構造自体で本質的に解決できないかと、建築家の三井嶺さんと議論し、木造のフレームに「重ね梁」と「束ね柱」の使用を提案しました（図５、６）。

重ね梁というのは、集成材が開発される前に編み

図5 〈柳小路南角〉完成写真（意匠設計：三井嶺建築設計事務所、構造：木造・RC造、竣工：2018年、写真：Jérémie SOUTEYRAT）

出された工法で、製材を重ね、釘やボルト等の接合具で一体化し、大断面を実現するものです。束ね柱も同様に正角材を束ねて、柱にしたものです。接着剤で一体化された集成材に比べれば、断面性能が低下することや、製材が有する節の影響もあるため、工業製品の品質としても、決して安定しているものではありません。このような理由から、今の時代には合わない工法なのですが、最近は製材だけで大断面を製作できることもあって見直されてきています。

製材は木の質感がより強く感じられるものですが、製材方法によって粗々しさを加えることができます。さらに重ねたり束ねたりすることで不陸のある面ができ、工業製品にはない手づくり感のあるテクスチャができます。そのテクスチャがこのプロジェクトにはマッチするのではないかと考えました。

前時代的工法に対する合理的解決

もう1つ設計の常識に逆らっていることはコンク

図6 〈柳小路南角〉建方（写真上：Yasuyuki Takagi、下：Satoshi Nagare）

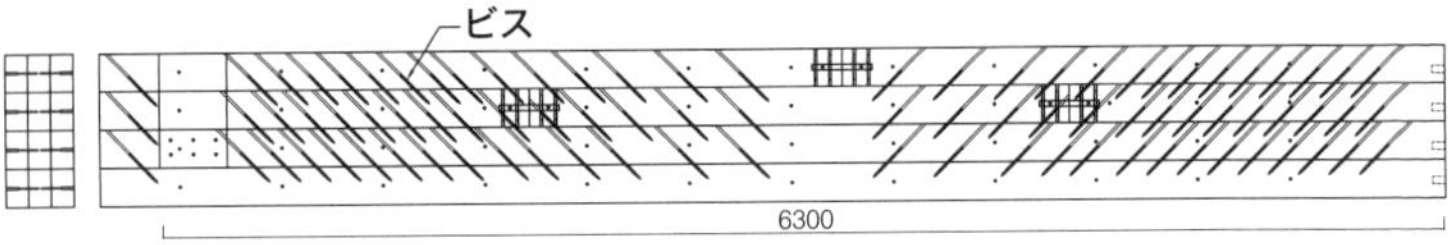

図7 〈柳小路南角〉重ね梁図

リートの床をこの木の重ね梁で支えなければならないということです。木材は鉄やコンクリートと比較して強度は低いですが、材料自体の重量に対する強度(比強度)が高い材料です。軽量な木造床や屋根を木造の梁や柱で支えることは理にかなっているのですが、重い床を支持するには向いていません。そのなかでも効率の悪い重ね梁はさらに分が悪いのです。そのためには、各材を繋ぐ接合具の剛性や耐力をできるだけ大きくし、一体の梁に近づけることが必要でした。

そこで考えたのが、接合具に斜め打ちしたビスを使うことでした(図7)。一般的にボルト等の接合具は材の境界面に鉛直に設けることで、接合具の曲げやめり込みによりせん断抵抗して接合耐力を発揮します。ビスは引抜き抵抗力が大きく、斜めに打つことで引抜き力やせん断面に生ずる摩擦抵抗を付加することが可能になります。そのほか先孔を設けずに直接打てるので施工性もよく、孔とビス間の遊びがないため剛性も高めることができます。この方式を用いることにより、強度・剛性は一体断面と比較して、通常の重ね梁が2~3割程度とするならば、斜めビス打ちを用いることにより、7割程度にすることができました。

このプロジェクトでは、効率的とは言えない重ね梁で、重量のある床を支持するという一見常識的ではない方法を採用していますが、合理的な工夫をすることで断面を違和感のない大きさに留めることができました(図8)。

たいていの構造エンジニアは美しい構造というものに取り憑かれます。モダニズムを牽引してきた構

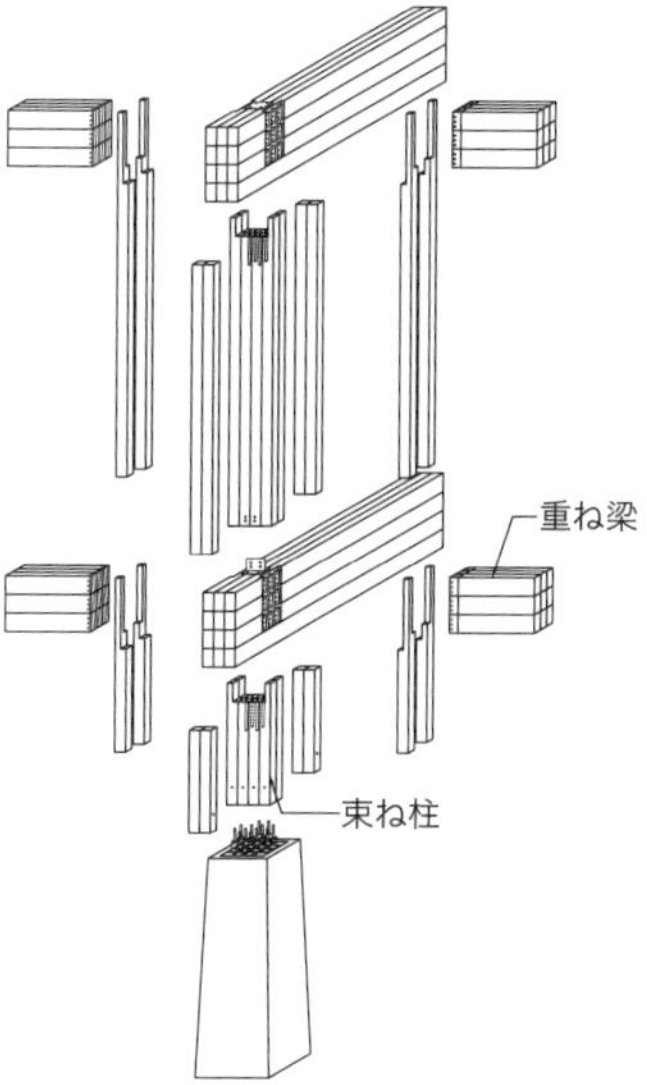

図8 〈柳小路南角〉取り合い図

造家がつくり出す、重力に対して究極的な形態やシステムには共感し憧れもありますが、それだけでは価値観の多様性を見失ってしまいそうです。構造エンジニアは様々な建築家と協働しますが、それぞれの建築家が思い描く世界は様々です。私はエンジニアとして、その多様性を受け止める度量を持って対峙していきたいと考えています。

構造は自然に近い

あるとき、集積回路の設計者である施主から、建物の構造について、地震が起きたときにどのような挙動になるのか事細かく問われたことがありました。大地震に対し倒壊しないように設計していると回答はしましたが、絶対に壊れないとは言えませんでした。彼は、完全な設計を行わないと動かない電子部品に対し、同じく設計によって決まる建築物の構造の挙動が正確に把握できないことに対して納得していませんでした。

人を格納するモノには何かしらの構造があり、社会的には人命を守ることが求められます。しかし、同じ安全といっても、その概念には幅があります。自動車や航空機には完璧な安全性が求められるのに対し、なぜ建物の安全性は「崩壊しない」という大きな括り方ですまされるのでしょうか。

それは、建築が基本的には一品生産であることに加え、地震自体が予測不能であり、人間が扱うには大きすぎるためです。建築のおおらかさ、曖昧さは、自然に近いものであり支配しづらい。建築はヒューマンスケールで考えると言いますが、これに対して、構造はネイチャースケールという視点でも物事を考える必要があるのです。構造設計は手に負えないものを支配するのではなく、最小限の被害に抑えることが目的なのだと考えれば合点がいきます。

矛盾を認めつつ、合理的な判断をする仕事

最近では、計算プログラムとＣＡＤが相互リンクし、計算結果が瞬時に図面に反映されるシステムが開発されています。また、与えられた条件に対して、最も経済的な部材断面となるまで収斂計算する最適設計も今後発展していくでしょう。

これは、将来的に人が行う作業が減り、人が判断する機会がコンピュータに奪われていくことを示唆しています。合理的なモノづくりに重点を置く企業にとっては、人件費を減らせる都合の良いシステムかもしれません。

しかし、建築とは非合理性を含む生産物です。実際にはコンピュータでは判断できない矛盾が数多く含まれます。例えば、完全な断熱や効率の良い空間配置、最も経済的な断面構成を実現すれば、必ず良い建築物ができるかというと、そうでもない。

矛盾を認めつつ、合理的な判断をする。矛盾の合間に余白が生まれ、何かを訴えかける要素となるのだと思います。このような解決は人にしかできないのではないでしょうか。世界は合理的につくられることが目的とされがちですが、それだけだと無機質なものになってしまいます。豊かな世界があるのは、人の感性が加わるからです。

このような視点で物事を考えるのに、アトリエレベルでの活動は、ちょうど良いと考えています。構造エンジニアにも、合理性だけにとらわれないことを楽しむ余裕が必要なのではないかと考えながら仕事をしています。

2 木構造の追求——歴史・地域・思想・技術をつなぐ

山田憲明
山田憲明構造設計事務所

図書館をイメージしたオフィスレイアウト。中央が多目的スペース

構造設計者の最高の喜び

私の事務所で構造設計を担当し、最近竣工した建物に、〈大分県立武道スポーツセンター〉があります（図1）。メイン施設である多目的競技場は、幅約70m×奥行き約100mの無柱空間で、これを覆う屋根構造は大分県産の杉製材でつくられています。木材は、生産してくれる人たちと何度も話し合い、調達しやすく無駄の出ないよう断面120㎜×240㎜、材長を2〜4mという住宅用サイズに決めました。この細く短い木材を使って大空間を実現するために、力学・施工での合理性を持たせるべく形態とディテールを追求したアーチトラス構造にしました。アーチ形状の整理と木材木口の面タッチによる応力伝達によって簡素なディテールに統一し、施工の合理化も行っています。

私の事務所への構造設計依頼は、用途・規模は様々ですが、近年多いのはこのような地域の木材や技術を活かした公共建築等の大規模な木構造です。木構造はRC造や鉄骨造と異なり、使える素材や技術に地域性がありますから、地元の木材生産者や技術者と対話を重ねて共有した情報を構造設計に反映させていくことを大切にしています。また、様々な考えを持ったたくさんの人々が設計や工事に関わることで、建築プロジェクト自体が1つの物語になっていきます。このように建築の物語を紡ぐ手助けをすることも構造設計者の重要な役割ではないかと思うようになりました。

〈大分県立武道スポーツセンター〉も完成までに非常にたくさんの人々と関わり、時には喧々諤々の議論のなかで厳しい言葉を浴びせられたこともありましたが、関係者がみな完成を喜び、そして感謝し合うことができました。これは常に大きなプレッシャーを感じながら仕事を行う構造設計者にとって最高の喜びの1つです。

図１〈大分県立武道スポーツセンター〉（設計：石本建築事務所、構造：RC造・木造・鉄骨造、竣工：2019年）

スキルを身につけ、環境を自分でつくる

構造設計の仕事の幅をどこまで広げ、どれだけ追及するかは、自身のスキルと環境次第です。例えば、ある建築プロジェクトに対して「建築のコンセプトやデザインまで深く関わりたい」「技術的に掘り下げて研究開発したい」と思っても、提案や開発するスキルだけでなく、それを必要としてくれる建築家、プロジェクトにかけられるコストとスケジュール、サポートしてくれる専門家、といった環境も揃わなければやりようがありません。仕事とはスキルと環境の鍛錬、その結果（業績）が相互に作用しあって構築されていくものだということを、私自身は特に木構造を通して体験してきました。

建築を志す——高校〜浪人時代

建築の設計を職業として意識したのは、大学受験を控えた高校３年生の夏。父親が不動産会社を経営している同級生M君の「建築家という仕事があって、工学や技術だけでなく芸術や歴史的なことを考えて設計するんだよ」という言葉に惹かれて、建築学科を目指します。「建築なら早稲田だ」というM君と一緒に、美術の先生に試験科目のデッサンを週に一度教わりながら、漠然と早稲田大学の建築学科を受験したのですが、M君は無事合格、私は早稲田を含む全ての大学に落ち、浪人しました。結局、早稲田大学には縁がありませんでしたが、一浪して京都大学の建築学科に進むことになりました。

木構造との最初の出会い——大学時代

京都で1人暮らしを始め、両親の眼と受験勉強から開放されると、部活や遊び中心の生活になりますが、学科の専門科目の授業だけは出席していました。研究室に配属される3年生になり、意匠系を目指すために布野修司先生（現日本大学生産工学部特任教授）の研究室を志望しますが、先輩方の前で自分をアピールするという私が最も苦手とする選考方法で落とされます。定員に空きのある中から、授業の面白かった西澤英和先生（現関西大学教授）の鉄骨構造の研究室に滑り込みました。

西澤研究室は元々鉄骨造の研究室ですが、木造や組積造等の歴史的建造物の研究や補強設計にも取り組んでいました。私の在籍時にも多数のプロジェクトが進んでいました。最も注力していたのは、室町時代に焼失し1960年代以降に伽藍復興が進められていた薬師寺で、最大規模の伽藍となる大講堂を復元する計画でした。構造設計を担当する西澤研は、先輩方の代から構造実験や解析を積み重ねていました。ほかにも二条城や同志社大学クラーク館の小屋裏調査、F・L・ライト設計の旧山邑邸の常時微動測定や耐力壁試験、左官職人に指導されながらの土塗壁制作等を通じて、建築構造の成り立ちや特性、経年変化といった基本に触れることができました。また、時代を超えて後世に引き継がれる建築には、単に意匠や技術だけでなく、背景や物語にも普遍的な魅力があることを気付かされました。

しばらくすると先輩の手伝いだけでなく、自分も主体的に研究室に貢献しなければならない雰囲気になり、元々研究室にあったプログラムを参考にして、薬師寺大講堂復元プロジェクトの検討用の時刻歴解析プログラムをつくることになります。数学や論理を駆使してプログラムを構築していく初めての経験に、夢中になってパソコンに立ち向かいました。途中、計算の停止や発散に悩みましたが、なんとか完成させ、それが卒業論文のテーマにもなります。卒業後、それが「山田プログラム」として引き継がれていることを、全く面識のない10歳以上も年下の研究室の後輩から聞きました。

意匠と構造の葛藤——就職活動

4年生になると就職活動が本格化し、一生の仕事として何をするべきかを真剣に考え始めます。西澤研で構造の重要性と面白さを学んだものの、当初の意匠への想いも捨てきれず、両方を同時にできる仕事がないかと思案しました。バブル崩壊後の不景気な時期にも関わらず研究室にきたいくつかの企業からの求人はどれもピンと来ず、結論を先延ばしにして大学院に残ろうとしましたが、大学院試験の直前まで部活を優先した結果、落ちてしまいます。面接官だった建築史の加藤邦男先生から将来の展望を聞かれ、「意匠と構造の融合を目指しています」と答えたところ、感心していただき、自分の方向が間違っていないのだと確信できたことだけは収穫でした。

進路を決めきれないまま迎えた年度末、部活の追い出しコンパで建築学科の先輩でもある山田真也さん（現在京都で設計事務所主宰）に相談したところ、「構造家」という仕事の存在と、ある雑誌の連載を紹介されます。構造の立場から建築家と一緒に独創的な建築をつくっていく「構造家」と呼ばれる人たちがいる。世界中で活躍するArup社や日本の構造設計集団という事務所が〈幕張メッセ〉や〈海の博物館〉等、当時の話題作の構造設計を担当していると知りました。『建築文化』では構造設計集団が「構造家列伝」という連載で、マイヤール、ネルヴィ、トロハといった偉大な構造家の思想と哲学、独創的でかつ美しい構造作品の数々を格調高い文章と写真で紹介していました。自分の求めていた意匠と構造が融合する世界がここにあるのだと、心の底から希望や歓喜がこみ上げ、進路をはっきり決めた瞬間です。

研究室の先生方も、面白い仕事だと背中を押してくださりました。アトリエ構造設計事務所に狙いを定めたのは、将来独立しやすいようなスキルと環境を身につけるためです。独立を目指した理由は、定年退職がなく自分の裁量で仕事を続けられること、自分の責任と名前で仕事できること、共に働けるスタッフを自分の判断で採用できることの3つです。

気になった作品の構造設計を担当している事務所を雑誌からピックアップし、電話で面接の約束を取り付けました。事務所を訪ね著名な構造家の方々とお話しをするなかで、長谷川一美さん(元構造空間設計室、現前橋工科大学教授)が、「どの系譜にも属さないし私もお会いしたことがないが、増田一眞というものすごい構造家がいる。特殊な木造とプレキャストRC造を精力的にやっているようだ」と、『建築技術』の記事を見せながら教えてくれました。

さっそく、増田所長が主宰する増田建築構造事務所に面接に行きます。所長とチーフの河野滋さん(現在はロサンゼルスの構造事務所勤務)が面接してくださり、仕事や建築に対する考え、注目している建築家カラトラバの話等を聞かせてくれました。「何でも大事だよ。私の趣味は数学と文学でね」と少し恥ずかしそうに笑みを湛えながらお話しされる増田所長に、人や物事を受け入れる寛容さと、底知れぬ凄みを感じました。「ここなら良い修行ができるな」と入社を決心します。

構造設計を学ぶ——修行時代

入社当時、増田建築構造事務所は、私を含めて総勢7人でした。事務所は家庭的な雰囲気で、所長の娘さんの文《あや》さんがつくってくれたお昼ご飯を、八角形プランの事務所の中心にある所長の仕事場(ちゃぶ台)でいただきます。当時は所長が執筆や講演活動で忙しかったため、河野さんが中心となり、大事なポイントで所長に相談しながらスタッフサイドでプロジェクトを回していました。私は半年くらい何の役にも立たないどころか、1日に何度も先輩方の席に押しかけては質問攻めにし、迷惑をかけていました。

当初はそんな庇護のなかで安穏と仕事をしていたのですが、気づけば先輩方が次々退職し、4年目の途中、弱冠27歳で番頭の立場に立ち、仕事を取り仕切る立場になります。入りたてのスタッフの面倒を見ながら、1人で20~30件のプロジェクトをこなすため、事務所に泊まり込む日々。日中は打ち合わせや現場、電話対応で時間がとれず、夕方になってやっと作業に取り掛かるような状態で、気の休まる時間は全くありません。名前ばかりの番頭になったものの、わからないことだらけで、これまでいかに先輩たちに頼っていたかを痛感しました。

ただし、自ずと所長と接する機会はこれまで以上に増えました。そこで所長の、常に原点に立ち戻る発想方法、素材・空間・施工法への配慮に加え審美性も兼ね備えた構造計画、電卓よりも早い算盤や計算尺での計算、その場でさっと描く要点を踏まえたディテール等を間近で学べたのです。電話での所長と建築家との会話も耳をダンボにして聞いていました。A2の木造の仕様書をトレーシングペーパーにフリーハンドで文章と絵をみっちり描き切る姿も目の当たりにして「全てが頭のなかに入っているんだな」と驚きました。

増田事務所で特に学んだものが木構造です。増田事務所は、古建築の調査や保存修理、城郭の復元といった多くの伝統木造建築プロジェクトを抱えていました。また所長は、日本の木構造の文化は大工の知見や技術が築き上げたもので、大工を中心とした木構造を実現していくべきだという思想を持っていて、全国の著名な大工棟梁とも交流が深く、現代の木構造の置かれた環境や行く末について盛んに議論していました。そんな環境での修行を通じて、素材の特性、架構のあり方、各継手仕口の役割といった技術的なことを学ぶとともに、太さや長さ、量に限りのある貴重な木材を使って大きな構造物をつくるには、背景や物語が重要なのだという木構造に対する考え方が出来上がっていきました（図2）。

実績を積む

こうして5、6年目頃からようやく、一つひとつの知識が頭のなかで徐々に繋がっていき、仕事の予見が立てられるようになりました。構造計画は初期段階でコスト、スケジュール、プランや空間の大きさといった条件を踏まえ、構造体の概要（材料、かたち、性能等）を決めていくものです。予見はより先まで見通せるほど手戻りが少なく、構造体の美しさやディテール、施工手順、調整のしやすさ等にも配慮します。

図2　大洲城天守の復元（2004年竣工）。地上4階建て、高さ約20m。実験や解析により伝統的な仕口の構造特性を工学的に評価し、伝統木造での天守閣を実現

図3　〈レストラン アーティチョーク〉（意匠設計：柳澤孝彦＋TAK建築研究所、構造：木造・RC造、竣工：2004年）

そんな頃、徐々に著名な建築家から仕事を依頼されるようになってきました。1つが、故柳澤孝彦先生のお仕事で〈レストラン　アーティチョーク〉です（図3）。軽井沢プリンスホテルのショッピングモール内に計画された2階建てレストランで、緑と水に囲まれた周辺環境を取り込めるよう、地元産の木材を用いた繊細で透過性の高い構造が求められました。そこで、通常は集成材として使う長野県産カラマツ材を無垢材として使い、小断面のものをかご状に組むことで、素材の狂いを打ち消しながら座屈を拘束し合う構造としました。自身の提案で自分の首を絞め、設計も施工もこれまで経験したことのない極めて難易度の高いものになってしまい、予見も何も通用しませんでしたが、関係者一同の苦闘の連続で出来上がった姿に、改めて構造設計の仕事に畏れと魅力を感じたプロジェクトです。『新建築』で初めて構造解説を書かせていただいたり、作品が広く認識されたりしたことで、大きな実績になりました。

その2年後に、建築家の仙田満先生から大学図書館のプロポーザルの協力依頼があります。プロポーザルの経験すらなかったのですが、短期間で仙田事務所と濃密な打ち合わせをしては、事務所に戻って徹底的にスタディを重ね、勝ちました。そして実現したのが、〈国際教養大学中嶋記念図書館〉です（図4）。直径約44ｍもの半円形大空間を持つ図書館で、秋田県産の杉無垢材を主体にして、1.5ｍの積雪荷重に耐えつつ、美観や開放性を持たせた屋根構造をいかにデザインするかが最大の課題でした。重ね透し梁とトラスを縦に重ねた木造組立梁と、鉄骨造フィーレンディール梁を組み合わせた和傘のような形の構造を提案しました。この図書館は、仙田先生が村野藤吾賞等多くの賞を受賞し、私も2010年に第22回ＪＳＣＡ賞に応募し、作品賞をいただきました。増田事務所にいながら実績を積めたのは、所長

図 4 〈国際教養大学中嶋記念図書館〉（意匠設計：仙田満＋環境デザイン・コスモス共同企業体、構造：RC 造・木造・鉄骨造、竣工：2008 年、写真：藤塚光政）

が執筆や賞の応募を認めてくださったおかげです。

独立を決意する

当時の増田事務所は横のつながりのほとんどない事務所で、同世代の構造設計者との交流も全くありません。30歳半ばを過ぎた頃から、多田脩二さん、鈴木啓さん、名和研二さん、大野博史さんや、佐藤淳さん、小西泰孝さん等、同世代の構造設計者が次々と独立し活躍している姿を羨望の眼差しでみていました。

そんな頃、〈国際教養大学中嶋記念図書館〉のプロポでご一緒したご縁で、金田勝徳さんがＪＣＳＡのシンポジウムや執筆を依頼してくださり、更に金田さんが主査を務めていたＪＳＣＡの構造デザインＷＧに参加することになります。そのＷＧのメンバーには、多田さんや佐藤さんのほか、組織設計事務所やゼネコンの構造設計部のエースが揃っていました。ＷＧでは執筆やシンポジウムの企画・運営等について議論します。皆、企業で鍛えられているだけあって、白熱した議論で自分の主張を通す術に長けています。最初は面食らいましたが、段々と楽しくなり、人付き合いが広がりました。

増田事務所では責任ある立場で仕事をし、実績も積ませていただき、所長も私に事務所を継がせることを考えておられたと思います。しかし構造設計者としての一生を考えた時、自分の事務所をゼロから立ち上げ、スタッフを自分で集め、自分の名前で仕事を取り、実現していくことは独立しなければできない。40歳を手前に、今しか独立のチャンスはない。悩んだ挙句、2011年の秋、増田所長に意を決して独立したい旨を伝えました。所長は私の決意が固いことを知ると独立を認めてくださり、温かく送り出してくださいました。

事務所を始める

2012年3月末に増田事務所を退職して4月に独立開業。幸いにもすぐにいくつかの設計事務所から仕事の依頼があったのですが、打ち合わせで外出していると全く作業が進まない事態になり、スタッフの必要性を感じます。幸い、知人の構造家や建築家の紹介で1人、また1人と秋までには一定量の仕事ができるマンパワーが揃いました（図5）。

私の事務所の強みは木造の構造設計で、小さなものから大きなもの、歴史的な古い建物から最新の建物、都市部から地方、といったあらゆるプロジェクトの経験で得た知見を総動員して次のプロジェクトに活かせることです。研究者、材料供給者、ファブリケーター等とネットワークを組み、プロジェクトの特性に応じてチームを編成することも意識してきました。

実際、独立直後から、〈国際教養大学中嶋記念図書館〉のイメージが強かったのか、木造プロジェクトの依頼が増えました。増田事務所時代から故柳澤先

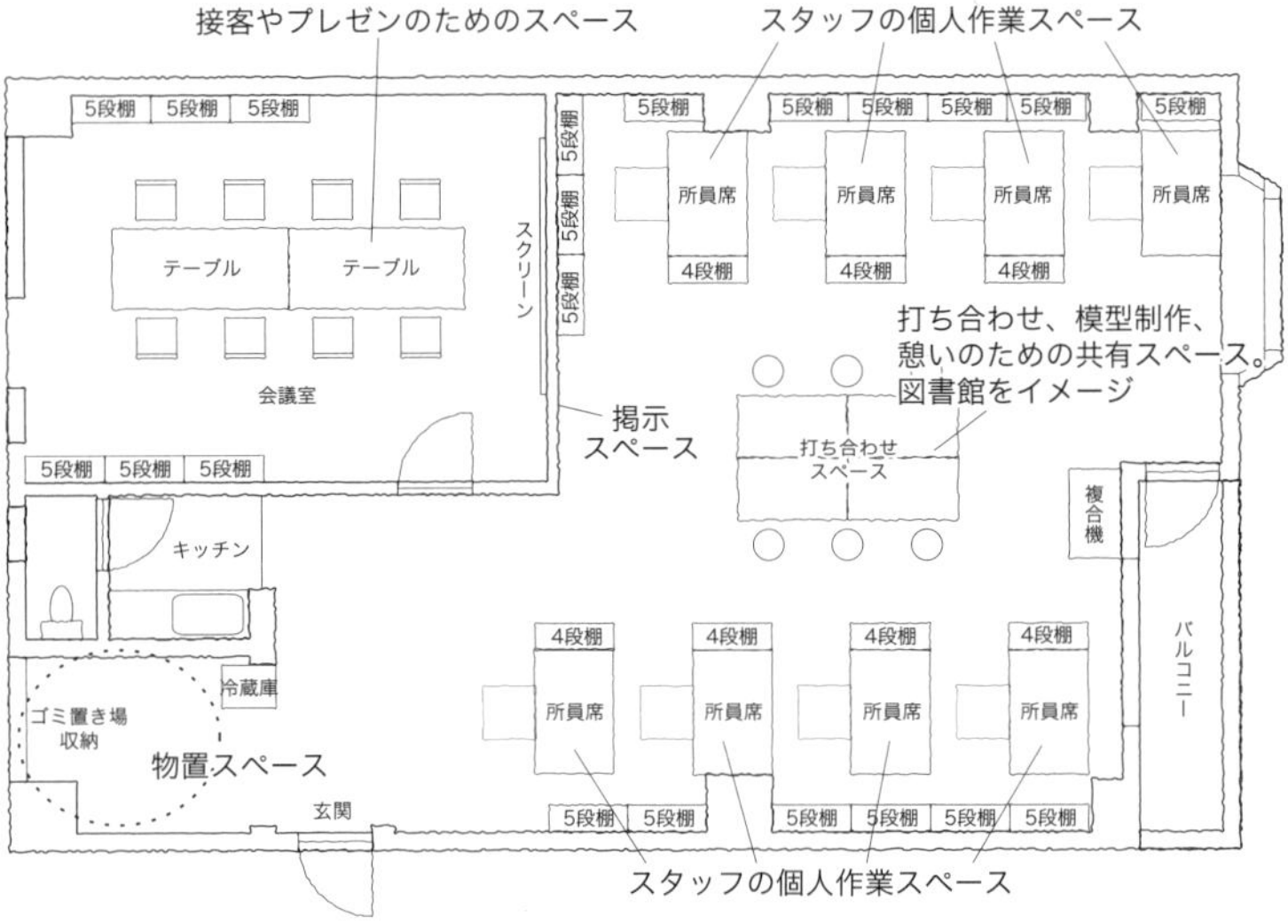

図５　事務所間取り図

生、故保坂陽一郎先生、仙田先生といった40歳以上も年配の大御所建築家の方々と仕事をさせていただく機会が多く、皆、独立直後の不安定な時期にも関わらず新しいプロジェクトを依頼してくださいました。仙田先生とは地域の大径丸太材を使った〈南小国町役場〉（２０１５年竣工）、地域の製材を使った〈白鷹町まちづくり複合施設〉（２０１９年竣工）をプロポーザル段階から協力させていただきました。また富永讓先生や泉幸甫先生が私の仕事を見てくださっていたようで、プロジェクトを依頼してくださった時には、かつて就職活動中の面接で構造家の梅沢良三さんからいただいた「必ず誰かが見てくれている」という言葉を思い出しました。

一方、堀部安嗣さん、新関謙一郎さん、中村拓志さん等、年齢の近い建築家の方々や、木造の実績から、組織設計事務所の依頼も増えました（図６〜８）。例えば、石本建築事務所の能勢修治さんからはプロ

図 6　〈竹林寺納骨堂〉2m 長の 105mm 角杉製材を並べる・積む等の原始的な方法で構成。1995mm グリッドとの組み合わせで切りムダを極力排除（意匠設計：堀部安嗣建築設計事務所、構造：RC 造・木造、竣工：2013 年、写真：堀部安嗣）

図 7　〈GFU〉木造の切妻大屋根、RC 造の立ち上がり、60mm × 120mm 間柱の組み合わせで構造材と造作材の隔てのない無壁空間を実現（意匠設計：NIIZEKI STUDIO、構造：RC 造・木造、竣工：2012 年、写真：西川公朗）

図８　〈ベラビスタ スパ＆マリーナ尾道メインダイニング エレテギア〉美しい環境に建つ開放的なレストランを 44mm 角鋼と 45mm 厚及び半割の地松材を用いた組立構造で実現（意匠設計：中村拓志＋ NAP 建築設計事務所、構造：鉄骨造・木造、竣工：2015 年、写真：藤井浩司／ナカサアンドパートナーズ）

ポーザル段階から度々お声かけをいただき、冒頭の〈大分県立武道スポーツセンター〉や、〈境港市民交流センター〉等で協働させていただいています。

これから

古今東西で多種多様な木構造が生まれては消えてきましたが、現代まで現存や記録として残っている優れたものも多くあります。近年、木構造は要素技術の多様化が国内外で劇的に進み、その可能性が広がる反面、今後はどの要素技術をいつどのように使うかの判断がさらに難しくなるでしょう。だからこそ、作品や思想が一過性のものにならないよう、歴史や地域性といった文脈も考えながら物語を紡ぐことのできる木構造とは何かを考えていきたい。そして、たった１つでも、時代を超えて普遍的な価値を認められるような作品や思想を後世に残したいと思います。

3 手計算とコンピューターで、「形」に骨を通す

三原悠子
三原悠子構造設計事務所

事務所を借りるか、その前にスタッフを探すか、大変悩んでいます

独立して2年目の日常

佐藤淳構造設計事務所での10年間の修行を経て独立し、早2年。独立当初は慣れない事務作業もありなんとなく追われていましたが、ようやく自分なりのペースが掴めてきたところです。

仕事は住宅や商業施設の構造設計が多いですが、増改築、ファサードや家具、インスタレーション作品の構造設計等、構造に関わることは大小問わず行い、設計プロポーザルも参加するようにしています。

仕事相手は、大学時代や担当者同士として知り合った同年代の建築家が多く、独立前に担当した建築家の方から声をかけていただくこともあります。ご縁が長く続いて様々な建築家と協働できることは、構造設計の仕事の喜びの1つです。構造設計者の繋がりからも、大学でレクチャーをさせてもらったり、構造設計者向けのイベントに参加したりと、活動の幅が広がっていると感じています。

作業場所は自宅兼事務所がメインで、4畳ほどのスペースに本棚、大きい机、A4レーザー複合機、A3インクジェット複合機を置いています（図1）。少し手狭になってきたので、最近は近所のコワーキングスペースでも作業しています。

まだスタッフはいないため時間はきちんと決めていませんが、休憩を取りつつ、10時〜22時過ぎ頃まで作業しています。建築家との打ち合わせや現場監理等、業務時間の3分の1ほどは外回りという感じです。土日休みを目指しているものの、打ち合わせが入ったり、落ち着いて取り組みたい作業をしたり、オープンハウスに出掛けたりすることも少なくありません。ただ、平日に私用を入れたり、料理をできるようになったことは、独立して手に入れた自由の1つと言えそうです。

建築家への憧れ——小嶋一浩さんの力強い言葉

おそらく多くの設計者がそうであるように、私も

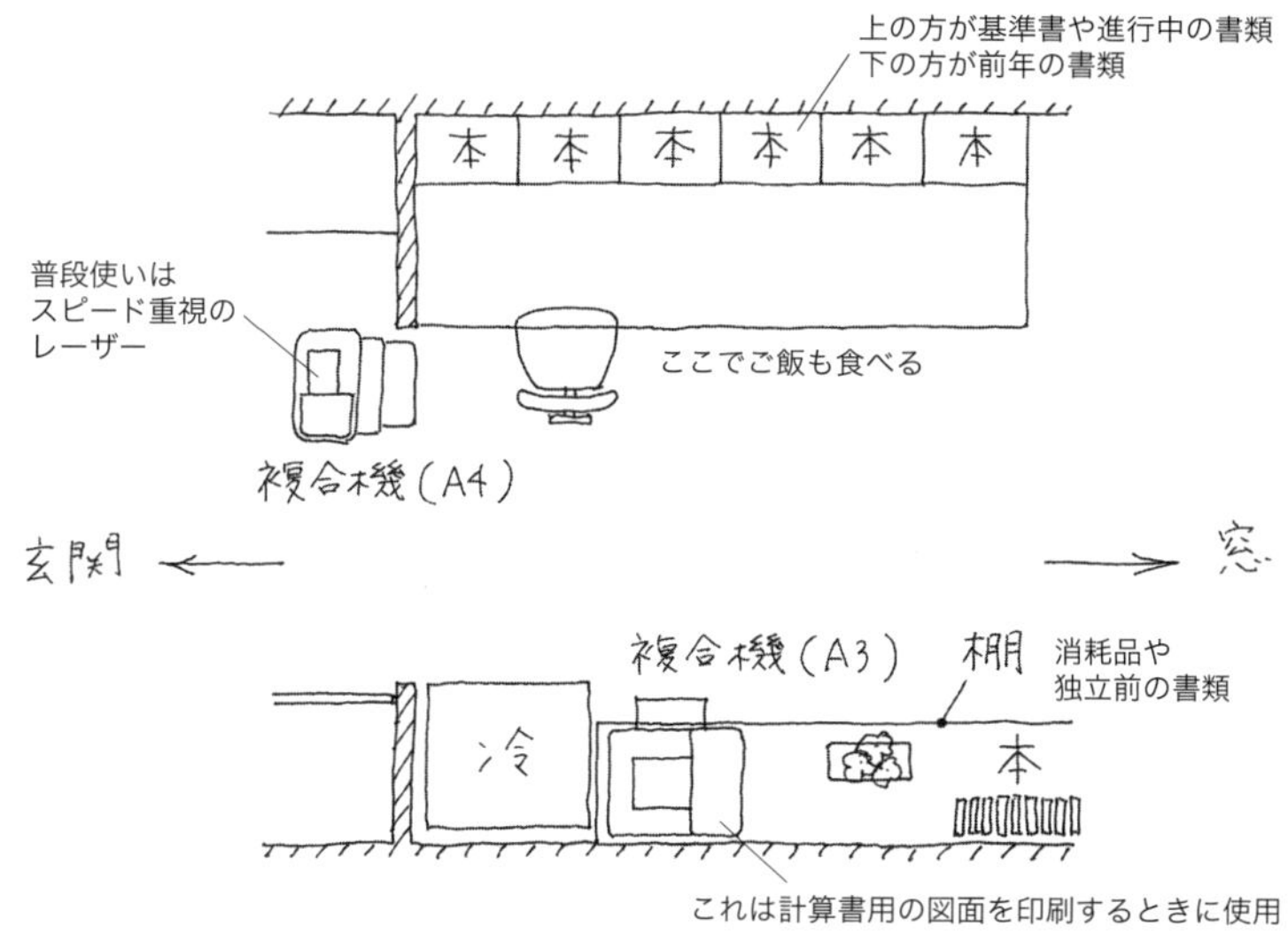

図1　事務所間取り図

大学に入るまで「構造設計」という分野や職能を知りませんでした。高校時代は絵を描くことが好きで、伝統建築や古美術の修復、考古学、民俗学等に興味があったため、ものづくりがしたいという考えはなんとなくありました。建築学科が面白そうだと思ったきっかけは、高校3年生のときに地元の美術館のショップで手にとった建築雑誌『10＋1』です。そこで紹介されていた小嶋一浩研究室の活動に興味を持ち、漠然とした憧れで、東京理科大学理工学部建築学科へ進学することにしました。

入学ガイダンスで教授陣が並ぶなか、「どなたが小嶋先生なのだろう」と考えていると、ひときわ華やかな服装に身を包んだその人は、開口一番「私は教育者ではなく「建築家」なので「先生」と呼ばないで下さい。私もあなた方を未来の建築家として接しますから」とおっしゃいました。18歳の若者に対してそんなことを言うなんて、なんて格好いいんだろう、

「建築家」とは限りなく格好いい人種なのだと、この初めての出会いで憧れは急激に強まりました。

その後も、小嶋さんが折々にかけてくださる言葉には絶対的なパワーがありました。1年生の「あなたの部屋を空間化せよ」という自室を改装する課題では、光を淡く透過する素材として風船を使った私の案に「この光の効果を生み出すために、実際に使える建築材料を本気で考え続けることができれば、建築家になれるよ」と声をかけてくださいました。

図2 「あなたの部屋を空間化せよ」課題（小嶋賞をもらった思い出の作品）

この言葉は、今でも仕事を続けていく上での指針になっています（図2）。

構造デザインとの出会い——池田昌弘氏の本

建築家に憧れた私は当然、意匠設計を目指していました。当時は〈せんだいメディアテーク〉が竣工し、OMA、MVRDVらオランダの建築家による力強い形体の建築が学生に人気を博している頃で、それらが佐々木睦朗氏やセシル・バルモント氏によるものであると知ったことから、「構造デザイン」にも興味を持ち始めました。そんな折に出版された『小住宅の構造』（池田昌弘著）には、住宅の軸組模型とともに名だたる建築家との協働の様子が描かれていました。この本を読んで、構造設計とは「沢山の建築家と一緒に仕事ができる」「建築の『形』を作る仕事」なのだと知り、すぐに「この仕事がしたい」と思いました。

力学と幾何学で生まれる形――新谷眞人さん

構造設計を目指すと決めたものの小嶋研究室に対する憧れもまだ強かったのですが、小嶋研内に新谷眞人さんが客員指導者の卒論ゼミがあったため、そこで意匠設計と構造デザインを学び、大学院から本格的に構造の勉強をすることにしました。

新谷ゼミは、学生3人でテーマを設定し半年間でグループ卒論をまとめるため、とりあえず研究室にある全ての書籍から自分たちが形体的に魅力を感じる建築をピックアップしてみようということになりました。ファイル数冊分が溜まったところで分類してみるとそれらは、「曲線的で滑らかなもの」と「直線的で繊細なもの」に分かれるようでした。さらにそれらは力学的にはどちらも「軸力系」で、幾何学的には「非線形」「線形」に分類できることがわかり、分類に応じて簡単な構造解析も行い論文としてまとめました。この卒業論文を通じて、建築の「形」が力学と幾何学により生まれることを学びました。

エネルギー論と振動論――北村春幸先生

大学院は、日建設計を経て超高層建物の免震・制振構造や長周期地震動等の研究をされていた、北村春幸先生の研究室に進みました。ここで大規模建物の構造設計における最新のテーマに触れることになりました。

私の研究は、表計算レベルで地震時の建物の最大応答を予測できる「エネルギー論」を用いて、免震層を複数設けた超高層建物の性質を定式化するものでした。構造をマクロに把握する手法、免震の振動解析、地震動作成等の解析手法は、就職後の実際の業務にも大いに役立ちました。

佐藤淳構造設計事務所時代――「お、もう設計終わったやんか」

佐藤淳さんには4年生のときに小嶋研究室で初めてお会いしました。先輩方が行っていた設計プロジェクト〈パルタウン城西の杜集会所〉の構造設計をされていた関係で、レクチャーに来られたのです。卒論の下調べで佐藤さんのインタビュー記事（『PLOT 01 山本理顕』）を読み、とても若い構造設計者として印象に残っていたため、アルバイトをさせてもらうことにしました。

アルバイトは構造図作成の手伝いや模型づくりから始まり、ある時小さな鉄骨住宅の構造解析をさせてもらえることになりました。佐藤さんは、設計の早い段階から建築家と打ち合わせを行い、その場の手計算で構造形式を提案し、部材やディテール案までスケッチするタイプの構造設計者です。Ａ４の紙に描かれたスケッチを渡され、それを元に解析モデルをつくって検定比（部材にどの程度の強度的余裕があるかの指標）を出すと、ちょうど２、３割の余力を残して全部材がＯＫ、となりました。早速報告すると、それを見た佐藤さんが「お、三原、もう設計終わったやんか」と言われました。このとき、建築家が生み出したばかりの「形」が持つ意味をすばやく理解し、骨格を与える構造設計者のプロフェッショナリズムを体感させてもらった気がしました。

この、手計算でスケッチする仕事のやり方は、私を含め佐藤事務所出身者が皆受け継いでいます。佐藤事務所の構造解析ソフトは佐藤さんの自作で、誰でもソースコードを更新できます。あるときには、皆と夕飯を食べながら「効率的なメモリの確保法」について盛り上がっているうちに終電間際になってしまうこともありました。また、佐藤さんはエネルギー論を提唱した秋山宏研究室出身で、どの部材にエネルギー吸収させるかを意識した設計を実践されており、研究と設計は切り離されていないと思えたことにも魅力を感じ、就職させていただくことになりました。

図3 〈群馬県農業技術センター〉内観（意匠設計：SALHAUS、構造：木造・一部鉄骨造、竣工：2013年、写真：SALHAUS）

スタッフの仕事は「肉付け作業」

新築のプロジェクトでは、基本設計→実施設計→見積・減額→建築確認→施工監理と進みます。アトリエ系構造設計事務所では、作図を含め基本的に全ての段階を同じ担当者が担当します。設計中はおよそ2週間に1回、意匠設計事務所と打ち合わせをし、建築家との話し合いや佐藤さんのスケッチにより検討方針を決めますが、スタッフの仕事は、打ち合わせた方針を「本当に実現させる」ための肉付け作業のようなものです。

担当物件の1つ、SALHAUSの〈群馬県農業技術センター〉は、鉄骨造骨組に90㎜×75㎜という小さな木材を格子状に垂らし架けた屋根を持つ構造です（図3）。プロポーザルで選ばれたプロジェクトで、提案時の手計算により、既に屋根木材断面の目標寸法が決まった状態で設計がスタートしました。

解析手法──幾何学的非線形解析のプログラミング

手計算では建物を単純化し、簡単な数式に当てはめてあたりをつけますが、実際の建物形状は複雑なため、垂屋根の応力を詳細に計算できる「幾何学的非線形解析」が必要でした。そこでまず、普段使っている「線形解析プログラム」を拡張し、幾何学的非線形解析が可能なプログラムに更新しました（この間、意匠の形状変更への対応や、図面作業を同時に進めています）（図4）。

素材──「硬くて強い」より「柔らかく必要十分」

解析すると、ケーブル構造の垂屋根では完全な軸力系となり曲げモーメントが生じないのに対し、木材では硬さをもつ真っ直ぐな材をたわませて架けることになるため若干の曲げモーメントが生じ、強度が足りないことがわかりました。一般に木材は硬いほど強度が高い性質があるのですが、この時は硬くて高強度な木材を使用すると曲げモーメントも増えて悪循環となり、必要強度を満たす中でより柔らかい材料を使用した方が応力が小さくなり、有利なことを見出しました（この間にも意匠との納まり調整や、詳細図等の作業を進めます）。

実験による検証──経時伸び試験

そうして比較的柔らかく小さな木材を使うことが決まりましたが、木材は継続的な荷重や気温・湿度の変動により伸び続けることが知られており、経時伸びの影響がどの程度か、検証する必要がありました。そのため、東京大学の佐藤研究室の協力で経時的な引張試験を行いました。設計側のスタッフとして、試験体の形状決定や試験結果の分析を行いました（この間にも…（延々と続く））（図5）。

ディテール──経時伸びを吸収するクリアランス機構

経時伸びが予測でき、竣工後に木材が伸びて屋根が下がってきても引張り戻しができるようなクリアランス機構を設けることになりました。佐藤さんの

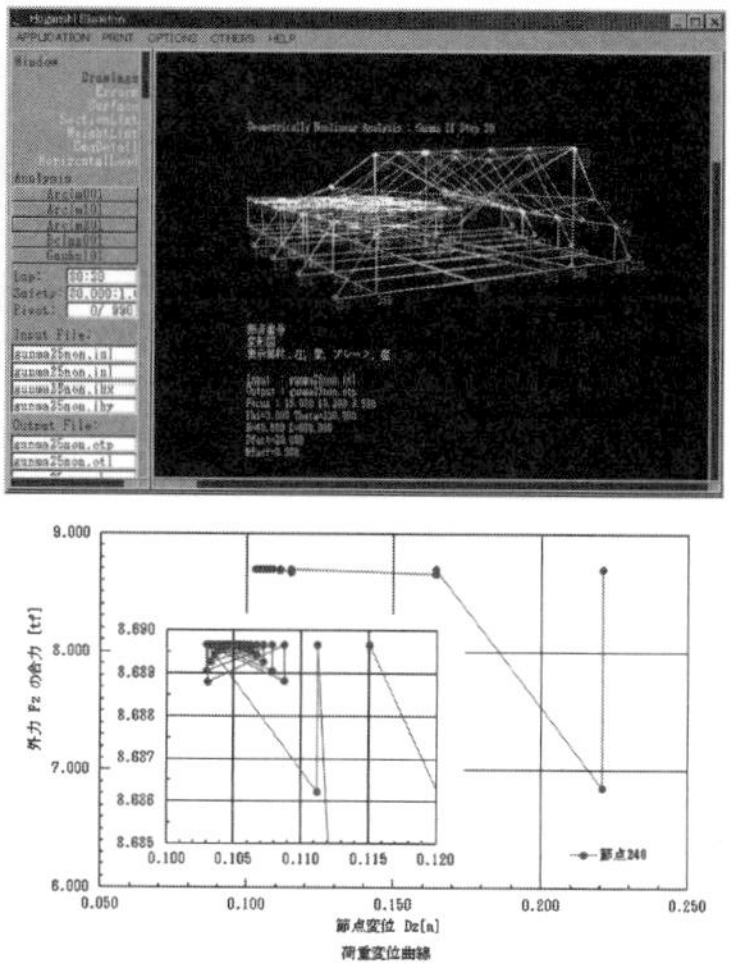

図４　オリジナル幾何学的非線形解析ソフトウェアで〈群馬県農業技術センター〉を解析し、収束する様子

図５　〈群馬県農業技術センター〉木梁部材の経時伸び試験、試験体

ディテールスケッチを元に、応力伝達しつつ締め戻しが可能な納まりを検討し、屋根部分の構造が確定しました。このような「肉付け作業」を経て、施工が始まります。

施工――施工者との信頼関係・検証・体感

施工監理の段階では、敷地や材料入手等の状況を踏まえ、建方手順や納まりの再検証が行われます。これらは設計段階で施工者と相談しあらかじめ設計に盛り込んでおくべき内容もありますが、現場で調整が必要になることもあり、施工者との信頼関係がとても重要です。現場では、屋根の垂れ具合等を実測し、設計時の想定内に納まっていることを検証します。また、出来上がった構造体の上で飛び跳ねてみる等、計算結果の数値と自身の身体感覚を関連付けるのが「佐藤流」です。

独立を考え始めた作品――全体と細部の幾何学

〈群馬県農業技術センター〉では屋根全体の形に

ついて考えましたが、隈研吾建築都市設計事務所の〈スターバックスコーヒー 太宰府天満宮表参道店〉は60㎜角の木材4本が菱形に交わる木組構造で（図6）、交差部の木刻みの形を検証する作業になりました。初めに佐藤さんが材が隙間なく交わる複雑な刻み方を考案しましたが、断面欠損が大きすぎて強度が足りず、最終的にX形に組んだ2本の材同士を噛み合わせてドリフトピンで連結する納まりとなり、架構全体の座標にも影響を及ぼしました（図7、8）。これは接合部の幾何学に連動して全体形状が変わっていく例で、つまりスタッフの検討具合が全体形に及ぼす影響が大きいのです。

このような作品を経験した頃から、徐々に個人的にも構造設計を頼まれるようになり、接合部を含む幾何学の検討技術や30代以降の働き方について一旦落ち着いて考える時間が欲しいと感じるようになっていきました。そこで、ちょうど10年間働いたのを

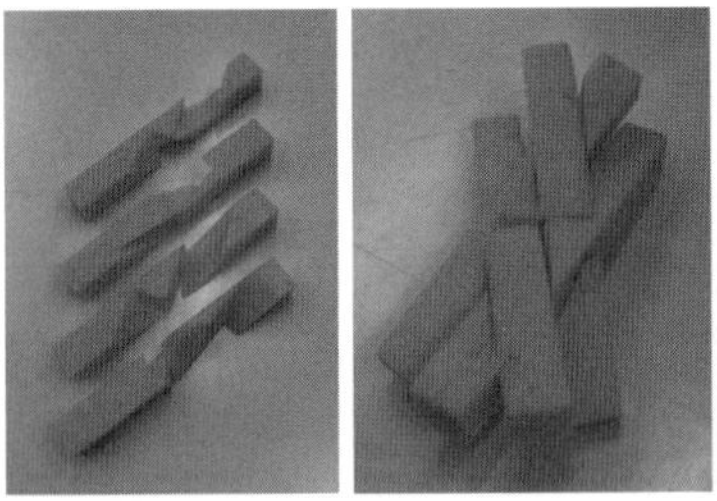

図7　初期の仕口模型

図8　最終案の仕口モックアップ

図6　〈スターバックスコーヒー 太宰府天満宮表参道店〉内観（意匠設計：隈研吾建築都市設計事務所、構造：木造、竣工：2011年）

機に独立することにしました。

スケッチと手計算で完結した構造デザイン

独立して間もなく設計が始まった上領大祐建築設計事務所の〈トイット Tiny Bakery〉は、ローコストながら、四方に最大5m張り出す木造の大屋根を架けています（図9）。独立前の担当作品は、1種類の断面で特殊な解析や接合部を駆使して形体をつくるものを紹介しましたが、ここではコストを徹底的に抑えるため、105㎜角（一部90㎜角）と構造用合板という極めて汎用的な材料のみを用い、量産技術のプレカットや既製金物を駆使して形をつくることを考えました。

建築家との初回打ち合わせで、量産技術を利用するために棟の位置には関係なく部材同士が直角に交わるような配置で屋根内に壁梁を設けることを提案し、壁梁として必要な屋根の高さを手計算で検討しました（図10）。

図9 〈トイット Tiny Bakery〉外観（意匠設計：上領大祐建築設計事務所、構造：木造、竣工：2018年、写真：神宮巨樹）

初めにとてもシンプルな架構に整理できたので、ほぼスケッチの構造形式のまま実現でき、独立前の仕事のやり方が活かせた作品だと感じています。

条件によっては手計算が難しいこともある

最近取り組んだTAKT PROJECTの〈アメンボドーム〉(21_21 DESIGN SIGHT企画展「虫展―デザイ

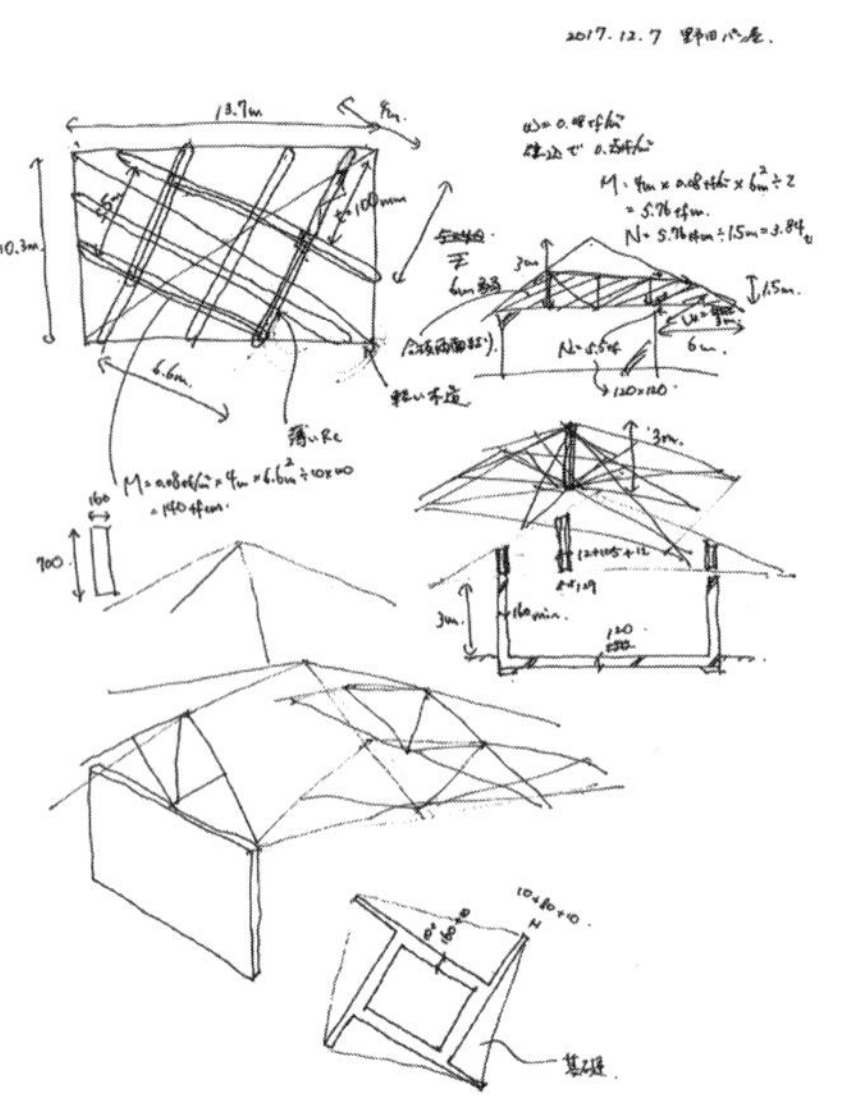

図10　初回の打ち合わせスケッチ

ンのお手本―」)は、アメンボから着想を得た、スパン4mほどのカーボン製三脚アーチが表面張力により水面を浮遊するインスタレーション作品です（図11）。3Dプリンターの製作上限である、直径30cm以内のベースで浮遊させるためには合計600g程度でアーチをつくる必要があり、座屈のコントロールが重要でしたが、3本の脚が各々水面上を滑るという建築にはない条件に注意する必要がありました。初めに座屈長さを仮定して手計算しましたが、詳しく解析するとベースが回転しつつ移動する座屈モードの影響が大きく、当初の試算よりも大きな断面が必要だとわかりました。

その後、座屈解析と3分の1スケーリング模型による検証を繰り返すことにより、座屈しづらい断面やアーチ形状の検討、ムクリの活用、カーボン材料の選定を行い、目標重量をクリアすることができました（図12）。さらに実大モックアップで、柱脚の曲

図 11 〈アメンボドーム〉(21_21 DESIGN SIGHT 企画展「虫展―デザインのお手本―」、会期：2019 年 7 月〜 11 月)

図 13 重りによりバランスするベースに、表面張力が生じている

図 12 1/3 スケーリング模型の水面浮遊実験

げモーメントとバランスする重りをベースに設ける等のディテール検討も行いました（図13）。

「形」に骨を通す——最近の興味

これまでの経験を通じ、私にとっての構造設計の醍醐味は、まずは様々な建築家と一緒に仕事ができること、そして建築家が生み出す「形」を大きく掴み（手計算・スケッチ）、工学的に肉付けし（解析・素材・実験等）、実際につくる（ディテール・施工）ことで、「形」に骨を通す感覚を味わえることだと感じています。

最近は、コンピュータサイエンスをもっと仕事に取り入れられないかということを考えています。先日から、独立前のスタッフ仲間と構造解析用の入力ファイルから直接構造図が描画されるグラスホッパーコンポーネントをつくり始めたところです（図14）。これができると、図面でリアルタイムに部材のプロポーションを確認しながら解析をしたり、作図の時間を短くして構造計画を練る時間を増やしたりできそうです。また、画像解析等で手描きのスケッチをラフに構造解析データに変換できるようになると、〈アメンボドーム〉のように手計算であたりをつけづらいとき、打ち合わせしながらその場で座屈解析を流す、といったことがやりやすくなりそうです。独立前に考えたいと思っていたことに、ようやく少し、着手し始めています。

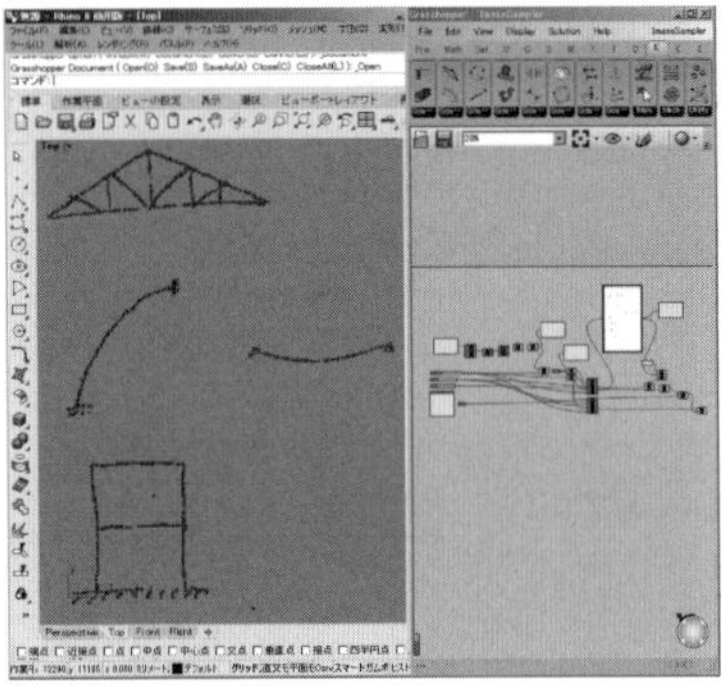
図14　とりあえずグラスホッパーで手描きスケッチを読み込んでみたところ

interview

構造家との仕事の魅力

建築家　青木淳

――青木さんが、磯崎アトリエで担当された建物の構造設計は、木村俊彦さんだったと伺いました。その頃のエピソードを教えてください。

〈岩田学園体育館〉〈篠山スタジオ〉〈水戸芸術館〉など、磯崎アトリエで担当した仕事のほとんどは、構造を木村先生に見てもらっていました。先生の事務所には、よく磯崎さんの意向をもってお邪魔しましたが、打ち合わせはいつも、「そんな構造はありえない」と激怒されることから始まったものです。しかし、こちらも「無理だそうです」という答えなど持って帰れませんから、なぜ「ありえないのでしょうか？」とお聞きして打開の道を探るのですが、それがまた怒りに油を注ぎという按配で。しかしそのうち、先生が何回かしばらく黙考されようになり、ついに突然、「できました、これでやっと愁眉が開けましたね」と破顔され、その場で次から次へと、詳細のスケッチや仮定断面を出していただけたものです。すごく恐ろしく、また緊張する体験でしたが、構造家の思考に触れることができている気がして楽しかったので、できるかぎり先生の時間をいただいて、直接の打ち合わせの機会をつくってもらっていました。

そんなこともあり、先生にはかわいがってもらえた方ではないかと思います。打ち合わせが終わった後、長時間、雑談をさせていただくことも多く、ピンとローラーのラーメン構造を3ヒンジラーメンにまで連続的に変形させていくことができることを絵に書いて説明してくださったり、吸われているタバコの煙が立ち上るのを見上げながら、「計算を尽くしたら、この煙のかたちは予測できると思いますか？」と問いかけられたり、「構造家とは建築家という患者を診る医者」と、篠原一男さんとのお仕事に触れられたり。

〈水戸芸術館〉の設計では特に、塔の構造設計が構造評定になり、委員会に毎回ご一緒したのが思い出深いです。水戸の塔は全体が三重螺旋を成して捻れるデザインなのですが、先生がされた計算のモデルにその捻れの評価が欠けているのではという質疑に対して、先生が「戦争中、潜水艦の潜望鏡が航海中折れることを避けるため、潜望鏡に晒しを巻いたもの。捻れている方が安全なことは明らか」と答えられ、委員の先生たちが顔を見合わせることがあったりしました。木村先生にとっての構造計算が、計算のための計算ではなく、現実のモノをつくるための計算であることを実感した瞬間でした。

──青木さんが仕事される際、構造家との打ち合わせで気をつけている点を教えてください。

建築家によって「建築」が意味することが違うように、構造家によって「構造」の意味は違うように感じています。だから、まずは一つひとつの仕事において、その構造がどのような位置付けに落ち着いていくことになるだろうかが見えてくるまでは構造家を決めずに、それが見えてきた段階で、その位置付けと相性が良さそうな構造家にお願いしようとしています。構造は、建築の抽象世界的側面においては数学や物理学に近く美学的であり、またそれが現実世界のなかに、素材という物質を持って建つという意味で、その具体世界的側面においては数学や物理学から遠く工学的であると思いますが、どの構造家もその両面を持っているから建築構造の仕事ができるとはいえ、その比重や組み合わさり方によっての個性があると思います。因みに木村先生は、その両面において極めて優れていて、その分裂しかねない二面性をぎりぎりのところで保持されてきた方だったように思います。

ともかく、だからこそ、それぞれのプロジェクトの特性に合った個性をお持ちの構造家に担当していただきたいわけです。そうやってうまい組み合わせができれば、特に意識して気をつける点もなく、自然に仕事は進むように思います。

（聞き手：大野博史）

4 形を決める仕事、形が変わる働き方・家族

大野博史
オーノJAPAN

共有の場でもある大テーブル

構造設計の魅力にとりつかれて

構造設計の面白さとはなんでしょうか？　建築家との打ち合わせは常に発見があり、自らが試される刺激的な瞬間の連続です。事務所に戻ってから考える時間も、創作活動のなかで閃いた単なるアイデアに思慮深さと深みを与えてくれます。一見すると複雑な形と架構をした建物でも、部材断面を精査する過程で、統一したディテールや一貫したルールを見出した時の興奮はなかなかのもので、構造設計の仕事には飽きのこない魅力的な瞬間が詰まっています。さらに構造の面白さを引き立ててくれるのは、仕上げや下地といわれている、一見構造ではない部分にもその要素がある点です。

形がある全ての物は、なんらかの構造的な考察でつくられているといって過言ではないでしょう。物にはつくられる材料があり、形があり、そこには硬さと強度があります。全ての物はそれらの作用がなんらか関係してつくられています。どこにでもある、日常にあふれた物たちがなんらかの構造的な考察によって形が決まっているとしたら…、それら物たちの成り立ちが構造的思考で解けるとしたら…。それはとても素敵なことではないでしょうか？　大学では計画系の研究室出身の私が、構造設計の仕事を選び、続けてこられたのはそんな面白さに気づいたからです。

構造への気づき

オーノJAPANという屋号で構造設計事務所を開いて早15年が経ちました。計画系の研究室に所属して大学院修士課程を修了し、その後少し変わった構造設計事務所に就職しました。そのためか、よく「なぜ意匠系から構造系に変わったのですか？」とか「就職するときに構造に進むことに不安はなかったのですか？」と聞かれます。

きっかけは、修士2年のときのシンポジウムです。

タイトルは「建築家と構造家」。建築家と構造家が同じ作品をそれぞれ解説する講演会でした。建築家目当てに出かけたところ、話を聴いてみると構造家の話の方が面白く、素直に理解できたのです。そこには解決すべき具体的な問題が存在し、どのように解決したかが明確に説明されていました。さらに、その解決によって少なからず建築の形が変化し、再編成されていました。そこでの構造は、単に計算によって定量的に検討するだけでなく、形を決定する重要な要素であり、建築の成り立ちを捉え、形を整える役割をもっていました。それまで「構造」とは計算することであって、デザインには関与しない、建築は全て建築家によってデザインされているものだ、と考えていた私にとって驚きでした。

シンポジウムで構造家の役割に魅了された私は、その講演会のパネリストであった構造家の池田昌弘さんを訪ねました。事務所の門を叩き、その場で仕事の内容や池田さんの経歴を伺ったのですが、構造家の職能を理解していなかった私は「構造事務所って、計算をするのですよね?」という的外れな質問をして、苦笑されたのを覚えています。

脛かじりを覚悟する

その頃の池田事務所はとにかく忙しく、人手が足りない状態だったため、そんな私でも受け入れてもらえました。当然、即戦力になるわけはなく、仕事を手伝いながらも自ら勉強するようなものなので、3年間は待遇面でも厳しい条件が前提です。面接を終え、家に帰る頃には、仕事の面白さに興奮しつつも、「この待遇では自活は難しい。親の脛をかじりながらの3年間になるのか…」と難しさを感じていました。親は公務員のため、民間の仕事をイメージできているとは言えません。常態的に遅くまで仕事をすることも、厳しい待遇も別世界。私立の大学院まで修了させてもらい、在学中には休学して海外に行かせてもらったうえに、さらに3年間の脛かじりとは、さすがに申し訳ない。その晩の食卓で、意匠ではなく構造に進もうと思っていること、希望している構造事務所のこと、待遇のことをそれとなく父に話しました。「さすがに難しいよね」という言葉を添えつつ…。一定の沈黙のあと、父親の答えは「なんで難しいのか？」「行きたいなら行けば良い」という意外なものでした。「今さら自分（父親）の意見を通したら、これまで好き勝手させてきたことが無駄になる。あと3年は好きにしたらどうだ」と。それとなく話を聞きつつ料理をしていた母親も何も言わず、そこには日常の夕食が準備されつつありました。消え入るような声でお礼を言って、嗚咽を押し殺し、ご飯を食べたことが忘れられません。

本当にあった「修行」の時代

当時、池田事務所には、助言をもらえる先輩がいませんでした。池田さんに質問すると「ちょっと待ってて」と本棚から建築大辞典を持って来られ「ここに書いてあるよ」と教えられます。自分の席の隣には、学会規準書、法令集、各種設計に関する参考図書がつまった本棚があり、まるで、そこに良き先輩がたくさんいるじゃないかと言われているようでした。

仕事を頼まれても、当時はまず調べることから始まるので、当然ながら、成果を出すのが遅く、正確さを欠くものばかりだったと思います。しかし、それで建物を建てるわけですから、緊張感は相当のものでした。間違いがないか、二重三重にチェックして計算書をまとめていく作業時間と、プロジェクトとして確保されている時間を比較すると、どうしても間に合わない。寝る間を惜しんで仕事をすることが締め切り前には多発する状況でしたが、繰り返しているうちにその時間のギャップは埋められるようになっていきました。

構造の方針や部材等の断面は、建築家との打ち合わせで決まります。スタッフはそれを手がかりに作業を進めますが、いざ検討してみてもその通りの断面にはなりません。構造の設計では、ある与条件があって、初めて1つの結果を得られますが、これはつまり与条件を変えれば無限に回答があるということです。例えば接合部の接合方法を剛にするかピンにするかでも結果は変わります。示された方針はある条件下での検討方針であって、その結果を踏まえて次の方針に進むということが、当時は理解できていませんでした。「この断面では成立しません」という結果しか出さず、その後の検討も改善案も用意できずにいたため、ずいぶんと呆れられていたはずです。とにかく構造的に問題がないことを最優先に考えて作業をするだけで精一杯でした。

そんな時、あるプロジェクトで、検討から得られた断面がどのように見えるのか気になり、実寸大の模型をつくって並べてみたことがありました。模型は客観的に考えるための最良の材料です。それまで構造上の問題をなくすことに気を取られていたのが、この時は模型によって「こんなに断面が大きいと、部屋が暗くなるかもしれないな」と構造以外のことが気になりました。それを解決するために断面を小さくする方法を考えたり、配置を見直したり、その後の検討方針が見えてきました。構造設計では、1つの構造的な正解に辿り着いても、その答えが良いか悪いかという価値判断が必要です。模型をつくり、構造以外の視点を持つことで、そもそもの与条件を変化させ別の回答にたどり着ける、そう思えた瞬間でした。

設計条件そのものを問う視点

正解は1つではないという考えは、私の肩の荷を降ろしてくれました。さらに、無数の正解のなかから何をどのように選択するかが、設計内容に個性として現れる、ということにも気づく出来事がありました。建築家の手塚貴晴さん由比さんによる〈熱海のステップハウス〉というプロジェクトの設計中に起きたことです（図1）。斜面の中腹から熱海の街を望むことができる敷地に計画された住宅で、斜面の特性を生かし、土地のレベル差に応じて段々の床が構成されていました。斜面に沿った建物のため、一部の外壁は土に接することになり、コンクリート造による壁となります。その壁を屋根まで立ち上げることで地震に抵抗する、そのような構造形式が自然と選択されました。ただ、屋根の扱いをどのようにするかは決まっていませんでした。そんなとき建築家から「屋根を薄く見せたい」という要望がファックスで届いたのです。コンクリートで10ｍスパンの屋根を薄くつくることはできません。それが届くや否や池田さんはおもむろに計算をし、回答を書き始めました。最初は計算しながら真っ当な回答を記載していたのが、そのうちに珍回答が加わり始め、全部で案は10個ほどにのぼりました。「屋根を鉄骨梁として、それを細かく配置する（荷重負担減）」「中間に柱を立てる（スパンの減少）」「鉄骨梁をビルト材にする（肉厚の構造にすることで梁剛性を高める）」「鉄板を利用したサンドイッチ版屋根にする」「下地を軽くする（荷重減）」「動いても良い屋根とする（性能目標の見直し）」「膜構造にする」「屋根をかけない」…。最後の方になると構造の回答とは言えませんが、そもそも「なぜ屋根を薄くする必要があるのか？」という設計条件そのものを疑う問いを投げかけています。構造家の木村俊彦さんは「構造設計は不等式の世界である」と言われました。数学、物理が等式を扱う一方で建築設計等の工学は不等式の世界であると。まさに、無数の回答があるということと同義です。独立してからもずっと、この意識で設計をするようにしてきましたが、もし正解が1

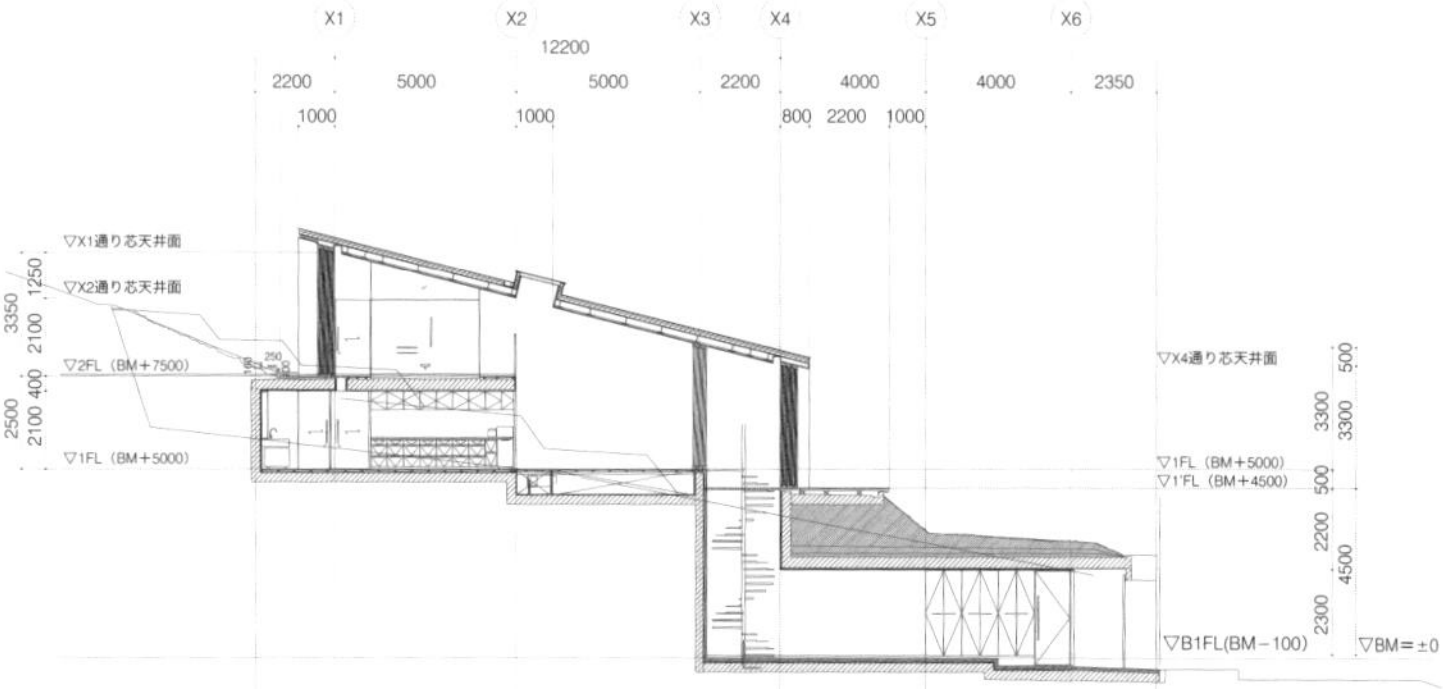

図1 〈熱海のステップハウス〉脱型後、建て方の様子と断面図。斜面の特性を生かし、土地のレベル差に応じた段々の床が計画された住宅。土に接する外壁が存在するため、構造形式をRC造とし、壁状の柱（壁柱）を1階床からキャンチレバーとして立ち上げ、トンネル状の居室空間を実現している。その壁柱は屋根まで立ち上がり、鉄骨による屋根を支持している。キャンチレバーの先端に乗せられた屋根は軽快であるほうが、構造的に合理である。ここでは鉄骨部材を用いることでその軽量化を実現している（意匠設計：手塚貴晴＋手塚由比、構造設計：池田昌弘、構造：RC造・一部鉄骨造、竣工：2001年、写真・図面提供：手塚建築研究所）

つしかなかったら、きっと窮屈な構造家人生を歩むことになったでしょう。

独立後の場所と時間

池田事務所での4年半の勤務を経て、代々木上原で独立をして15年。幸い事務所と家の場所が近いため、プライベートな時間を持ちつつ、仕事に集中する環境を整えることができています。事務所と自宅が近いと遅くまで仕事をしてしまうのでは、と恐れる人がいるようですが、ラッシュタイムの通勤にかかるストレスと時間の浪費の方が私には無駄に思えます。仕事時間の選択肢が広がる、自宅から徒歩圏にある職場をお勧めします。スタッフの立場では、自分の意思で早退するのは難しいと考える人もいるでしょう。そのため、私は18時頃に退社しています。これでスタッフが所長の顔色を伺い遠慮する必要はありません。一方、事務所にいればなんとなく仕事をしているという思い込みを防ぐために、成果物とプロジェクトの進行状況は細かくチェックします。構造設計ではときに、多くの文献を参考にするため、だらだらと調べ物をしているうちに1日が終わってしまったということがあります。毎週月曜日にはスケジュールミーティングを行い、抱えている仕事量、締め切り日、今週の目標を所員と共有します。スケジュール的に厳しければ相談できる環境があるので、無理なく仕事を分担できています。

負担を共有する

私が早く帰るもう1つの理由は、家事・育児をするためです。共働きである我が家は、ある時から家事・育児を平等にすることを目標にしました。私は夕食の準備、入浴、子どもと就寝を共にし、朝は朝食を家族で一緒にとり子どもたちを保育園・小学校に送り出します。子どもが家にいる時間帯は、父親の私も家にいるようにしています。出張も多く、完全に平等とは言えませんが、家事・育児の課題を夫

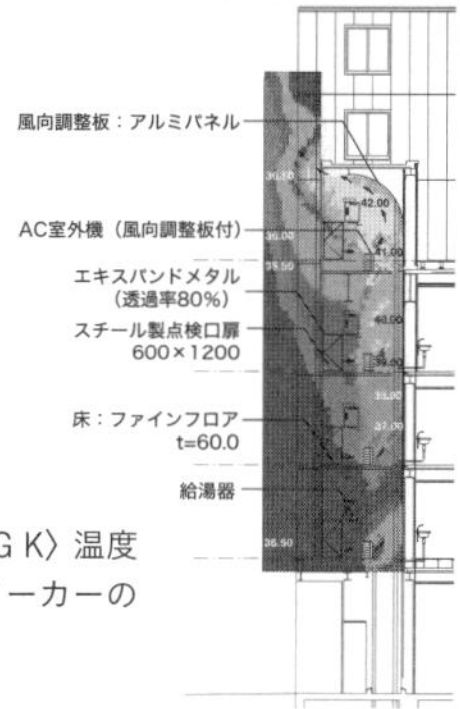

図 3（左下）〈BUILDING K〉温度シミュレーション（メーカーの協力を得て作成）

図 2（上、右下）〈BUILDING K〉1 階には商業施設、2 階から 4 階までが集合住宅、5 階から 6 階をペントハウスタイプの住居として計画された、複合施設。異なる機能を重ねた構成から、邪魔にならない柱配置を検討する必要があり、ここでは EV 等の縦シャフトや設備スペース、共同住宅に必要となる室外機置き場等の空間を集約し大きな組み立て柱とするメガストラクチャーが導入されている。5 階梁せいを 900mm のメガ梁とし、下階床を吊り下げることで、1 階に自由な空間を提供している（意匠設計：藤村龍至、構造：鉄骨造、竣工：2008 年、写真：上／ Javiel Callejas Sevilla、右下／鳥村鋼一）

婦間で共有できるため、お互いのストレスは少ないのではないかと思います。また、妻は建築の設備設計の仕事をしており、建築の話も忙しいときの状況もそれなりに理解してもらえるので助かっています。独立した当初は、妻もアトリエ系設備事務所に勤務していたため（現在は組織設計事務所に転職）、同じプロジェクトに構造担当と設備担当として関わったこともありました。藤村龍至さん設計の〈BUILDING K〉というプロジェクトです（図2、3）。ここではエレベーター等の縦動線や設備スペース、共同住宅に必要となる室外機置き場等の空間を集約しそれを柱として利用する計画を立てました。設備のスペースを利用し、それだけで地震力を負担する構造です。一般的には、設備設計者と直接打ち合わせをすることは少ないのですが、ここでは意図的に構造と設備の合理性を建築計画に反映することが試みられていたため、早い段階で意匠、構造、設備が協働することとなりました。

帰宅を早める代わりに、朝は早くに出社して仕事をします。まだ明るくない時間から6時半頃まで仕事をして、一旦家に戻り、朝食を家族と一緒にとります。子どもを送りだし、8時半頃に事務所に戻ると、そこから18時までが私の仕事時間です。早朝は1人で過ごすため、原稿を書いたり、プロジェクトの初期段階の検討、本を読んだりして過ごし、スタッフが出社する10時以降は、構造設計の具体的な詰めや図面、計算のチェック、建築家との打ち合わせ、現場検査に時間を割きます。所員5人の小規模な事務所のため、突発的な状況変化に対応するときにはどうしても時間的無理をせざるを得ませんが、若いスタッフの助けもあって、このような働き方ができています。現時点では、スタッフの平均年齢が27歳と若いため、家事と育児の両立が話題になることはありませんが、できることなら夫、父親になったス

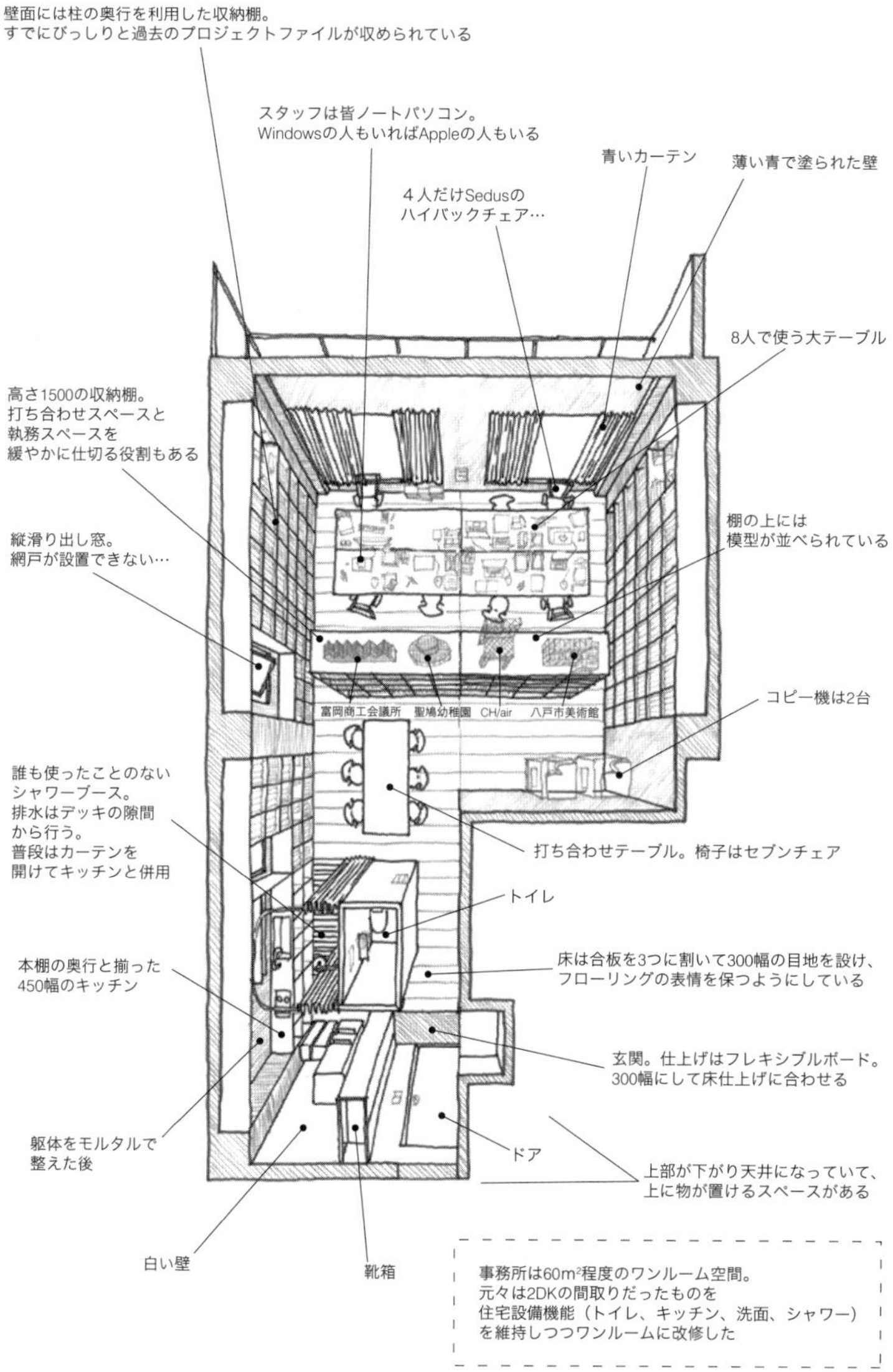
壁面には柱の奥行を利用した収納棚。
すでにびっしりと過去のプロジェクトファイルが収められている
スタッフは皆ノートパソコン。
Windowsの人もいればAppleの人もいる
青いカーテン
薄い青で塗られた壁
４人だけSedusの
ハイバックチェア…
8人で使う大テーブル
高さ1500の収納棚。
打ち合わせスペースと
執務スペースを
緩やかに仕切る役割もある
棚の上には
模型が並べられている
縦滑り出し窓。
網戸が設置できない…
富岡商工会議所
聖愛幼稚園
CH/air
八戸市美術館
コピー機は2台
誰も使ったことのない
シャワーブース。
排水はデッキの隙間
から行う。
普段はカーテンを
開けてキッチンと併用
打ち合わせテーブル。椅子はセブンチェア
トイレ
本棚の奥行と揃った
450幅のキッチン
床は合板を3つに割いて300幅の目地を設け、
フローリングの表情を保つようにしている
玄関。仕上げはフレキシブルボード。
300幅にして床仕上げに合わせる
躯体をモルタルで
整えた後
ドア
上部が下がり天井になっていて、
上に物が置けるスペースがある
白い壁
靴箱
事務所は60m²程度のワンルーム空間。
元々は2DKの間取りだったものを
住宅設備機能（トイレ、キッチン、洗面、シャワー）
を維持しつつワンルームに改修した

図４　事務所間取り図

タッフと働き方について議論し、より良い仕事環境をつくりたいと思っています。

大テーブルで情報共有

8人がけの大きなテーブルが事務所の作業場です（図4）。ある人は計算をし、ある人はスケッチをし、ある人は調べ物をする。1つの机の上で、設計の様々なプロセスが動いています。プロジェクトには必ず1人以上のスタッフが付き、現場監理まで担当しますが、構造事務所は意匠事務所に比べて扱う物件数が多くなるため、1つのプロジェクトに集中できる環境づくりが必要になります。机の上に広げているプロジェクトとは関係のない問い合わせをいかに気にせず作業できるか。そのため、至急以外の電話問い合わせは「厄介なもの」として早々に電話を切るように注意されます。同様に「言った。言わない」問題に巻き込まれないためにも、電話でのコミュニケーションは最小限にすることが求められます。

その代わりとして、外部との基本的なやりとりはメールが使われます。メールは自分の考えを整理できる点、相手の仕事を邪魔せずに連絡が取れる点、記録が残る点が優れているため推奨されます。また、スタッフ間ではｓｌａｃｋを使い、場所を選ばずリアルタイムに検討結果を共有、フィードバックできるようにしています。現場では今まさにものがつくられている状態ですから、その流れは止められませんし、建築家と会って打ち合わせする時間も特別なものです。設計や現場の時間感覚を常に意識して対応できるよう、いろいろなツールを使い分け、皆が作業内容を緩やかに共有できる大テーブルにすることで、情報の共有を図っています。

知識、技術、出会い

社会人（構造家）としての価値判断は最初に就職したときの影響を強く受けます。また、最初の就職先で得た人脈は一生繋がっていくと考えています。

図5 〈森のピロティ〉周辺の木々の高さまで持ち上げられた2階をもつ週末住宅（意匠設計：長谷川豪、構造：鉄骨造・一部木造、竣工：2010年、写真：長谷川豪建築設計事務所）

私が独立してやっていけたのも、その頃に出会った方々がいたからで、池田事務所時代に、担当させていただいた建築家から仕事を依頼されたり、お互いスタッフという立場で切磋琢磨した意匠事務所スタッフが独立後、ぜひ一緒にしましょうと声をかけてくれたりして、今があります。スタッフ時代、一人前になるのに時間がかかった思い出の方が強く、その頃に知り合った方から仕事をいただくというのは不思議なことです。能力が及ばない中で、必死にものづくりに向き合っていたそんな姿勢をみて依頼してくださるのかもしれません。

独立前のある時期には、設計事務所、不動産会社で働く同世代の3人で家をシェアしていました。3人とも働きながらの生活なので、平日に顔を合わせることは少なく、3人がそろうのは深夜でした。そんな生活を共にしていた1人が、建築家の長谷川豪さんで、今でも一緒に仕事をしています。明け方に

図 6　持ち上げられた下の空間はピロティとして外部に解放されており、持ち上げる構造が大袈裟にならないよう、軽快な下部構造、軽量な上部構造を目標に計画が進められた。下部構造は整然としたグリッドにのった鉄骨によるブレース構造、上部を木造とし、その目標を達成している。2 階床をツーバイ材のジョイスト梁とする形式は、その後のプロジェクトでも使われることとなる（写真：長谷川豪建築設計事務所）

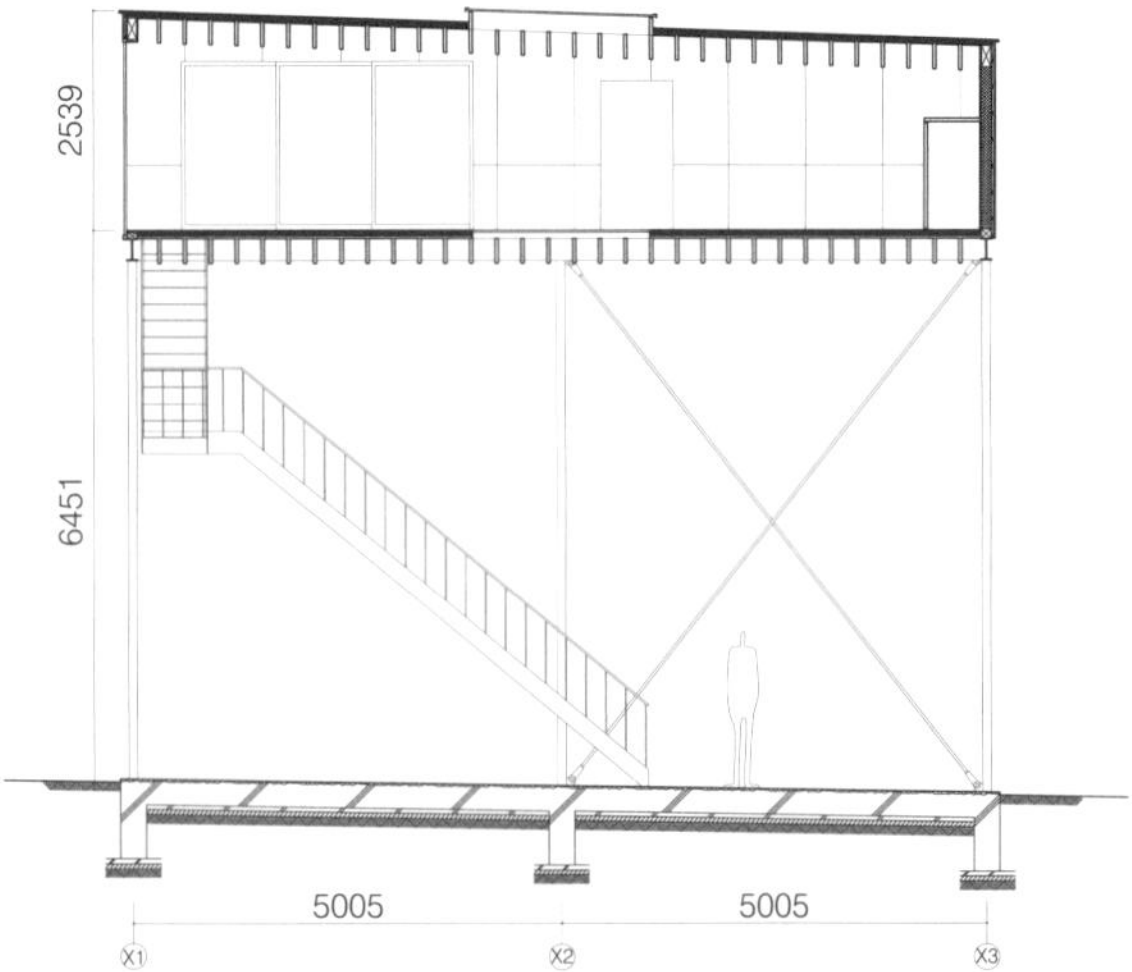

図 7　〈森のピロティ〉断面図（図面提供：長谷川豪建築設計事務所）

お互いの顔を見るのも珍しいような生活をしていたので、今でもその頃の思い出話をすると、「お互い家にいなすぎだ！」という話になります。長谷川さんと初めて仕事をしたのが〈森のピロティ〉です。周辺の木々の高さまで持ち上げられた2階をもつ週末住宅です。持ち上げられた下の空間はピロティとして外部に解放されています。2階を木造として軽量化し、それを鉄骨柱とブレースで支えることで軽快なピロティ空間を実現しています。大袈裟に「持ち上げた」見え方にしないようにするにはどうするのが良いかを議論したプロジェクトです（図5～7）。

構造は知識や技術が求められるのはもちろんですが、「この技術を使いたい」というよりも「この人と仕事をしてみたい」「この人なら信頼して任せられる」という要素を大事にしたいと考えています。誰かに必要とされている、という状況は、結果的に相手（パートナーやクライアント）の意向を正確にくみ取りつつも、構造のプロとして異なる意見も提案する、コミュニケーションの連続と言えます。その一歩一歩が信頼となり、評判となり、「この人と仕事をしてみたい」につながるのだと思います。そのためにも真摯に、必要としてくれた人、ひいては社会に対して自らが貢献できることは何なのか？を問い続けることが重要と考えています（図8）。

変化する家族の形、働き方の形

働き始めてから19年、独立してから15年、働き方も家族も形を変えながら今にいたっています。ある「学生」は独立を目指し、アトリエ系構造設計事務所「所員」になりました。独立すると「構造設計者」になり、スタッフを雇うことで「代表」となりました。プライベートでは結婚して「夫」となり子供を授かり「父」になりました。それぞれの肩書きには社会で求められる役割がありますが、それは普遍的なものだけではなく、それぞれ自分に求められる役割が、

図 8 〈南行徳カルテット〉建売住宅 4 棟を市場の経済原理に乗せながらコンリートで実現する計画。一般的な建売住宅はほとんどが木造でつくられるが、そんな住宅でも基礎はコンクリートでつくられている。その点に着目し、基礎の立ち上がりを引き延ばした高い基礎のようなコンクリート壁を計画し、耐震壁として利用している。ポイントはスラブがコンクリートでなく、木であること。建売住宅で活躍する「基礎屋」でもできるコンクリート造とすることで、コスト縮減を実現した（意匠設計：浅利幸男・中永勇司、構造：RC 造・一部木造、竣工：2006 年、写真：ナカエアーキテクツ）

その時の他者との関係でつくられるのだと考えています。所属する集団のなかでその役割を探し、自分なりのものを発見していくことで、本当の意味でその肩書きを全うすることができる。これからも変化し続ける働き方の形、家族の形と自分の役割を考えていきたいと思います。

5 故郷で構造設計を仕事にする——地元の仕事から海外プロジェクト、そしてこれからの被災地復興

黒岩裕樹
黒岩構造設計事ム所

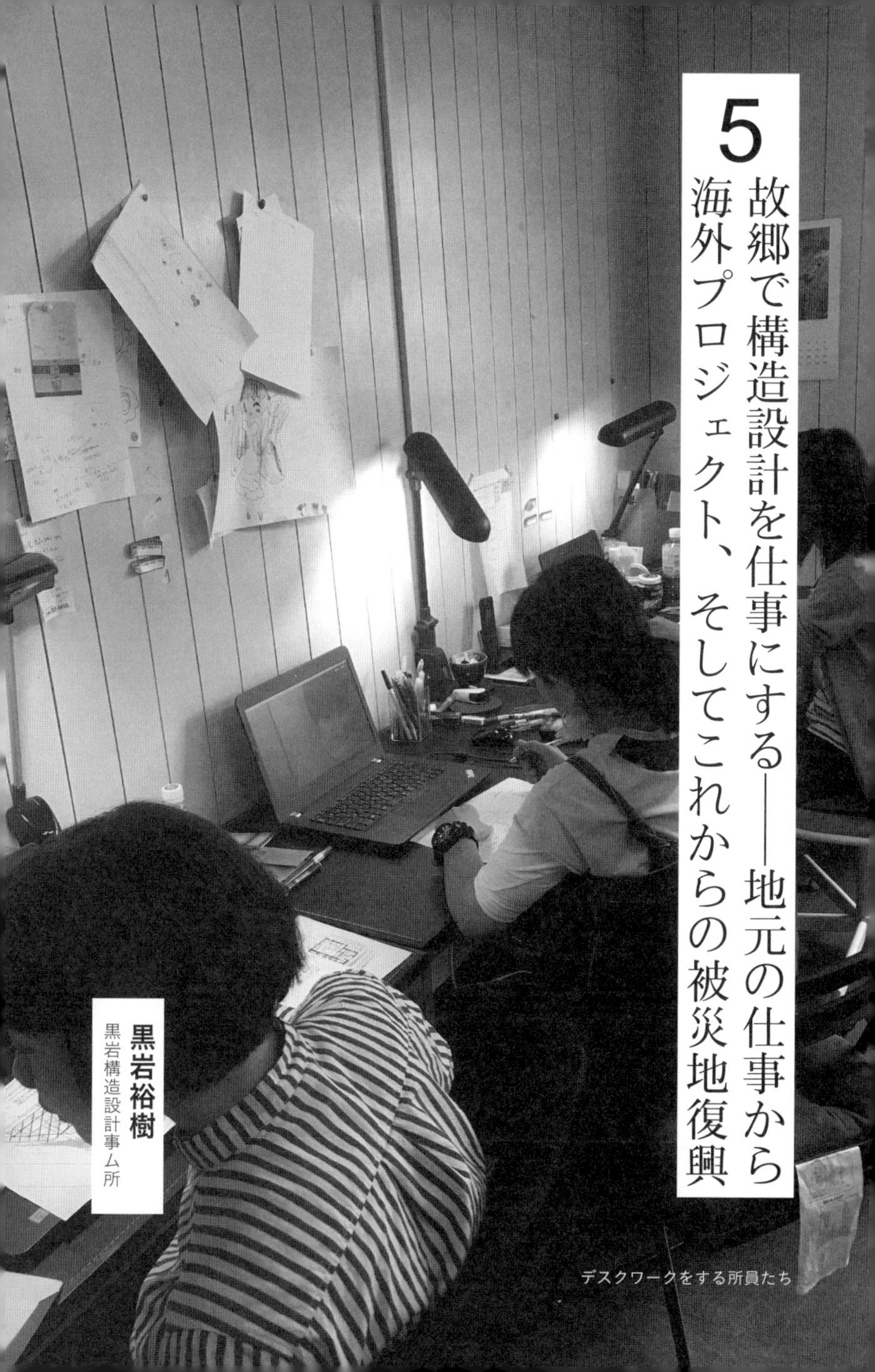

デスクワークをする所員たち

事務所は0男3女、家庭は0男4女

学生時代を九州・沖縄で過ごし、東京で構造事務所勤務を経て、地元の熊本で構造設計事務所を構えて11年。現在、所員は3人。皆結婚し、子供がいるため朝9時に出勤し、夕方5時には帰宅します。長崎県出身の所員は、子供が2人いるので、保育園の迎えに間に合う範囲の現場に同行させ、私自身も4人の子供がいるので事務所に長居はしません。皆、県外の出身で、過去には韓国、イラン出身の所員もいましたが、熊本県出身者は私だけです。インターンシップは年数人程度、受け入れています。

年々場所と時間を問わない働き方が可能となり、東京と地方の差は消えつつあると言えるでしょう。

例えば、愛知県出身の所員は4年間の勤務後に、旦那さんの勤務地が瀬戸内海の離島にあるため引越したいが、事務所は辞めたくないと相談してきました。現在は島人となり、テレビ電話で事務所の所員とコミュニケーションを取りながら実務をこなしています。現場の検査には自宅近くの空港から搭乗してもらい、現地で落ち合います。

構造との出会い

もともと母方の家系が事務所登録番号2号の老舗設計事務所を構えていたこともあり、建築には親しみがありました。しかし高校3年生当時の建築業界は不景気で、親戚からは「建築業界に仕事はない」と口酸っぱく言われ続けるうちに、地元の大学に進学する気は失せ、かといって東京には漠然と怖いイメージがありました。他方、沖縄は継続的に景気が良く楽しそうだと思い、琉球大学に進学します。構造を選んだきっかけは、学部時代に聴いた池田昌弘さんの講演会で、建築を物理的に解く構造設計は魅力的で、自分の性分に合いそうだなと思い選択しました。

東京での修行時代

2003年は就職氷河期、正社員の採用は稀で、周りを見渡せば非正規雇用は珍しくはありませんでした。地方の求人は更に厳しく、頭の片隅には常々「東京で就職しなければ、将来はもっと苦労するに違いない」という考えがありました。若い時の苦労は買ってでもせよという教えも嫌いではなかったので、どうせ苦労するなら、その甲斐があるところで手に職をつけたいと考えていたところ、池田さんの事務所でアルバイトをさせていただけることになりました。しかし実家が都内にない所員は私だけ、アルバイトで生活する苦境を共有できる同期もいない。事務所の先輩に相談すると、かつて池田さんの事務所で番頭をしていた鈴木啓さんを紹介され、入社させていただくことになりました。当時、鈴木さんは独立して間もなく、初めてのスタッフとして私を受け入れてくださり、マンツーマンで構造設計はもちろん、全く関係ないことまで教えていただきました。3年目に鈴木さんから、所員としての勤務を更新するかどうかを確認された時、後輩も増え、実務も充実していましたが、仕事を優先し、構造を虫食い状に理解していたことが気になっていたので、九州に戻り大学院で勉強し直したいと伝えました。かねてより九州では構造設計者が不足していると聞いていたので、鈴木さんからも独立を薦められて、数か月後、福岡へ移ります。鈴木さんは独立直後の仕事が少ない時期も気にかけてくださり、今でも感謝しきれません。

福岡と熊本は車で1時間程度の近距離にあり、気軽に地元に帰ることができます。また、福岡は九州最大の都市ですから、当然仕事も多いだろうと想定していました。しかし粛々と学業と仕事を両立するなかで、依頼される建物の半数近くは、福岡県外のものでした。そのうちに、福岡にいる理由がわからなくなり、博士前期課程修了後、生まれ育った熊本に移動しました。

熊本県は、九州の中央にあり各県からのアクセスが良く、タイムロスが生じません。学業にも専念するため、博士後期課程で九州大学から熊本大学院へ移り、２０１３年に学位取得しました。研究内容は、「角型鋼管の高温時及び加熱後常温時における圧縮挙動について」です。その後、通っていた小学校が近くにある熊本県庁の隣に事務所を構えました。以来、熊本を拠点に活動しています。

地方都市の再開発プロジェクト——福岡市

熊本に移動した後も、福岡の設計事務所とは付き合いがありました。〈福岡市水上公園 SHIP'S GARDEN〉は、天神で最も歴史ある街区公園です。市が掲げる「天神ビッグバン」（容積率の緩和によるビル建替え誘導プロジェクトで、２０２４年までに、民間ビル30棟の建替えを目標にしている）の第一号としてリニューアルされたカフェとレストランを担当しました。この建物の建設によって公共スペースの面積が減らないよう、屋上を誰もが利用できる公園にし、小さな敷地を有効に活用するため、あらゆる場所に二役三役させています（図１）。構造的には傾斜屋根のディティールのように全体の構造に影響する部分の設計は、苦労が尽きませんでした。また下階の店舗は、川面を臨む視線を遮ることがないよう端正な柱となるよう努めています。さらに、繁華街での火災対策として、博士課程時の研究を活かそうと、火災後も建物が再利用できるように柱の板厚を調整しています（図２）。

海外プロジェクト——カザフスタン

外国の仕事をする機会もあります。〈チェンバレイン・カントリークラブ〉は知り合いの日本人建築家からの依頼で始まったプロジェクトで、カザフスタンの旧首都アルマトイ市で設計した馬術学校です。その昔、カザフスタン人は遊牧騎馬民族であった歴史もあり、生活に馬が欠かせませんでした。現

図1 〈福岡市水上公園 SHIP'S GARDEN〉那珂川と薬院新川が合流する先端の敷地内にある公園と施設（意匠設計：松岡恭子／スピングラス・アーキテクツ＋井手健一郎／リズムデザイン、ランドスケープ：エスティ環境設計研究所、構造：鉄骨造、竣工：2016年、写真：インサイドアウト）

図2 加熱時常温後における角型鋼管の局部座屈

代でも馬に乗って行う団体競技が盛んです。

現在のカザフスタンは中央アジアで最大、世界でも第9位という広大な国土面積を有する大国。鉱物資源が豊富で、主力輸出品である原油のほか、ウランやクロム等の埋蔵量でも世界規模を誇っています。

設計にあたっては、夏の最高気温は40度、冬の最低気温はマイナス40度と寒暖の差が激しい気候に配慮して、凍結深度はもちろん、温度荷重に対しても検討しました。大スパン部を有する屋内競技場は鉄骨造で計画しましたが、ビルダー（施工業者）が仕入れられる、ハイテンションボルトの数が限られていたため、大半を現場溶接で計画しています(図3、4)。

馬の体調を気遣い、厩舎は蓄熱性能を考慮して、RC造、断熱材の厚さは20㎝の高断熱です。柱・梁がRC造、壁はレンガ造という構造は海外ではよくありますが、現在の日本では見かけなくなりました。建方検査、配筋検査で遠慮なく日本並の是正基準を指摘すると、ビルダーがストライキを起こすと聞いていたので、郷に入っては郷に従い、波風を立てず、致命的な是正だけを依頼して、大らかな施工精度に身を委ねました。

2017年には、カザフスタンのアスタナ市で国際博覧会があり、同時に開催されたASTANA ART FEST 2017のインスタレーション〈Reflection of Yurt〉の構造を担当しました。中央アジア初の国際博覧会で、日本を含め多数の国と国際機関が参加しました。建築家の諸喜田《しょきた》真さんは博覧会テーマ「未来のエネルギー」に対して、持続可能なエネルギーは、自分たちの力によって生まれてくる子供でもあると単純明快で潔いコンセプトを掲げ、子供が遊具として利用できるユルタ(伝統的な移動式住居)を設計しました。アスタナの最低気温は、アルマトイより更に低いマイナス50度。ロシアで製造されたプレキャスト造を使用する方法が一般的で、運搬に費用がかかるので、鉄骨造を用いて夏季に施工しました。イベント終了後も近くの公園に移築され、廃棄物とならず恒久施設として利用されています(図5)。

大規模改修プロジェクト――鹿児島市

建設部材の製造者は敷地面積上、地方で工場を構えている場合が多く、身近な関係を築けています。特にリノベーションは、既存建築物との関係から着工後の計画変更が多く、施工者が近場にいればタイムロスなく即座に協議できます。

例えば、鹿児島市の〈仙巌園〉は、2015年に

図 3 〈チェンバーレイン・カントリークラブ／ Chamberlain country club〉建物全景（意匠設計：IMAYO CREATION、構造：鉄骨造、竣工：2015 年）

図 4 屋内競技場で催したパーティー

図5　バイテレク・タワー前に設置したインスタレーション（意匠設計：諸喜田真、構造：鉄骨造、竣工：2017年）

図6　〈仙巌園〉（意匠設計：ワークヴィジョンズ、構造：木造・鉄骨造・RC造、2019年継続中）

世界文化遺産の構成資産として登録されて以降、外国人観光客が増加しました。ドラマの撮影地でもあったため、主に木造の大規模耐震改修の要望があり、設計者と専属の施工者で実態調査を行い、躯体を全てスケルトンに解体した珍しいケースです（図6）。一般的には、予算不足に伴い、天井と床下に潜り、目視確認ができる範囲で図面化し、筋交いを確認できない場合は、壁仕様が不明な壁基準耐力（Fw ＝ 2.0kN/m）を代用します。今回は実態調査より建物の土台は、石材を使用していることがわかりましたが、残りわずかな既存石材にコア抜きをし、土質試験を行うことは建物全体としてリスクに繋がると判断し、既存石材には圧縮力のみ（圧縮強度 10N/mm^{2}と仮定）を負担させる接合部としました（図7）。

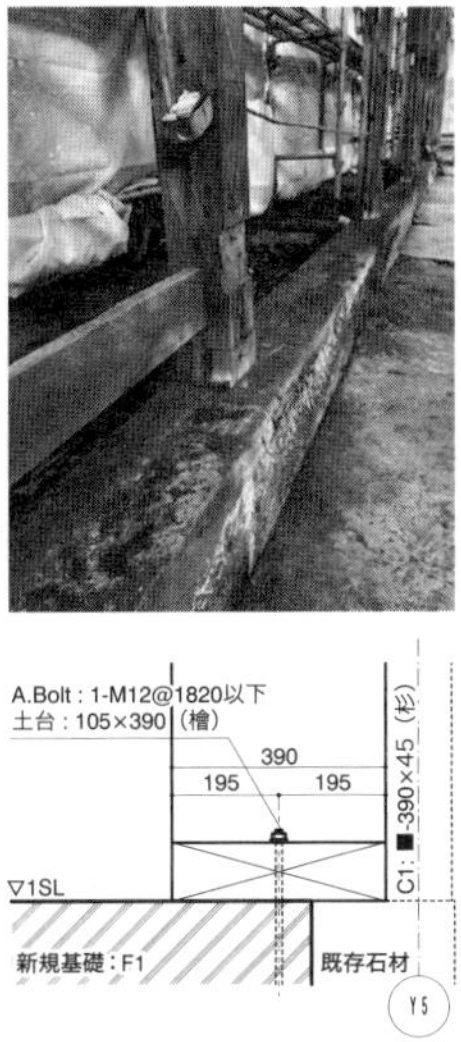

図7　既存石材とそれに対する柱脚詳細図

熊本地震

２０１６年４月、２度にわたり多くの人的被害や構造物の被害を与えた熊本地震が発生しました。私の自宅、事務所共に大規模半壊となったため、当初はしばらく仕事は控えて復旧に専念しようと思っていました。しかし緊急時こそ職務を全うしようと考えを改め、手探りながら、ボランティアで応急危険度判定と被災度区分判定に携わりました。応急危険度判定は、大規模災害発生後、余震等により倒壊等の危険性を目視で判定し、建物に色分けした判定ステッカーを貼り付けます。被災度区分判定は、被災した建物を対象に建物内部に立ち入り、損傷状況を調査し、耐震診断を行い、復旧の要否とその程度を判定します。熊本地震により被災した建物の多くは耐震性能が半減していました(図8)。

また熊本県庁から、私も含め熊本県の建築士会、事務所協会に在籍している有志たちに対して、避難所への間仕切りシステム提供の協力要請がありました。この支援は、坂茂建築設計とＮＰＯ法人によるもので、提供された紙管をフレームに用いた簡易間仕切りシステムを、避難所に設置するものです。

図８　中性化深さとひび割れ損傷の測定

仮設住宅団地集会所の設計

本震から数か月後、避難所から応急仮設住宅へ移行する時期になり、〈御船町仮設住宅団地集会所〉の依頼がありました。そこは仮設住宅に移り住む人たちだけでなく、地域の人たちが気軽に交流できる場所であること、また長期に渡る復旧・復興を実現させるため、行政と住民の意見交換もできるような、開放性の高い場所であることが要望されました。同年東京都で開催された展示会HOUSE VISIONから支給された木材を極力リユースし、在来軸組工法で計画しています。開放性を意識し過ぎ、ハイテクな木質ラーメン構造を用いるとコストと期間に大きく影響するため、施工し易さで構法を選択し、二方向共に柱頭に方杖を配置しています。屋根構面に関しても透過性を持たせているので、水平構面は火打ち材としています。直射日光を避けるため、簡易間仕切りの際に使用した紙管をリユースし、木漏れ陽の

図 9 〈御船町仮設住宅団地集会所〉（意匠設計：熊本大学田中智之研究室、構造：木造、竣工：2017 年）

図10 〈合戦峰地区物産販売所〉二期完成予想パース（意匠設計：隈研吾建築都市設計事務所、構造：鉄骨造、竣工：2020年予定）

ような光環境を実現しています（図9）。

着工後も早期復旧・復興を目指して、施工には設計者、ＫＡＳＥＩ（九州建築学生仮設住宅改善）プロジェクトの学生、私の事務所の所員も参加しました。

熊本地震の爪痕は、南部にある球磨《くま》地域にも深く残されています。ここは２０１５年、人吉球磨地域の文化財や風習が日本遺産に認定され、観光客が増加傾向にある地域です。ここで、日本遺産構成文化財の１つ、相良三十三観音の合戦峰《かしのみね》観音堂がある丘を利用した〈合戦峰地区物産販売所〉の構造設計を担当しています（図10）。地盤は盛土か切土か不明な傾斜地であり、敷地内にある観音堂も被災していたので、液状化の影響を心配しましたが、九州南部に比較的多いシラスと礫が堆積した強固な地盤であることが判明。安息角を確保するため深基礎とし、施工側の要望もあり、鉄骨造で計画しています。個人的には木造で計画したかったのが心残りです。復

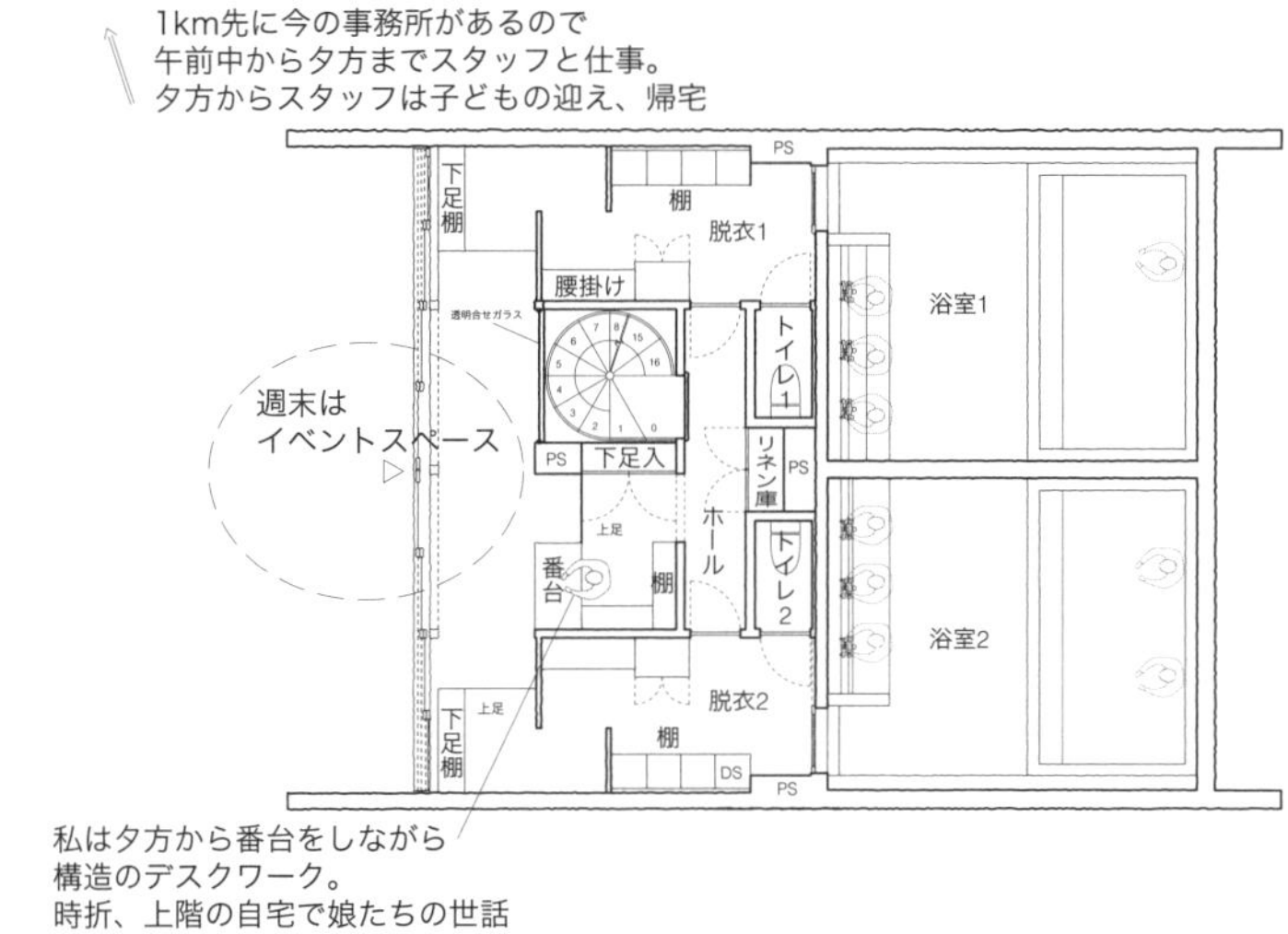
1km先に今の事務所があるので
午前中から夕方までスタッフと仕事。
夕方からスタッフは子どもの迎え、帰宅
PS
下足棚
棚
脱衣1
腰掛け
透明合せガラス
トイレ1
浴室1
週末は
イベントスペース
PS
下足入
リネン庫
PS
上足
ホール
番台
棚
トイレ2
浴室2
上足
下足棚
脱衣2
棚
DS
PS
私は夕方から番台をしながら
構造のデスクワーク。
時折、上階の自宅で娘たちの世話
図 11　銭湯兼仕事場の間取り図

図 12　銭湯兼仕事場の模型

旧工事に対する優先度があるため工事は一時中断していましたが、二期工事目が近々再開する予定です。

地震を体験して得た価値観

私自身もまだ若輩者で、構造設計者としての価値観は確立していません。熊本地震の経験を通して、それはむしろ流動的になった部分もあります。デスクワーク、施工現場、実験とは異なり、被災現場では設計通りの崩壊メカニズムと合致しているもの、していないものが混在しています。その想定外の状況を見つめ直すことも構造設計者の仕事です。また市民ボランティアとして活動していると、疲労や環境の悪化による災害関連死についても考えさせられます。構造設計者としては、建築基準法の規定と、日常の生活に戻ることとの大切さの狭間で悩みながらアドバイスすることもありました。自然災害から人命を守ることは、構造設計の使命です。緊急事態における法規のあり方と実状への対応について、１人でも多くの専門家が被災地に足を運び、構造設計にフィードバックされることを願ってやみません。

図 13　沖縄事務所（意匠設計：ファイブディメンジョン、構造：WRC 造、竣工：2016 年）

構造設計者として地元でできること

復旧復興はいまだに十分ではなく、事務所周辺の被災した建物は解体され、マンションの建設ラッシュが続いています。それらは１階部分も店舗は入らず居住エリアにする場合が多く、周囲の人通りが減るのではないかと予想されます。また、被災時は断水が長期的に続き、飲料水と温水が貴重でした。いくつかの懸念から、生まれ育った地元に貢献できればと、今年新築する自宅の１階には近所の人たちが交流できる銭湯兼仕事場を併設する予定です（図11、12）。熊本県の豊富な地下資源を利用し、生業上、結果的に地盤について詳しくなったので、その知識を活かそうと思い至りました。妻も構造設計をしており、３年前には妻の地元の沖縄県にある国際通り近くに事務所を増やしています（図13）。

6 海外に日本の構造設計を輸出する

礒﨑あゆみ
Schnetzer Puskas Ingenieure

一人のスペースは 5m² 程。プロジェクトチームの席が遠いと走ることも

建築学科へ進学するまで

構造設計という仕事は、もしかすると意匠設計に比べて馴染みが薄いかもしれません。大学に入る時、絶対に構造設計者になりたい！　と思って入学する人はそれ程多くはないでしょう。私の場合はそれどころか、大学入学時になりたかったのは数学者でした。女子高育ちで外の世界を知らず、少し齧った大学の数学の抽象性と精緻さがきれいだったから、そんな単純な理由で。ところが。大学に入って友人と自主ゼミなぞをしてみると、全く歯が立たない。友人がぱぱっとわかっているように見えることが、頭に入らなくて泣きたくなる。更に、すごく成功して新しい発見をしても、理解できるのは世界で数人かもしれない。その寂しさを一生の仕事にするのはどうも耐えられそうにない。何か他の人と一緒にする仕事の方が自分には向いている気がする。幸い、東京大学では最初の2年間は一般教養を学び、その後に学部を選ぶ制度でしたので、建築学科に進学することにしました。理学の極に思える数学科でないなら、思いきり実学に思える建築学科へ、という訳です。

構造を専門に選ぶ

いざ建築学科に進学してみると、小さい時から建築家になりたかった、絵を描くのが、物を作るのが好き、という人だらけで、私のように不純な？　動機で入った人はあまりいないのです。友人と徹夜しながら設計課題は楽しくこなしつつも、どこか作り話のようで、自分が本当にいいと思う建築が何なのか、よく掴めないままでした。設計をするなら何か一つ、確かだと思える切り口が欲しい。重力に逆らって物が建っているのは地球や月の上で共通で、もし構造に対する理解という武器を手に入れたら、全ての建物がレントゲンにかけたように見えるんではないだろうか。数学的な理論には強い方だったので、構造を武器にしよう。研究室を選ぶ際にも、なるべく純粋な理論を学べる所、という理由で、桑村仁先生の鋼構造研究室を選びました。研究室では、ちょうど先生が弾性論と塑性論の本を執筆されていた時期で、校正を兼ねて通読させて頂き、随分勉強になりました。理論は万国共通。今も海外で仕事ができているのは、このベースがあるからこそだと思います。それ以外にも、個別の建物の構造を読み解く自主ゼミ等もやっていました。

学部での難波和彦先生の設計課題の時に佐々木睦朗さんが講評会にいらして知己を得、アルバイトに行きました。後に就職する段になって、ゼネコンに勤める父から、当時のゼネコンはまだ女性には厳しい環境だと聞いていたこともあり、冒険する気持ちで佐々木睦朗構造設計研究所に就職することにしました。私の頃は就職氷河期で、建築系に進む同期はあまり多くなく、どこか亜流だと感じていた自分が設計を続けているのですから、不思議なものです。

佐々木睦朗構造計画研究所時代

正直な所、私が建築の設計を本当に面白いと思うようになったのは、就職してからです。プロジェクトを通してだけでなく、朝まで続く建築談義、佐々木さんの建築にかける熱量に当てられたのかもしれません。計算して図面をひいたものが、沢山の方の協力を経て実際に建つ喜びは勿論、佐々木さんの設計への集中力、構成やプロポーションに対する美意識、名建築ができていく過程、そういうものを肌で感じられること。相談する前にできる限り準備して、それでも佐々木さんの一言で案がすぅっときれいになっていくその感覚。なんて楽しいんだろう。

佐々木事務所はとても教育的で、先輩の指導の下、シンプルな住宅の設計から始めて、段々色々なプロジェクトを任されていきます。基本的な構造形式のもの以外にも、鉄板ブレースを用いたもの、アクリル壁構造のもの、ＰＣ鋼棒とＣＦＲＰを組合せたもの、元撓《たわ》みのある鉄板壁のもの等、様々な経験をさせて頂きました。しかも、所員の関係が密で、他の担当者のプロジェクトも同時に学べるので、とても充実していました。

私が在籍していた頃は、佐々木さんがフラックスストラクチャーを展開していた時期でした。佐々木さんにすら未知のものがあって、そこへ集中して挑戦して行く姿は忘れられません。私自身も〈ロレックス・ラーニング・センター〉を担当させて頂きました。それまで屋根に使っていた自由曲面を床に使う時に出てくる様々な課題について、当時の同僚の小松宏年さんや浜田英明さんと一緒に何度も何度もスタディを重ねました。誰にもまだわからない局所解を探求する楽しさ。

もう一つの特徴は、国内の大きなプロジェクトがあまりない時期だったことです。その代り、海外のコンペに勝って実現することが続きました。まだ事務所としても海外プロジェクトの経験が少なく、どのように海外事務所と協働するのかも手探り、プロジェクトの息の長さも新鮮で、国内プロジェクトでは当り前に共有される感覚も一つひとつ説明しなくてはならないし、時々突拍子もない方向に行きそうになったりする。遠隔地から、現地の知識・情報が十分にない状態でプロジェクトをコントロールするのは容易ではなく、隔靴掻痒《かっかそうよう》の思いでした。

5年が経ち次のステップを考えた時、海外で仕事をしてみたいと思ったのは自然な流れだったかもしれません。佐々木スクールの遺伝子は世界でも通用する筈だし、この美学は世界に広まる価値がある。世界中で仕事をするには、アメリカ以外の地域ではヨーロッパの流儀を押さえておけばなんとかなるんではないか。それにきっと、日本の建築家はこれからもっと海外のプロジェクトをやるようになる、そういう時に共通の背景を持ったエンジニアがいたら

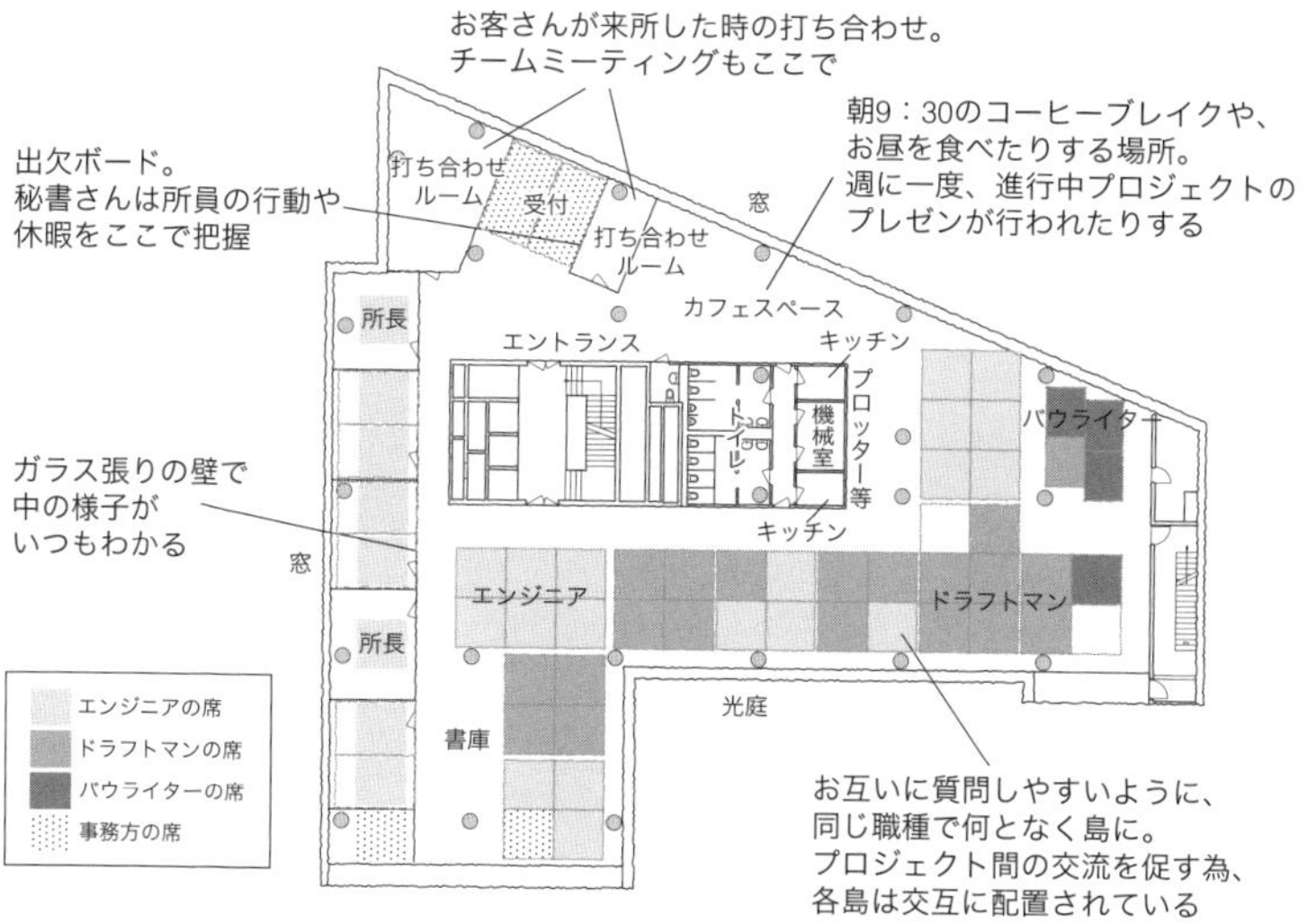

図1　シュネッツァー・プスカス・インジェニユア事務所間取り図

きっといい。そうだ、海外で構造設計しよう。

スイスで就職する

海外での就職は一筋縄では行きませんでしたが、2010年、現在働いているシュネッツァー・プスカス・インジェニユア（Schnetzer Puskas Ingenieure）に就職することができました。スイスのバーゼルに本社があり、チューリヒとベルンに支社があります。現在全部で82人。事務方を除くと大きく3つの職種の人がいます。我々構造エンジニア、ドラフトマン、そしてバウライターと呼ばれる入札書類を作ったり現場監理をする人です（図1）。バウライターは3人で、その他はエンジニアとドラフトマンが約半分ずつ。朝は9時が定時ですが、6時に出社している人もいます。夕方は18時頃までには大抵の人は帰ります。小さい子供のいる人は男女共に週4日で働く人も多くいます。有休（年間20日）は皆フルで取ります。会社の規模の違いもあるかもしれませんが、佐々木事務所の密な家族感と比べると、人間関係はドライで個人主義です。

スイスにはアルプスがあり厳しい条件で橋を架けてきた歴史がある為、構造設計に対する高い誇りがあります。ＥＵの国々で使われているユーロコードを未だに採用しないのもその為だと思います。一番の違いは、ユーロコードが弾性設計を基本にしているのに対し、スイスの基準ＳＩＡは塑性設計を基本にしていること。ＲＣの柱を当然のようにピン接合で設計するのに最初はかなり戸惑ったり、「ヨーロッパ」を一塊に捉えていた私には、驚きでした。

同じ構造設計者と言っても、職能範囲も少し違います。こちらでは契約相手は建築家ではなく施主、或いは施主代理人であることが多く、節目毎に施主に直接説明します。責任範囲を明確にする意味合いもあり、構造設計者は日本のように建築家と密に協働はしません。元請け制ではないので、構造設計者が施工手順まで含めてしっかり考え、ＲＣ造の場合は施工図まで描きます。その為には、現地の慣習、一般的な構・工法への知識が必要不可欠です。コストコントロールも極めて重要な仕事です。一方で、スイスでは、確認申請手続きがないので、外部向けの計算書を作成する習慣はなく、現場に入ってからも設計が続く場合もよくあります。プロジェクトの進行も日本に比べるとかなりゆっくりで、途中で担当者が変わるのもしばしばです。どの時点で何をどの程度まで検討するかも大切になります。

そういう様々な違いに四苦八苦しつつも実現した担当作品から幾つか紹介したいと思います。


〈トランジットラーガー・ドライシュピッツ〉（バーゼル）

このプロジェクトは、１９６０年代に建てられた地下2層・地上4層の既存の倉庫の建物の上に、平面的に捻《ひね》った形で3層載せて、オフィスと住居に改築するものです（図2）。建築家は、基本設計がビャ

図2 〈トランジットラーガー・ドライシュピッツ（Transitlager Dreispitz）〉外観。旧倉庫建物の上部に平面を捻った形で3層増築している（意匠設計：Bjarke Ingels Group（基本設計）、Harry Gugger Studio（実施設計）、構造：RC造・鉄骨造、竣工：2016年、写真：Laurian Ghinitoiu）

ルケ・インゲルス・グループ（BIG）、実施設計はハリー・グッガー・ステュディオ（Harry Gugger Studio）です。2012年から2013年にかけて、先輩のエンジニアと一緒に、入札段階まで担当しました。

私が主に担当したのは、上部の新規増築部分の構造です。建築のコンセプトが非常に明確でしたので、構造的な課題も明確でした。既存柱の位置は変えられないので、平面の捩《ねじ》れから発生する床の片持ち部分をどうするか。又、両側先端の跳出し部分をどのように実現するかの2点です。既存柱が9.1m×7.5mのグリッド上にあり、中間部の片持ちは端部柱から本体床の端部で4m程とそれ程大きくないので、32cmのフラットスラブに縁梁にプレストレスをかけて解決するということですんなりと決まりました。先端部の跳出しは本体部で10m程あり、更に下にはトラムが走っていて支保工の配置が限られるという

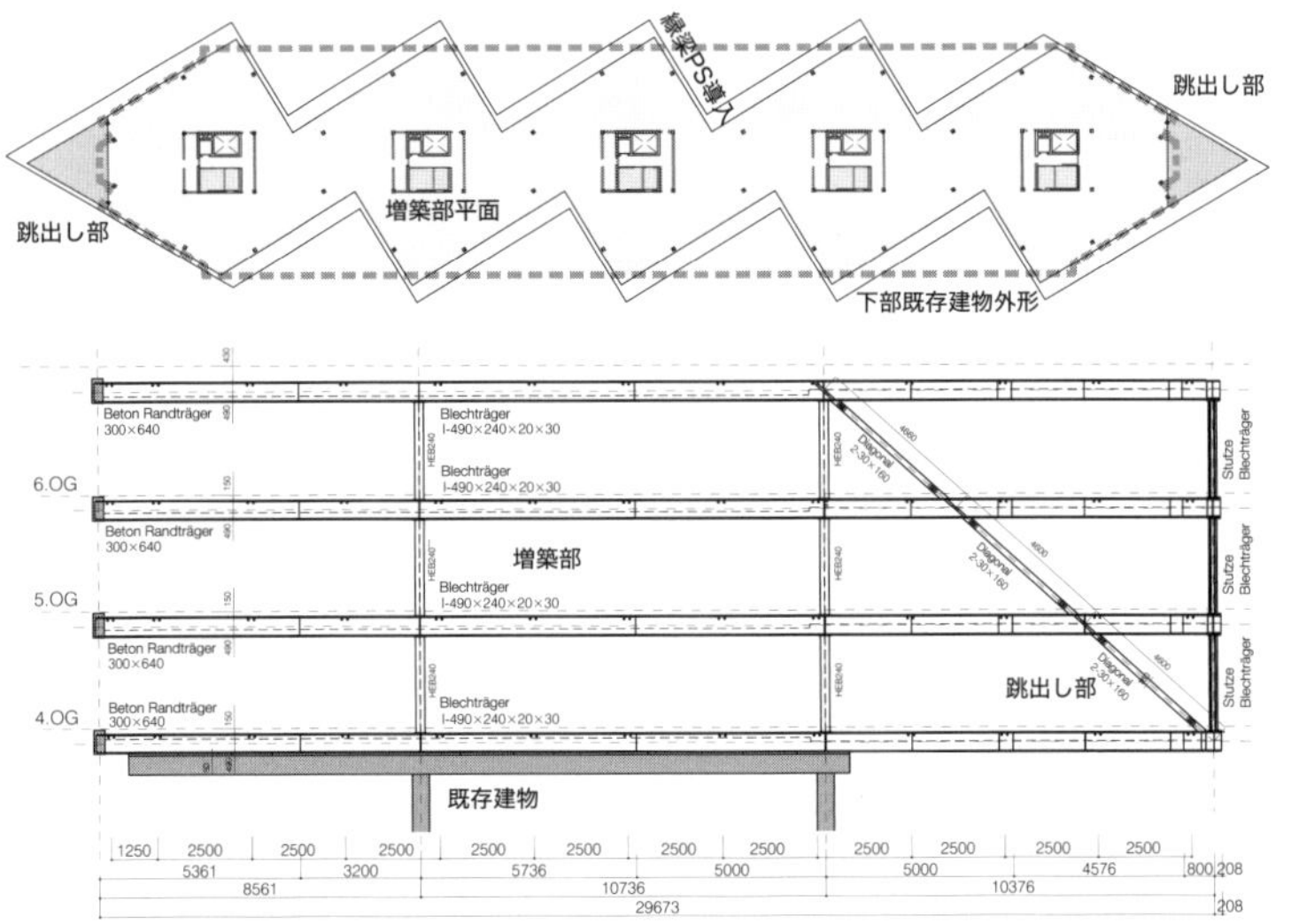

図3 〈トランジットトラーガー・ドライシュピッツ〉伏図・軸図。平面を振り引き伸ばすことで片持ちが発生している

条件でした。ここについては、幾つかのパターンを検討しました。鉄骨梁だけで各階片持ちを出す形式、鉄骨及びRCのフィーレンデール形式数パターン、鉄骨の柱・斜材にRC床を圧縮材として使う形式、そして鉄骨の柱・梁・斜材で構成する形式。新鮮だったのは、日本だと構造設計者が構造合理性・施工性・経済性等から専門家として判断し建築家と協議の上で案を絞ることが多いのですが、こちらでは様々なバリエーションを施主にプレゼンすることです。それはともすると無駄にも思えますが、オープンに議論を進めて行く、その為に時間とコストをかける、という姿勢をこの時学びました。遮音性を保ちつつの軽量化、及び施工性を考慮して、鉄骨型鋼柱、フラットバーの斜材、そして溶接H型梁に合成スラブをかけるという方式になりました（図3）。

残念ながら、現場は別の担当者に引き継ぎました。スイスでは現場に入ってからの変更が比較的よくありますが、日本での経験を生かして早い内に詳細まで検討をしていたので、この部分はほぼ変更無く実現しました。

〈ミュウミュウ青山店〉（東京）

東京・青山みゆき通り沿いに建つ〈ミュウミュウ〉の店舗のプロジェクトです（図4）。個人的に、青山は佐々木事務所時代に毎日通った勤務先であり、しかも佐々木さんの若い頃の作品の並びということで、懐かしくも背筋の伸びるプロジェクトでした。チーム編成は斜向かいの〈プラダ青山〉と同じ、建築家はヘルツォーク＆ド・ムーロン（Herzog & de Meuron）、実施設計・施工は竹中工務店です。２０１２年から２０１４年にかけて、基本構想段階の構造設計を担当しました。ヨーロッパでは、コンセプトの初期段階から構造設計者が関わることはそれ程ないのですが、このプロジェクトでは様々な案の変遷も含め、楽しませて頂きました。最終的には、宝石箱が少しだけ開いて、親密なリビングのような部屋を覗かせている、というコンセプトが実現しました。

本体は17ｍ×12・5ｍ程のシンプルな両方向鉄骨ブレース構造2階建ての建物です。ファサードがぐるっとステンレス鋼板で覆われていて、前面に幅17ｍ、長さ8ｍ程の特徴的な大きな庇があります。内部は、中央部に幅10・5ｍ程の広めの空間を取って、両サイドに試着室や奥まった空間を作り、エントランスに対して平行な方向性を持たせたい、ということでしたので、約2ｍピッチで大梁を流し、各梁毎に柱を落としました。直交する小梁をできる限り排除することで、梁の間に平行に設備配管を納め、統合された空間となるようにしました。外周のステンレス鋼板を水平抵抗部材として使うことも考えましたが、断熱や溶接管理を考慮して仕上げに留めることにしました。前面の庇は、屋根面で17ｍスパンの大梁から跳ね出して、背後の梁で反力を取っていま

図 4 〈ミュウミュウ青山店（Miu Miu Aoyama)〉外観。前面の特徴的な大庇（意匠設計：Herzog & de Meuron、構造：鉄骨造、竣工：2015 年、写真：Yushi Sasada)

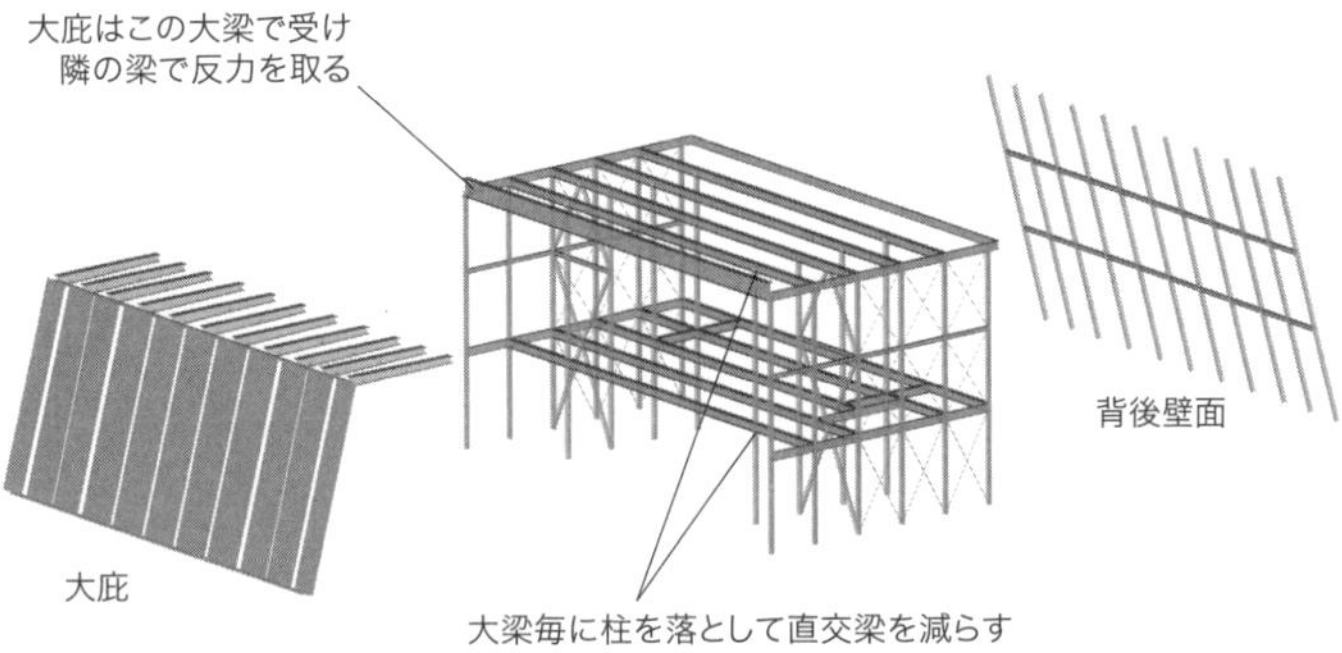

図 5 〈ミュウミュウ青山店〉基本構想時の構造コンセプト

す。庇部分は、基本構想時には骨組と一体化したステンレスパネルを大判ユニット化して運び4か所で現場溶接する計画でした。巨大な庇ですので、2階床レベルから支えを出してはどうか、という案も出たりしましたが、大きな庇の浮いているちょっと不思議な感じを損ないたくなくて、敢えて支えなしでいけるように設計を進めました(図5)。

実施設計の段階で変更はありましたが、こちらの意図をきちんと理解して頂いて、構造コンセプトの大きな部分は保ったまま、とても高い精度で実現して頂いたと思います。海外の契約ですと特に、契約した設計フェイズが終わるとそのまま音沙汰がなくなったりしますが、だからこそ、明快なコンセプトをつくることが重要です。

〈タッツ本社ビル〉(ベルリン)

適切なコンセプトをつくるには現場の知識も不可欠です。2015年から2017年にかけて担当させてもらったのが、新聞社タッツ(taz)の本社ビルのプロジェクトです(図6)。ベルリンの中心部、フリードリヒシュトラセという華やかな通り沿いにあります。建築家はチューリヒのエー・ツヴァイ・アー(E2A)。私がプロジェクトに参加したのはコンペに勝った後のフェイズからでした。スイスの事務所からするとこれも海外プロジェクトではあるのですが、同じドイツ語圏ということで、現地事務所ゲー・ウー・デー(GuD)の協力を得て、現場にはそれ程行けないものの、実施設計まで担当しました。

タッツは左寄りの新聞社です。ネット状の構造体及びファサードを用いることで、各要素が一緒になって働いて初めて機能すること、ヒエラルキーのない関係を象徴したいとのことでした。この建物は地上8階地下2階建てで、2.1mグリッドにかなり厳密に従っています。ベルリンではスイスと違って、現場での作業を減らす為プレファブエレメントの使用

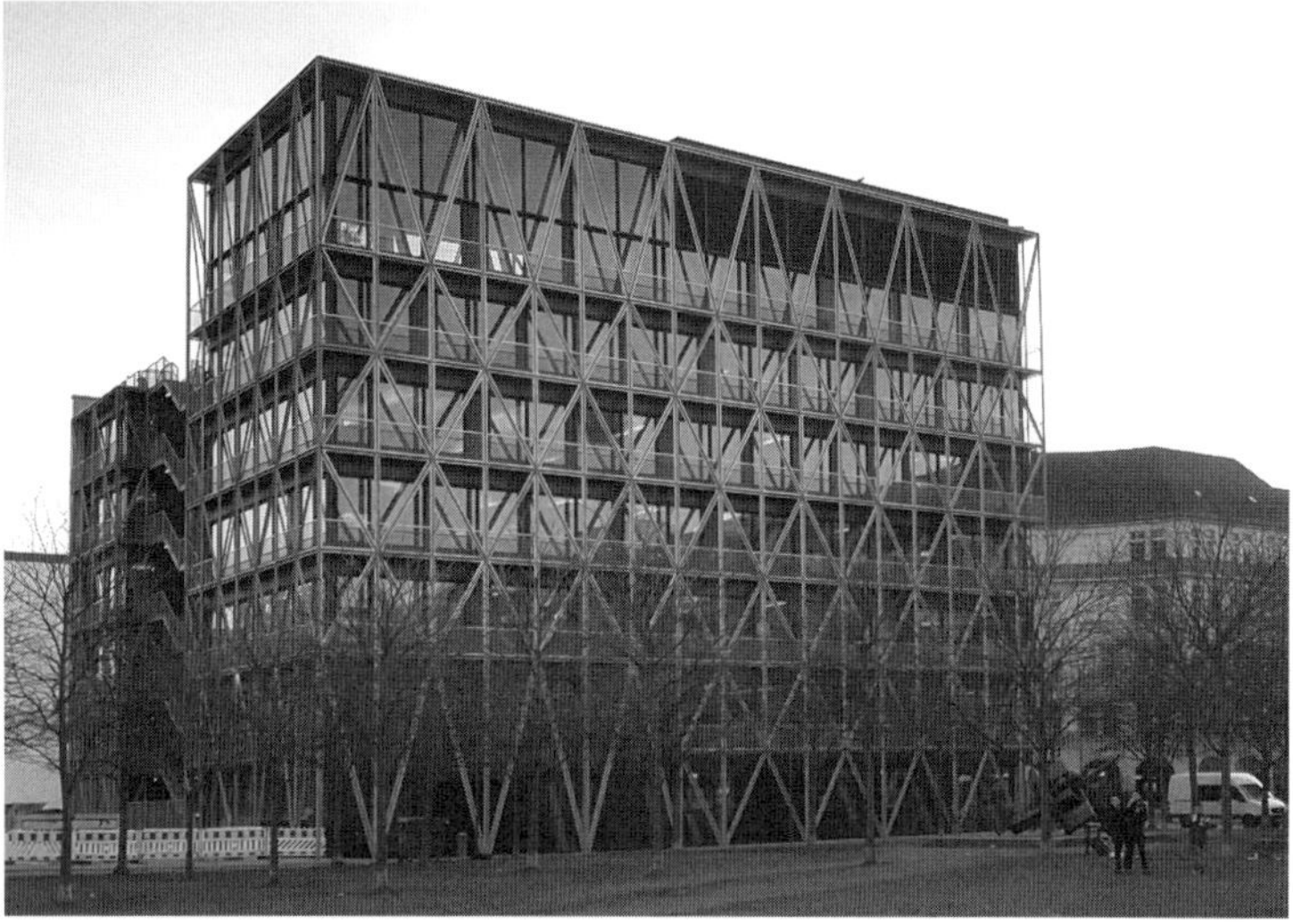

図６〈タッツ本社ビル（taz Neubau）〉外観。ネット状の構造体とファサードが外観・内観を特徴付けている（意匠設計：E2A、構造：RC造、竣工：2018年）

が多いそうです。そこで、三角格子の柱は全てＳＲＣプレファブ柱、スラブの多くはプレストレスをかけた2.1ｍ幅の逆Ｕ字型ハーフＰＣを採用。柱配置は外周のみで、スラブの最大スパンは約13ｍです。斜め柱の不等荷重から梁に入る引張力によるひび割れを防止する為、外周梁に現場でのプレストレスを導入しています。地上部分の工事はかなり迅速に進みました（図７、８）。ドイツには第三者の構造設計資格者が計算書を精査する制度があります。外部向けの計算書が不要なスイス式にすっかり慣れていた私には、１５００頁強の計算書をドイツ語で書くのは一仕事でした。同じドイツ語の単語でもドイツとスイスでは意味内容が違っていたり、弾性設計と塑性設計の考え方の間に齟齬があったり、一つひとつ手探りでした。その他にも、スイスでは普通に使われる、高強度プレキャストＲＣ柱がベルリンでは手に入らなかったり、現場でのプレストレスの経験が現

図7 〈タッツ本社ビル〉躯体上棟式時内観

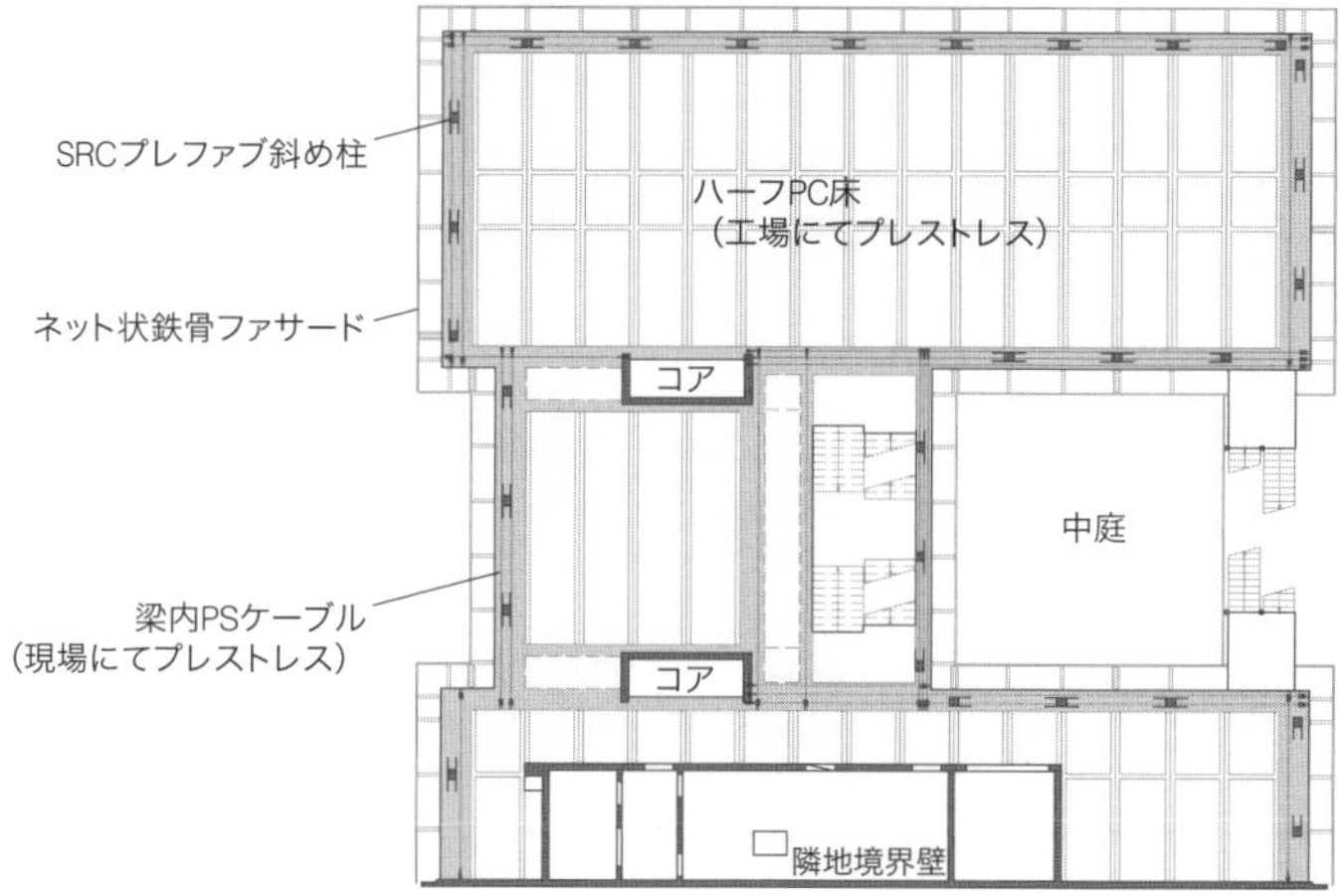

図8 〈タッツ本社ビル〉見上げ図。柱や床、ファサードにプレファブ部材を多用し、現場作業を減らしている

地事務所になかったり。プロジェクト毎に新たな条件で一品生産する建築では、こういう泥臭い側面がつきものなのかもしれません。でも。地震や風、地盤の条件は違えど、スイスでできるものがベルリンでできない訳がありません。一つひとつ粘り強く、話を聞き、絵を描いて説明し、を繰り返し、実現に漕ぎ着けました。

スイスで構造設計を仕事にする

構造設計者は、建築家にとって、設計が始まって最初に協働する外部の人です。別の論理・視点を持って、建築家が本当にしようとしていることは何なのか、それを構造の言葉に翻訳するとどうなるのか、を一緒に探求する仲間です。そういう風に建築家と構造設計者が密に協働するのは、日本の設計の特徴で、佐々木事務所で学んだ大切なことの一つです。

スイスの素敵な所は、アトリエ事務所と組織事務所の区別が薄く、町の規模も小さくて、町の建物の多くが顔の見える建築家によって建てられていることです。自分たちが住む町を、自分たちの手で作っているという実感があります。更に、構造設計者も施主や他の設計者と直接コミュニケーションせざるを得ないことで、社会に直に接続している感覚がより強くあります。

現実に建築を建てる時、関係者が多くなる程、慣習の力が強くなる程、冒険はしづらくなります。けれどそこで萎縮せずに、謙虚に学び、オープンなコミュニケーションを通して、日本流の良さをスイスや他の国でも実現していきたいと思っています。

仕上げが付く前、まだ建築になる前の、躯体だけの状態は、どこか詩的です。昼休み、誰も居ない静かな現場で、力の流れをイメージしたりしながら、これを実現するのに関われるなんて、いい職業だなぁなんて思ったりしています。

7 成長する構造設計事務所――年齢も事情も異なる人たちが高度な仕事を続ける場所

桝田洋子
桃李舎

桃李舎の仕事場。皆それぞれのスタイルで働いている

住環境学科で構造に出会う

私が在籍した京都工芸繊維大学の住環境学科（現在はデザイン科学域デザイン・建築学課程に統合）は、工学系の建築学科と、グラフィックやテキスタイルといったデザイン系の意匠学科から分離・融合してできた新学科でした。設計演習では構造のことを考えなくてもよいという指導で、描くのは意匠図とパース。断面図の天井の懐は墨で塗りつぶし、架構の形はもちろん、鉄骨かコンクリートかということすら考えません。建築雑誌を飾る建築を表層的に真似たような設計をしていました。

転機は3年のときに訪れました。構造計画の講義との出会いです。毎回、組石造やシェルや膜構造等、基本的な構造システムを1つずつ教わり、世界の美しい構造の建築をスライドで見る講義でした。サーリネンや、ネルビーやトロハといった技術者たちが設計した、力の流れが美しく見える架構を見て、開眼しました。レントゲン写真に写る骨のように、建物には見えないけれどそれを支える骨組みがある。その骨組みをデザインするという思考が、私に発想の転換をもたらしました。そして原風景が浮かびあがってきたのです。

私は3代続く鳶の親方の家に生まれました。父はカメラが好きで、体育館や工場等大スパンの鉄骨の建て方の写真を撮っていました（図1）。今では考

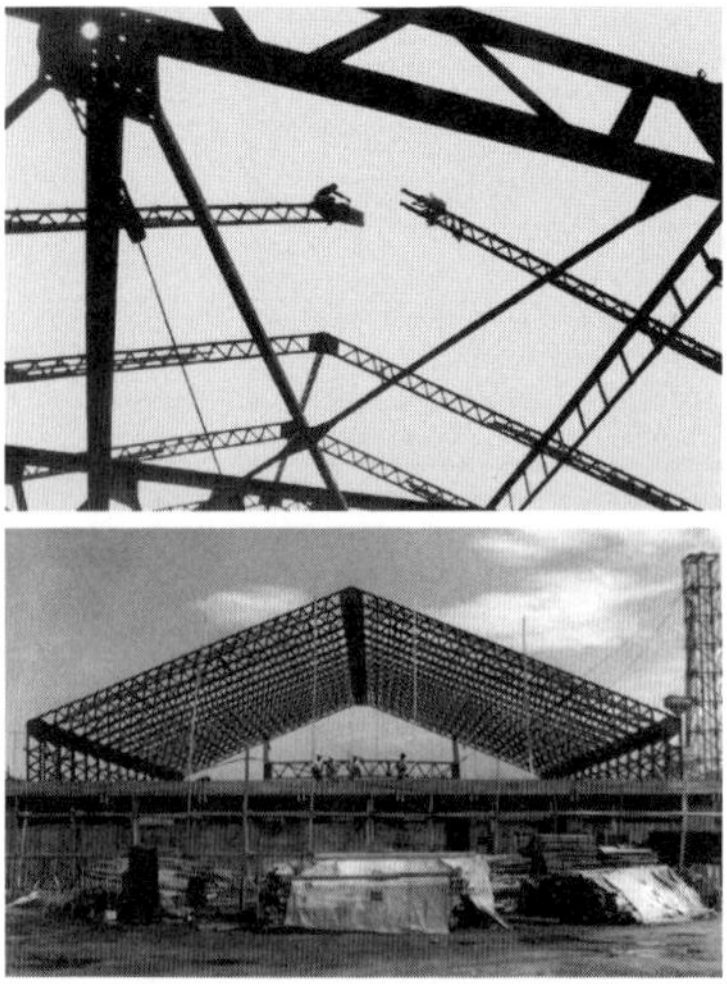

図1　父（桝田昌弘）が撮影した昭和の鉄骨トラス。上図は先端にいる2人が手を取りあってトラスをつなぐところ

えられないほどスレンダーな鉄骨のトラス、それが夜の投光機に浮かびあがると、ぞっとするほど冷たい美しさをたたえていました。構造計画の授業に出会い、構造を勉強しようと思ったときの「すっと地に足がついたような感覚」が今の私の出発点です。

その後の卒業研究は建築学科の構造ゼミで、石田修三先生の指導を受けました。将来は意匠設計の仕事につき、構造の骨組みをデザインしたいと考えていました。ところが就職担当の山内陸平先生に、「君はこのまま構造に進んで、後輩があとに続けるように道を拓きなさい」と言われてしまいました。説得され、先生の紹介で大阪の川崎建築構造研究所というアトリエ系の構造事務所に就職しました。今となれば先生には深く感謝しています。

自分探し——構造事務所、大手設計事務所、都市計画業務を経て独立

所長の川崎福則さんは阪神大震災の年に亡くなり、事務所は解散しましたが、就職した1984年当時は10人の所員が働いていました。主なクライアントは関西の建築家です。所長の構造計画の進め方は、平行定規がついた製図板に意匠の平面図を広げ、トレーシングペーパーを重ねます。その上に、所長の白くて細い指に握られたBのシャープペンシルで、柱や梁が書き込まれていきます。意匠の柱や壁の位置を気にする様子はありません。意匠の細い線はトレペの下でかすみ、かわりに立ち上がってくる力強いストラクチャーには、意匠図では読み取れなかった建築家の意図が明瞭に表れていました。こうして川崎さん（所長はこう呼ばせました）から構造計画の真髄を学びました。

1980年代、建築家に比べて構造設計者の地位はずっと低い時代です。建築家の仕事だけでは経営は安定しません。大手ゼネコンの外注で、福井の原発の仕事もしました。バブルの時代で沖縄のリゾート開発の設計もしました。そのときに知った現地の現実は、私に建築の背景にある社会に目を向けさせました。若かったので、このまま構造という狭い世界で専門分野を極めるだけで良いのかと不安になり、所長に話すと、外の世界を見てみますかと、大手設計事務所を紹介してくださいました。そうして4年で事務所を退職し、都市計画の部署で働くことになりました。

そんなある日、構造事務所をやめたことを知った友人から、保育所の一角にアジアハウスという、留学生のための下宿屋を建てるのだけど、構造設計を頼みたいと連絡がありました。4階建ての鉄骨造です。一人で設計をした経験がないので、一度は断わりましたが、施主となる団塊の世代の保母さんたちの集会に参加すると、その熱気に圧倒されて請けることになりました。若造の私に構造の専門家としての意見を真剣に求められ、プロ意識が芽生えたのです。そして何よりも「この建築を建てたい！」と思いました。久しぶりの構造設計が楽しく、構造設計が好きだということに気付きました。構造設計を通して、社会に役立つ建築を一つひとつ、丁寧につくって行こうと気持ちが固まり、大手事務所を退職して桃李舎を立ち上げました。こうして自分探しは終わりました。

スタッフを雇用するときに考えたこと

独立したのは29歳です。実力が伴っていないことは自覚していたので、3年目に母校の大学院に入学しました。同時に知人に頼まれて、専門学校を卒業したばかりの女性を雇用しました。5年で一人前に仕事ができるように教えるから、それまでは辞めないことを約束してもらいました。縁あってやってきた次のスタッフも女性でした。文系出身でしたが、よく勉強し、一級建築士の試験は1回で合格しました。30代の10年間は力を蓄える時期と位置づけ、勉強しながら、猛烈に働いていました。仕事は何でも請けました。川崎さんが紹介くださった大手ゼネコンの外注事務所としての仕事もしました。大規模のものやPC構造等、個人事務所ではできない設計の経験は大きな糧になりました。

自宅が事務所の並びにあるので、母がスタッフやアルバイトの学生の残業食をつくってくれていました。スタッフには多少の無理はしてもらいましたが、一人で生活ができるお給料は払っていました。アトリエ系の事務所には徒弟制が残っていて、尊敬する師匠のもとで修行をし、力をつけたら独立するのが一般的です。毎晩遅くまで働き、徹夜も厭いません。お給料が安くても納得済み。そういう悪しき慣習を断ち切りたかったからです。2人は10年近く働いて桃李舎の草創期を支えてくれましたが、結婚して家庭に入りました。

事務所の成長期——仕事を選びスキルを上げる

40代は事務所の成長期でした。私はひと通りの仕事ができるようになっていましたが、スタッフのレベルを底上げするため、母校の研究室から女性の後輩をスカウトしました。この業界は男社会で、優秀な女子学生でも就職に失敗するケースがあります。そういう学生を受け入れたいと思いました。すると研究室から順番に女性が送り込まれてきて、いつの間にか女性の事務所というイメージが定着してしまいました。心身ともに充実し、スタッフと力を合わせて、がむしゃらに働く毎日でした。スタッフは2人まで。少数精鋭で、仕事を選んで数を絞り、丁寧に建築をつくることができる環境を整えました。人数を増やさないのは、増えると事務所を維持するための仕事が必要になるからです。

こうして事務所のスキルが上がってくると、いわゆる建築作品とよばれる建築をつくりたいという野

図2 〈西有田タウンセンター〉内観。膜で覆われた階段室が床を支える構造体（意匠設計：NKSアーキテクツ、構造：鉄骨造・一部RC造、竣工：2005年、写真：岡本公二）

心が生まれます。同世代の建築家と初めて参加したプロポーザルで最優秀賞に選ばれて設計したのが〈西有田タウンセンター〉です（図2）。構造計画のアイデアは、建築家とのＦＡＸのキャッチボールで生まれました。鉄骨の構造体をデザインして、あらわしにするという本来やりたかった構造設計ができました。この設計で２００６年にＪＳＣＡ賞作品賞を受賞しました。公共工事は1つ実績ができると、コンペやプロポーザルに参加しやすくなるので、チャレンジをして実績を重ねました。自分を構造エンジニアであると自覚するようになったのはこの頃です。仕事で評価を得て、報酬も少しずつ上がり、お給料も少し増やすことができました。でもスタッフは結婚を期に巣立って独立していきました。

長く働ける職場をめざす

50歳になったときに、事務所に転機が訪れました。8年目のスタッフが結婚しても退職せず、自分は長く桃李舎で働きたいと言い出しました。するとその下のスタッフも私もそうだというのです。実は私も一から純粋培養で新人を育てるのはしんどくなっていたので、ありがたい申し出でした。また、私は遠距離恋愛をしていました。それまでは所長としてプライベートな話をスタッフにすることはありませんでしたが、スタッフにうちあけ、どうすれば仕事を続け、スキルアップもしながら、プライベートを充実することができるかを一緒に考え始めたとき、師匠と弟子から、エンジニアとして共に生きる同志のような関係に変わっていきました。

こうして、スタッフの勤続年数が増えてくると、事務所のポテンシャルがあがり、コンペの勝率もあがりました。コンペは勝とうとすると、どうしてもデザインも構造も攻める形になります。攻める構造とは、これまでにない新しい技術を使った、革新的で美しい架構を提案することです。勝てば、それを実現するために猛勉強。ますますスキルは上がります。それが評価され、受賞の機会が増えると、また良い仕事がやってきてと、良い循環が生まれます。良いこと尽くめです。

3つの柱

現在、桃李舎の仕事には大きく3つの柱があります。1つは建築家との協働で行う構造設計です。コンセプトの段階から、建築家と頭を寄せ合ってイメージを膨らませます。〈行橋の住宅〉は日本構造デザイン賞を受賞しました（図3）。施主からは、RCだからこそ実現できる造形美を期待されました。家の中心になるのは音楽ホールを兼ねた広い居間です。眺望の良い方角が1階と2階で逆になるので、壁の配置は、1階はほぼX方向のみ、2階はほぼY方向のみでした。音楽ホールは1階です。音を拡散するために天井は丸くし、屋根から1階に光を落とすトップライトの光も柔らかく拡散しようと、2階の部

図 3　〈行橋の住宅〉内観（意匠設計：NKS アーキテクツ、構造：RC 造、竣工：2012 年、写真：岡本公二）

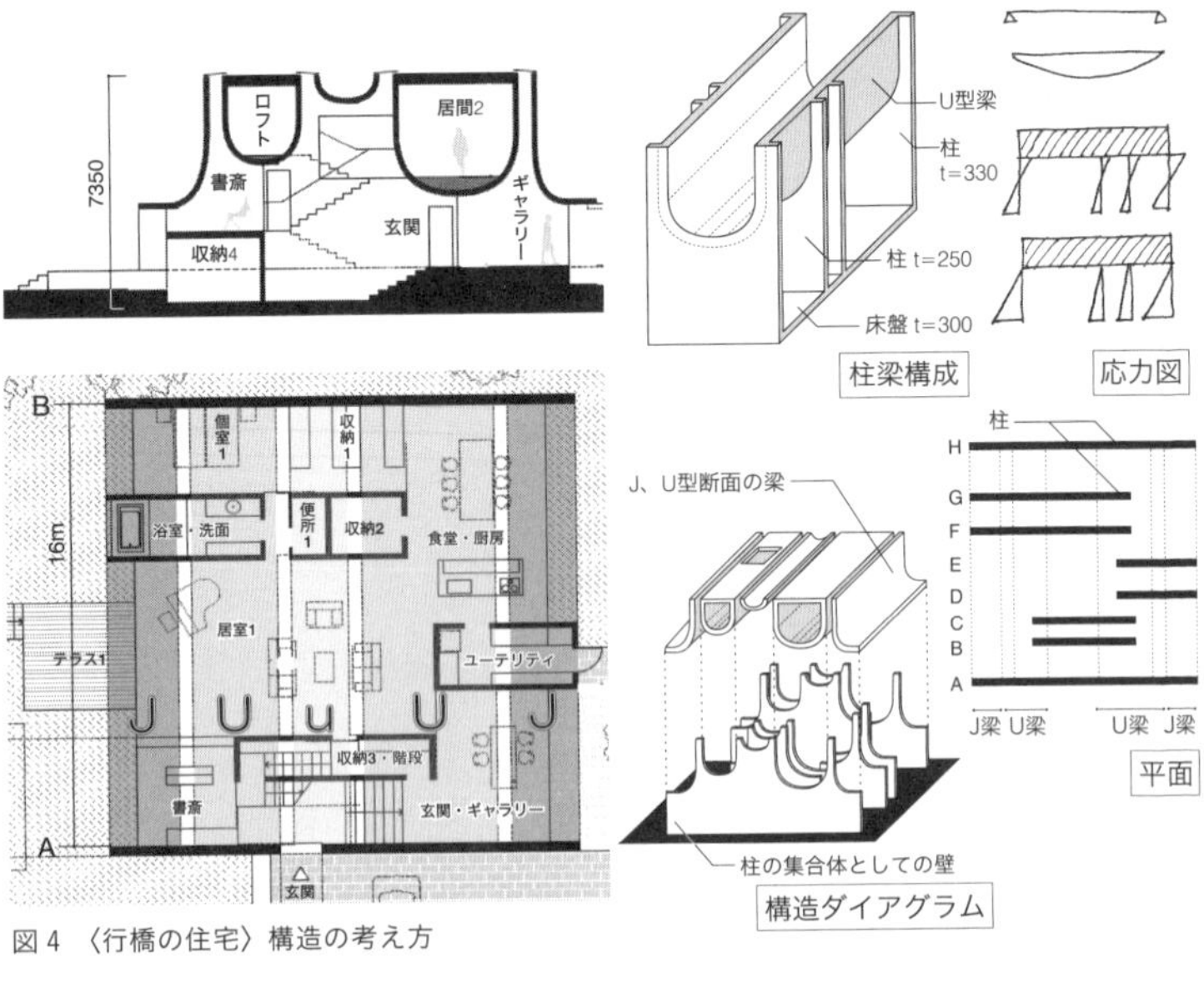

図 4　〈行橋の住宅〉 構造の考え方

屋はU字型の断面をしていました。

　構造計画では、壁式構造やラーメン構造といった既成のシステムにとらわれずに、形態を俯瞰し、重力を感じながら細部をぼかして丸ごと全体を大づかみするような目で眺めると、形態の本質を捉えられます。図4左のA通りとB通りに大きな壁があり、2本のU字型の筒は、AからBまで伸びています。その両外側にある、上から真っ直ぐに落ちて水平に広がる壁もAからBまで通っていました。もしそれらをUの字型とJの字型の梁と見立てると、平行に並ぶ壁に架け渡された橋のような構造と考えることができます。16mの単純梁と、壁の地震時の応力を簡単な手計算であたると、十分成立しました（図4右）。複雑な架構のときほど、いきなり解析ソフトを使わずに、簡単な手計算で応力をつかみます。精算をすると、必要な壁厚はほぼ手計算どおりでした。このような挑戦的な設計を行うと確認申請ではいつも苦労しています。

図5　戦前からある長屋（豊崎長屋）

図6　兵庫県の文化財の改修現場

　2つ目の柱は伝統的な木造建築の耐震改修です。主に戦前長屋や住宅ですが、最近は文化財の耐震補強も増えています（図5〜8）。仕事の特徴は、構造エンジニアが主体になって動くことです。建築家が不在の場合もあります。限界耐力計算を使った性能設計ですから、施主と相談しながら、目指す性能を決めます。現地を調査して補強計画を立てても、解

図 7　耐震改修を終えた豊崎長屋(意匠設計：大阪市立大学竹原・小池研究室、構造：木造、竣工：2009 年、写真：John Barr)

図 8　解体した部材の測定

体してみれば想定と違うことはしょっちゅう。毎回、応用問題を解くことになり、技術力が問われます。大工さんとその場の状況を見て、臨機応変に対策を講じる柔軟な姿勢も求められます。リノベーションでは、我々がこの時代を預かる感覚があります。例えば制振装置をつける場合、30年後にはもっと優れた技術が生まれているかもしれないので、取替えやすい形にしておくとか、予算がないので完璧な補強はできないけれど、段階的に補強を増やせるように、あらかじめ補強部材を用意して天井裏に固定しておくようなことを考えます。台風で倒れたお寺の復元では、ばらばらになった柱や梁を1本ずつ調べ、これは使えてこれは捨てるという仕分けをしました。このような特殊な技術があるお陰で、営業はしなくても仕事の依頼があり、経営上も助かります。

木造の特殊技術の習得をはじめ、事務所のスキルアップのために、いろんな取り組みをしています。スタッフは5年働くと、勉強したいテーマについて1年間、大学院のゼミに参加できます。構造計算が簡単にできてしまう場合は、最適設計の手法で解いてみる等、テーマを見つけて勉強することもあります。

3本目の柱は、技術開発です。限界耐力計算を使った木造の設計法や、木造のユニット工法の開発を共同で行ってきました。現在はCLTという木造の新材料に取り組んでいます。CLT協会主催のコンペでNKSアーキテクツと共に設計者に選ばれた、銘建工業の新社屋の設計では、銘建工業が製造するCLTの最大サイズ、3m×12mの大版を活かした

図9〈銘建工業新社屋〉初挑戦のBIMで描いた構造体（上）と完成予想図（中）、CLTの接合部の実験（下）

折板構造を考案しました（図9）。CLTはまだデータが少ないので接合部の実験も行いました（図9下）。未開拓の分野の技術開発は、成功か失敗かに関わらず、必ず人間的にも技術面でも成長できるので、事務所全員で取り組んでいます。

自分にあった形で仕事を続けられる場所

女性にとって、一番の課題は出産でした。最初にスタッフが子どもを産んだとき、1歳までは事務所に連れてきて床に寝かせて育てました（図10）。それでもフルで働くのは無理なので、彼女は自分で助っ人を連れてきました。大学の同級生で、前の職場で体調を崩して退職して家にいたのです。自然な形のワークシェアが成立しました。すると今度は、京大の先生から、修士論文を書き終えたばかりの女子学生が、公務員試験に落ちて1年間就職浪人をするから預かってもらえないかと依頼がありました。赤ちゃんの世話をしながら勉強し、即戦力になってくれました。今いるスタッフの1人は、名古屋で8年働いた後、結婚して大阪に来て、働く場所を求めて桃李舎にやってきました。年齢も、抱えている事情もバラバラな女性たちが、高度な仕事をこなしながら、幸せに働いている光景を見て、みんなが自分にあった形で仕事を続けることができる場を提供することも私の役割だと考えるようになりました。

現在事務所は6人ですが、1人が産休から復帰し、

図10　初めてスタッフが出産した当時（上）と予定打ち合わせ風景（下）

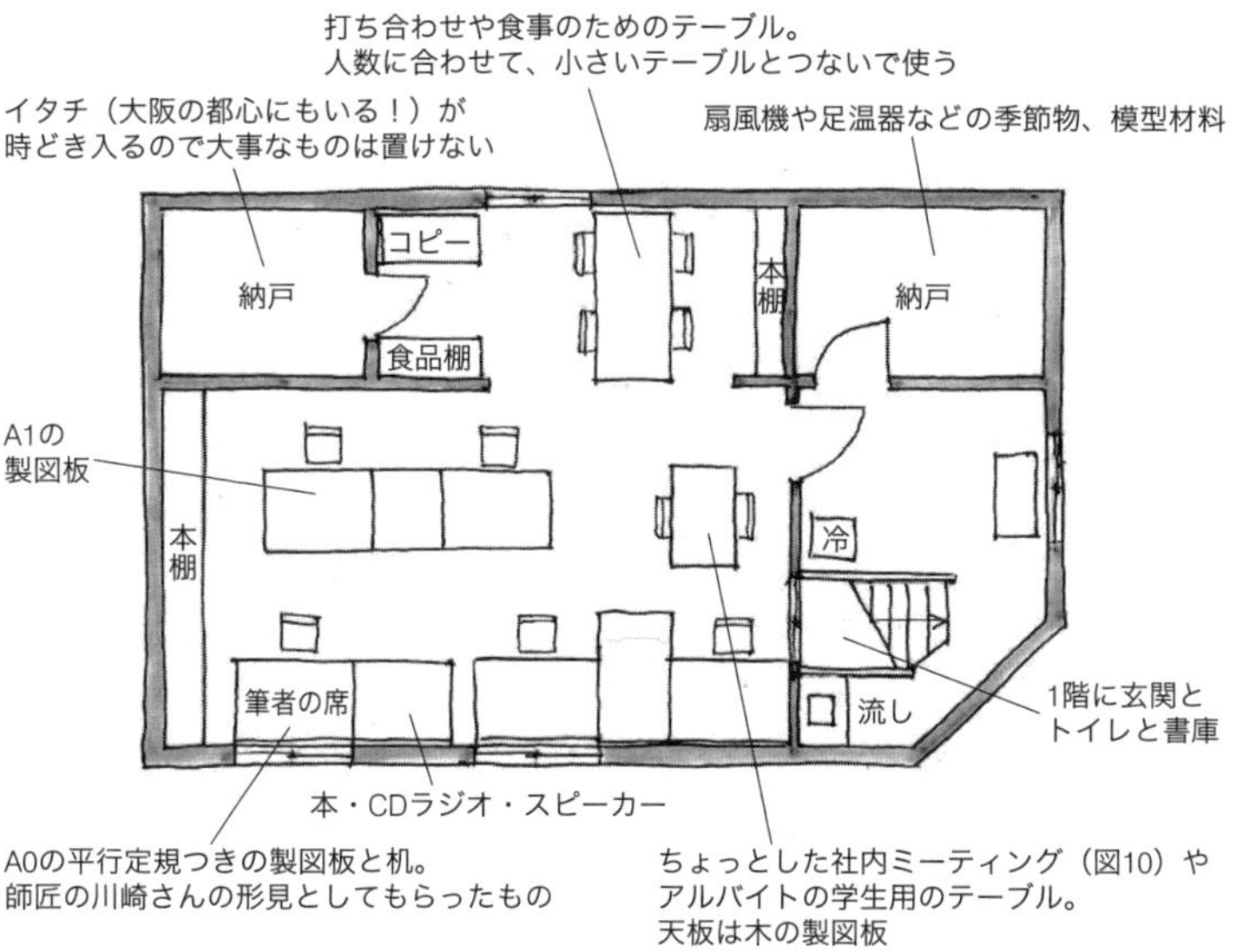

図11　事務所間取り図

入れ替わりで、2人が同時に産休に入りました。ロールモデルを見ているので早く復帰できそうです。桃李舎は短いタームでフォーメーションを変えながら、継続して働くことができる場になりました（図11）。独立したスタッフも、ゆるやかに連携しています。フレックスタイム制とし、在宅勤務も増えました。大きなサーバーを使うと家でも事務所のパソコンを開き、ストレスなく仕事ができます。

経営状態と給与をオープンに

こうして勤務体系が複雑になると、お給料を決めるのが大変になってきました。もともと桃李舎は年棒制で、年度末に1人ずつ面談をしてお互いに希望金額を出して、話し合いで契約を更改していましたが、人数が増えて、条件が変わってくると、私一人で管理することができなくなってきました。それで5年前から経営状態をオープンにしました。売り上げも私のお給料も経費も全部オープンにして、みんなで年棒を決めることにしたのです。全員が経営に関与することで、モチベーションが上がり、それまでなかった数値目標を立てることができるようになりました。

ワーク・ライフ・フュージョン——仕事と人生の融合

東日本大震災が発生した春に、事務所の並びにある私の実家のガレージを改修して集会スペース「トーチカ」をつくりました。できることは何でもやってみようという気持ちでした。食事を提供し、ドキュメントフィルムの上映や展覧会等を開催してきました。スタッフも無理のない形で運営に参加します。地域との連携もできてきました（図12）。

社会の現状を示すマトリクスに、桃李舎を重ねてみます（図13）。スタッフは将来、高齢の親を連れてくるかもしれません。実家では高齢の父が昼間は一人なので、私が留守のときは、スタッフが鍵をあけてのぞいてくれます。いずれはリタイアしたシニア男性のエンジニアも仲間に迎え入れたいと思います。双方向への進出を支援して、地域も含めて連携しているのが桃李舎です。この状況を「ワーク・ライフ・フュージョン」と呼んでいます。「ワーク・ライフ・バランス」は、仕事と人生をどう調和させるかですが、もっと積極的に仕事と人生を融合したいと考え、実践しています。

図 12　老人会「戦争を語る会」。町内の人たちが空襲で町が焼けた日にトーチカに集まった

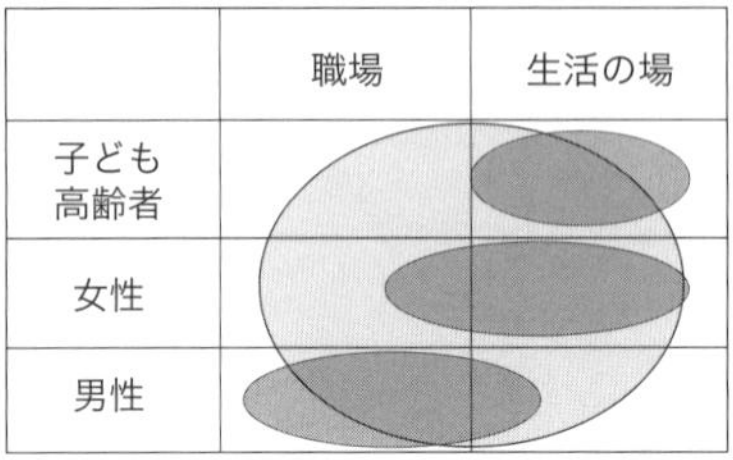

図 13　ワーク・ライフ・フュージョンの実践

column

構造事務所の働き方改革

（株）武設計　代表取締役
武居由紀子

私の事務所で最近始めた「リモートワーク（遠隔勤務）」が予想以上に良かったため、この機会に是非皆さんに紹介したいと思う。ちなみにあくまで超小規模な構造設計事務所の事例であり、一定規模以上の事務所では難しい点も多いだろう。あくまで一例として読んでいただきたい。

現在、私も含めスタッフ4名全員が自宅で仕事をしている。リモートワークを実施して感じたメリットとして次の5点がある。

メリット①　通勤時間・通勤コストの削減

最も明確なメリットは、通勤が無くなったこと。片道1時間なら1年間で約500時間、小規模なら構造設計ができるほどの時間だ。

人によっては、仕事とプライベートの切り替えとして通勤時間も必要だという意見もあるだろう。私は近所の公園を散歩したり、仕事の合間に家事をすることで、リフレッシュしている。休日に家事をためることもなくなった。

メリット②　事務所経費の削減

当事務所では、事務所を維持するための清掃や備品補充等の労働時間が、年間約250時間あった。また事務所の家賃等のコストが約20％を占めていた。

完全に自宅で働くフルタイム・リモートワークに移行し、オフィスは撤収したため、これらのコストはほぼ無くなった。

メリット③　集中した時間の確保

意外なメリットとして、完全に集中できる時間が増えたことも挙げられる。

事務所にいると、突然声をかけられたり、近くの打合せの声を耳の端で聞いておかなければいけない等、気を使う。集中した時間では「品質」も「効率」も向上する。構造計算のような繊細でストーリーがある仕事も、決めたところまで集中して一気にやれば、ミスや手戻りが減る。

メリット④　スタッフの技術力向上

それからスタッフの「技術力」もあがる。各自が一人で作業するため、主体性や責任感が強まるからだ。主体性が強くなると、情報を吸収する力や応用力もあがる。

メリット⑤　働く意欲の増進

効率よく高い成果をあげることでモチベーションが高くなった。拘束ではなく信頼されることで能力を発揮するため、アウトプットの価値が高まった。

デメリットは多様なツールで解消

リモートワークのデメリットとして、コミュニケーション不足・情報共有の不足がある。

これらは、「チャット」「WEB会議」「クラウド」等多様なツールでカバーしている。また、リモートワークで得た心の余裕をつかい、モニターの向こう側の相手を深く思いやること、丁寧なコミュニケーションをとることでなんとか今のところ円滑に進んでいる。

社外との打ち合わせもツール中心で

最近では、社外の方とのやりとりも、「チャット」「WEB会議」「クラウド」の比重が増えてきた。若く優秀な方ほど、逆にこちらが驚くほど積極的に取り入れる傾向だ。もちろん全てではないので、打ち合わせに足を運ぶこともある。

導入当初はハイブリッドで

いきなりそんなリモートワークは難しいと感じられるかもしれない。当事務所でも導入当初は、週の半分を事務所で、残りを自宅で働くスタイルとした。ハイブリッド・リモートワークといわれ、日本でも多くの企業が取り入れている。まだ経験が浅い構造設計者の場合は、ハイブリッドの方が良いだろう。

今後、ますますIT技術が進化し、働き方の選択肢が多様化する時代になる。そんな時代こそ、構造設計者として技能を磨き経験を重ねることが武器になるだろう。技術者として市場価値を高めると、自ずと選択肢は広がる。結婚等でライフスタイルや価値観が変化しても、その時自分が幸せだと思う「働き方」を見つけやすくなるだろう。

8 意匠から構造設計へ——より自分らしい建築との関わり方

村田龍馬
村田龍馬設計所

事務所内観。手前の打ち合わせスペースから奥の作業スペースを見る

村田龍馬設計所の仕事場

２０１４年４月に設計所を開設してから、５年間で１００件あまりの構造設計・工事監理に携わってきました。プロジェクトの種類は、小規模な住宅から商業建築、福祉施設、工場、こども園や庁舎等の公共建築まで多岐に渡ります。これらの約半分が木造、残り４分の１ずつが鉄骨造とＲＣ造という構成です。ときには特殊な家具やインテリアの構造や、伝統建築の診断・改修に関わることもあります。

仕事場は、玄関側と奥側に大きく二分して、玄関側には打ち合わせスペースと収納、奥側に作業スペースを取っています（図１）。作業スペースは、各自が作業に集中でき、かつ気軽に打ち合わせが行えるように、バランスを意識しました。各々のデスクを壁面に向かって配置し、収納家具で仕切ることで、それぞれが半プライベートな空間で作業に集中できるようにする一方で、中央には丸テーブルを置き、椅子を１８０度回転すればすぐにスタッフ間での打ち合わせができるようにしています。この丸テーブルは頻繁に利用されています。

玄関側のスペースは、主に建築家や施工業者の方との打ち合わせに使っています。特に建築家との最初の打ち合わせは、プロジェクトの方向性を左右す

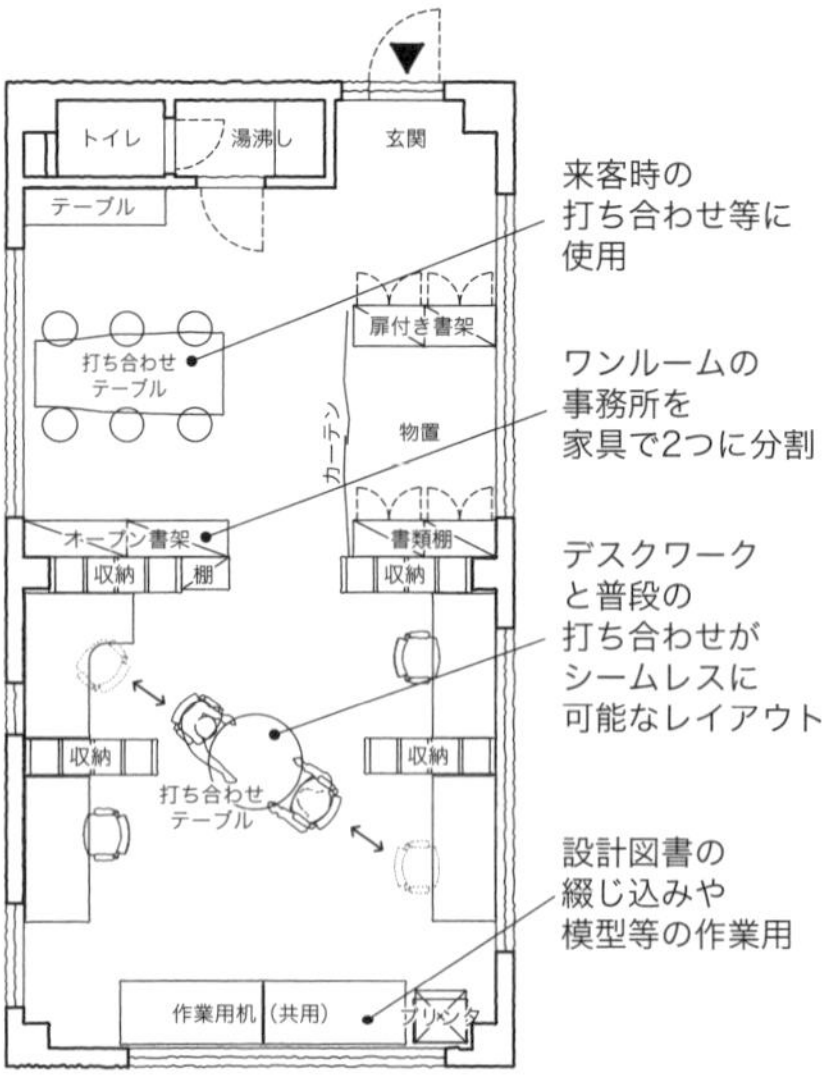

図１　事務所間取り図

る重要な機会です。建築家の設計意図や、そこに込められた建築主の想いに耳を傾けることが、構造設計の第一歩になります。

情報工学から建築の道へ

大学進学に際して、建築学科と情報学科のどちらに進むか迷った末に、コンピュータへの興味が少しだけ勝ち、情報学科を選びました。

最初にコンピュータに興味を持ったのは小学校高学年の頃です。中学に入って自分のPCを得たのをきっかけに、プログラミングにのめり込みました。英語の勉強よりもC言語の勉強のほうが断然楽しかったことを覚えています。2001年に情報学科で書いた卒業論文は人工知能の研究で、人間の記憶のメカニズムをコンピュータ上でシミュレーションする内容でした。ちなみに、こうして習得したプログラミングの技術は今も役立っており、構造計算をするなかで「こんな機能があったら」と思うと、自分でプログラムを書くことがあります。

大学3年から4年になる春休み、大学の掲示板でたまたま見かけた大手電機メーカーのインターンシップに参加しました。卒業後のことは、まだ漠然としか考えていませんでしたが、情報学科の就職先としては電機メーカーやNTT等の通信関係が多いと聞いていたので、どのようなところなのか見ておきたいという好奇心がありました。その程度の軽い気持ちからの応募でしたが、後の人生に与えた影響は少なくありませんでした。

インターンシップでは、産業用の精密な機械を設計しているチームに加えてもらい、3週間ほどの間、毎日朝から夕方まで会社に通いました。チームの皆さんは親切に会社や仕事のことを教えてくださり、充実したインターン経験だったのですが、3週間が終わる頃には、自分は将来この会社に限らず、大手電機メーカーで働くことはないだろうと考えていました。インターンの現場で垣間見た「エンジニアとして大企業で働くこと」に興味を持てなかったのです。

まずつくっている対象が、技術的には興味深いものの、美しさや人間性となると、そこは無味乾燥な機械にしか感じられず、生涯の仕事にしたいと思うほどに魅力的なものではありませんでした。

また、毎日の昼食時、明るく清潔な社員食堂に集まってくる大人たちを見ていると、10年後、20年後、そして定年退職を迎えるまでの自分を見るような感覚になりました。なるほど自分はここでこんな風に毎日仕事をして食事をして、歳を取って出世して定年退職するのだな、と。それは、絶望といってよい感覚でした。今になって考えれば、そのような会社生活のなかにも様々な面白さがあったに違いないし、そもそもたった3週間の体験でわかること等、ほんの僅かでしかないと思うのですが。

ともあれ、この体験をきっかけに、将来の仕事を真剣に考え始めました。その結果、情報学科を卒業したあと、同じ京都大学建築学科に学士入学する決断をします。インターンが終わって間もないある日、友人と一緒に歩いている途中、「自分はこのまま就職もしないし大学院にも進学しない、建築の勉強をして設計の仕事をする」という考えが突然浮かび、その思いつきを夢中で話しました。大学進学時、迷った末に切り捨てた建築への興味が燻り続けていて、インターンへの参加を契機に再燃したのでした。

学士入学は3年生に編入され、建築学科の専門科目を実質2年間で全て履修しなければならず、さらに設計演習や卒業制作と、卒業まであっという間でした。４年生で高松伸研究室への配属が決まり、１年間の研究室生活を経て、２００３年の春に高松伸建築設計事務所に就職しました。

意匠設計スタッフとして実務の世界へ

高松事務所では、意匠設計のスタッフとして、ク

図2　工事中の〈和歌山県庁南別館〉（設計：梓・高松設計共同体、構造：鉄骨造、竣工：2006年）

図3　竣工を間近に控えた屋上にて意匠設計チームと（右端が筆者）

ライアントとの打ち合わせから、図面、CG、模型の作成までなんでも自分で行います。図面の読み方に始まり、CADの使い方、打ち合わせの進め方等、先輩に聞きながら、見よう見まねで習得していきました。

高松事務所で担当した仕事のなかで最も思い出深いものは、梓設計と高松事務所のJV（設計共同体）で設計・監理を行った〈和歌山県庁南別館〉です（図2、3）。和歌山県庁の南隣にある敷地に建つ、県庁舎と県の防災センター機能を持った10階建て鉄骨造の免震建築物でした。基本・実施設計から工事監理を経て竣工まで、3年間に渡って担当し、特に公共工事について多くを学びました。2年近くの歳月をかけて紙の上に描き続けてきた図面が、初めて実際の土地の上に写し取られた「縄張り」を見たときの感動は今も鮮明に覚えています。いわば架空の存在だった建築が、これから本当に、現実の世界につくられるんだ、という実感でした。

加えて、高松先生から学んだことを敢えて1つ挙げるとすると、文章の書き方だったと思います。高松先生は建築の設計において、言葉をとても大切にされる方でした。提案書等の文章を書くときに、多忙なクライアントでも一度読んだだけで内容が頭に入ってくるようにと、何度も書き直しました。それがどの程度身に付いたかはわかりませんが、自分の考えをシンプルな言葉でわかりやすく書くことは、自分の考えを整理することにほかならず、仕事をする上で最も重要な技術の1つだと思います。

構造設計を志す——川口衞先生との出会い

意匠設計から構造設計の道に進むことは、ある出来事をきっかけに急に思い立ったわけではなく、意匠設計の実務に関わるなかで、少しずつ構造への想いがふくらんでいった結果の選択でした。高松事務所に就職した当初は、意匠設計と構造設計の区別もあまりついていませんでしたが、仕事を進めるうちに、実体験として意匠・構造・設備の分業体制や、それぞれの役割を理解していきました。なかでも、打ち合わせで架構のつくり方や柱梁の配置、断面寸法を決めていく作業は楽しく、構造設計者は頼もしい存在でもありました。「これで実際に成立するのだろうか」と悩んでいた部材に、構造設計者の回答は明確な根拠とともに、安心感を与えてくれるのです。別の言い方をすれば、構造設計者が首を縦に振らない限りは、いくら意匠設計者が良いと思ってもその建築は物理的に存在できない、ということです。次第に、自分自身で構造を細部に至るまで決められるようになりたいと考えるようになり、それができない状況にフラストレーションを抱くようにもなっていきました。

その気持ちが積み重なった結果、前述した〈和歌山県庁南別館〉の竣工にあわせて、構造設計に転職したいという理由で高松事務所を退職しました。就職してちょうど4年が経ち、私は28歳になっていました。

その後、高松事務所OBの先輩から構造家・川口衞先生に紹介してもらうという幸運を得て、面接のため東京・代々木の川口衞構造設計事務所の門を叩きました。一方的な志願にも関わらず、川口先生は時間を割いて応対してくださり、3か月程度の試用期間を設けるという条件で事務所に迎え入れてもらえました。面接の際、構造系の研究室を出たわけでもなく、構造設計の実務経験もない自分が、先生の事務所で仕事をするにあたりどのような準備をすれば良いでしょうか、という私の問いに対して、川口先生は、「構造力学1」の内容をしっかりと理解しておいてください、と言われました。構造設計の実務を始めるために必要なことはほとんど全部「構造力学1」の教科書に書かれている、という先生の言葉は、手探りで新しい世界に飛び込もうとしていた私を安堵させ、背中を押してくれました。そして、その言葉は本当に正しい言葉であったと、12年が経った今改めて思います。そうして、1年前に結婚したばかりの妻を京都に残し、2007年の春から私は1人東京の狭いアパートで暮らし始めました。

川口衞構造設計事務所時代——参考書では学べない学び

経験皆無で飛び込んだ私を事務所の皆さんは温かく迎え入れてくれました。構造関係の法令や建築学会の規基準、構造計算ソフトの使い方等、勉強しなければならないことは多くありましたが、中学の頃からプログラミングを趣味にしていたように、計算好きも手伝い、苦になることはありませんでした。その後正式に採用が決まり、およそ半年間の別居生活を経て、転職して東京に来てくれた妻と再び暮らし始めました。

構造設計実務の進め方や心構えは、設計チーフの阿蘓《あそ》有士《ゆうし》さんを通して多くを教わりました。それは設計上の判断をする上で、許容して良いことと許容できないことの線の引き方や、中途半端は一番良くないということ。モノとモノをくっつけるなら、しっかりと接合しなくてはならないし、切り離すなら完全に切り離さなくてはならないということ。設計を引き受けるなら必要な時間を（できるだけお金も）確保したうえで全体を把握して設計しなければならないし、それができない状況であれば一切設計に関わるべきではないこと等です。構造設計のどんな参考書にも書かれていないこれらのことは今、自分自身の事務所を運営する上での指針であり、かけがえのない財産となっています。

　川口事務所では、小さな店舗から庁舎、大規模な学校や駅舎等、様々なプロジェクトを担当させてもらいました。最も印象に残っているのは、3年間を費やした代々木体育館の耐震診断の仕事です。私は第一体育館を担当しましたが、既存の耐震診断基準は代々木体育館の吊り屋根のような複雑な構造を想定したものではないため、代々木体育館に合った耐震診断の方法を構築するところから始めなければなりませんでした。また、設計図や現場指示書、施工図等千枚を超える図面資料を読みこむだけでも膨大な作業でした。実際の構造計算に入ってからも、計算のためのモデル化を単純にしすぎると実物の挙動を再現しきれず、かと言って、実物に忠実につくろうとすると複雑すぎて解き切れない、というジレンマに悩まされ、何日経っても一歩も前に進めない時期もありました。それでも、暗中模索の日々を経て、何とか担当者として耐震診断をかたちにし、第三者委員会による承認まで漕ぎ着けられたことは、その後の自信となっています。

　数々のプロジェクトを通じて、全ての建築物はそれぞれ固有の構造的な課題を持っていると同時に、普遍的な力学原理や技術の歴史につながっていることを私は学びました。そして、いくつかの曲折を経てたどり着いたこの構造設計の仕事が、私自身の志向や資質に合ったものであり、この仕事を通して自分らしい建築との関わり方、ひいては自分らしい生き方ができるという確信を深めていきました。

独立直後から全力疾走

川口事務所からの独立を決めたのは、6年目に入った頃でした。その頃には、知人から個人的に構造設計の相談や依頼を受ける機会が多くなっていました。一部は川口事務所として引き受けたものもありましたが、時間的な問題もあり多くは引き受けられませんでした。せっかく声をかけていただいているので、それに応えられる環境をつくりたいと思ったことが、独立の契機となりました。一方、まだまだ川口事務所で様々なプロジェクトを担当し、学びたい気持ちも強く、迷いはあります。しばらく悩んだ末、「川口先生から全てを学ぼうと思ったら、一生かかっても到底、無理だな」と思い至り、踏ん切りがつきました。7年間在籍した川口事務所を辞め、自分の事務所登録を済ませたのは、2014年の4月、35歳の時でした。

独立後しばらくはあまり仕事もないだろうと、この機会にこれまで見ていなかった建築をまとめて見るために、いくつかの国を訪れる計画を立てていました。しかし、まるでリレー選手がバトンを受け取る直前から助走を始めるように、退職する少し前から仕事がバタバタと決まり、独立直後から全力疾走の日々が始まりました。それ以来、息つく暇もなく、あっという間の5年間が過ぎました。

最初の1時間で固まったコンセプト

私は、構造設計の仕事を進めるうえで2つのことを特に意識してきました。1つは、プロジェクト初期の段階で生まれる建築コンセプトが最後まで損なわれないように、構造設計の立場からできる限り協力することです。実際、建築設計・施工のプロセスでは、工期やコスト、法的・技術的な制約によって当初のシンプルで力強いコンセプトが次第に失われ、弱められてしまうことは少なくありません。多くの人とお金が関係する建築という行為の宿命とも言えますが、少なくとも構造上の理由でコンセプトが弱まることはあって欲しくないと考えています。

例えば、建築家の蘆田暢人《あしだまさと》さんと取り組んだ、〈キールハウス〉と名付けられた住宅はまさに最初の打ち合わせで決まったコンセプトが最後まで一貫して実現したプロジェクトです。蘆田さんとは高松研究室の縁で独立直後から協働させていただいており、これは一緒に取り組んだ5作目の住宅にあたります。独立後ちょうど2年が経過した頃に設計が始まり、2017年に竣工しました。

このプロジェクトは、横浜市内の見晴らしの良い

図4 〈キールハウス〉上棟直後の様子。トラスを地組みするスペースは確保できないため、大工の手によって空中で組み立てられた。このようなケースでは、ローコストで組み立て容易なディテールが求められる（意匠設計：蘆田暢人建築設計事務所、構造：木造、竣工：2017年）

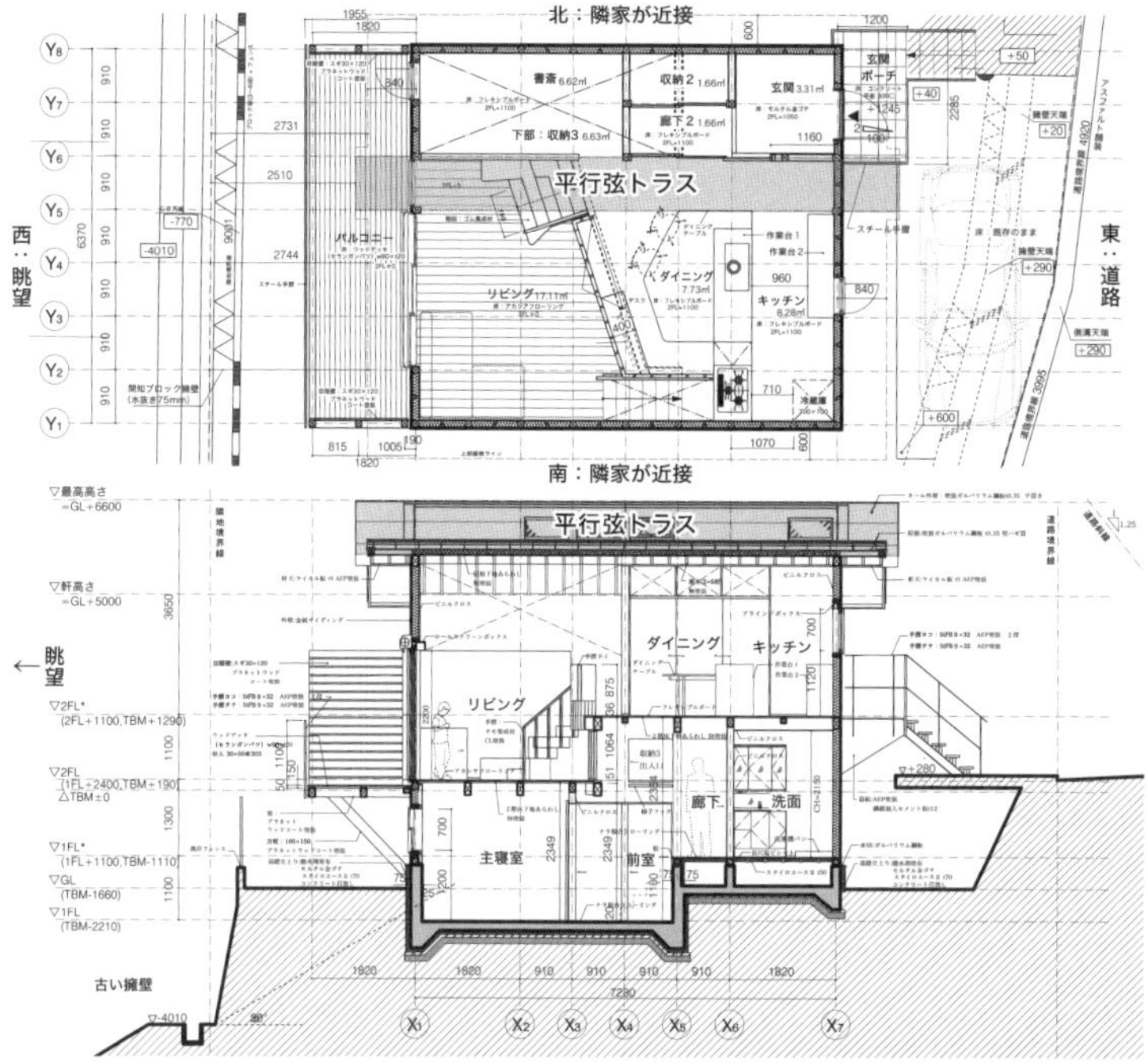

図 5 〈キールハウス〉平面図（上）・断面図（下）（図面提供：蘆田暢人建築設計事務所）

図 6 〈キールハウス〉東（道路）側から見る。トラスと軒桁を外壁から少し突き出させて、屋根のケラバを支えている（写真：繁田諭）

図7 〈キールハウス〉 内観（写真：繁田諭）

丘の中腹に位置する住宅地の一角を占める敷地に特徴がありました。東側が道路、北と南は敷地ぎりぎりまで隣家が近接しており、開けている西側は崖、比較的古い擁壁で2.5m程度の高低差がつくられていました。ラフな平面構成と、大体の屋根形状が決まったぐらいの段階で、建築家と打ち合わせを行い、以下の方針が決まりました。

(1)西側の古い擁壁に負荷をかけないように、建物の西側半分を半層分ほど深く地中に根入れする。そのことによって、断面構成はスキップフロアになる。

(2)2階につくられるLDKのどこからでも西側の眺望が得られるように、2階を大きなワンルーム空間とし、室内には極力柱や壁をつくらない。そのために、屋根の真ん中に大きなトラスを架ける(図4)。

(3)トラスは、2本組の平行弦トラスとし、屋根の上に突き出させてハイサイドライトを兼ねる。これによって、隣家が近接する南北面に開口部を一切設けることなく、室内の明るさを確保することができる。

この住宅の設計では、以上のことがほんの1時間足らずの間に次々と決まり、その後もこれらのコンセプトは全く変わることがありませんでした。ちなみに、「キール」(Keel、竜骨)とは、もともと造船の言葉で、船底を船首から船尾にかけて通すように配置された構造材を指します。西側の崖という敷地特性を考慮して基礎の根入れを深くとった結果としてのスキップフロア構成や、キールトラスによって特徴付けられた2階のワンルーム空間等、構造によって敷地特性と建築空間がうまく結びつけられた作品です(図5〜7)。

構造設計は人間の容れ物をつくる仕事

仕事をする上で特に意識しているもう1つのことは、「建物を使う人々の安全を守る」という構造設計者に課せられた最も基本的で重い責任に、どのように応えるかということです。その難しさは、ただ建物を強くつくりさえすればよいわけではないところにあります。例えば、耐力壁が多い建物ほど地震に強くなりますが、耐力壁を増やすほど、部屋は細切れになり、窓は小さくなります。必要な耐力壁量等、建築基準法がある程度の目安は提供してくれますが、第一条に書かれているように、それは最低の基準に過ぎません。加えて、法令や基準書に書かれていないことでも、建物の安全性を左右することも多くあります。最終的に、どのような安全性を持って良しとするか、建物の使い勝手やデザイン性、建設コストやクライアントの意向を勘案しながら、構造設計者が専門家として適切な判断をしなければなりません。

その責任の重さを改めて実感したプロジェクトが、〈菜根《さいこん》こども園〉という、木造による認定こども園の仕事です。建築設計は福島県白河の建築家・辺見美津男さんで、福島県郡山市の菜根という場所に建てられました。時期的には、ちょうど〈キールハウス〉と重なり、2つのプロジェクトはほぼ同時進行で設計・監理を進めていました。

このプロジェクトはもともと、「富岡保育園」という名称でスタートし、実施設計が完了する頃まではその名前で呼んでいました。郡山の菜根に建てられる保育園が、富岡保育園と呼ばれていたことには、理由があります。

東日本大震災による原発事故の影響で、2011年3月25日、福島県双葉郡富岡町は避難区域に指定されました。富岡町にあった富岡保育園は故郷を離れることを余儀なくされ、新たな園舎が郡山市内に建設されることになったのです。そういうわけで、私たちは郡山に富岡保育園を設計していました。

〈菜根こども園〉の敷地は低層の住居が建ち並ぶ住宅地の一角にあります。園舎は周辺環境に溶け込

図 8 〈菜根こども園〉 高さが押さえられた屋根架構（意匠設計：辺見設計、構造：木造、竣工：2017 年）

図 10 「うごかない時計」

図 9 〈菜根こども園〉 内観

むように、低く押さえられた屋根が特徴的で、方杖で支えられた深い庇が園庭を優しく包み込むように緩やかなカーブを描いて配置されています（図８）。木造の架構は準耐火構造とするため、燃え代設計を行って室内に現しました（図９）。

私がこのこども園の遊戯室の壁に掛けられることになる「うごかない時計」のことを知ったのは、工事の最後を締めくくる竣工検査に訪れた時のことでした。遊戯室の床の片隅に置かれていたその時計は、2時48分を指した状態で止まっていました（図10）。聞けば、２０１１年3月11日、富岡町で激震に見舞われ、その時刻のまま動かなくなってしまった時計を、園のシンボルとして遊戯室に飾るということでした。そこには、「うごかない時計」という名前とともに、「はじまりの時計」というもう1つの名前が書かれています。ここに集う子供たちが、2時48分から始まる未来をつくっていこう、というメッセージが込められているのです。

このエピソードは、構造設計という仕事の本筋からは少し離れて見えるかもしれません。しかしながら、設計打ち合わせや、机に向かって図面や計算書をつくる作業、工場や工事現場での検査といった日々の仕事の合間には、どんなプロジェクトにもこのような物語が見え隠れしているように、私には思えます。時折その存在にふと気付くことで、「私は人間の容れ物をつくっているんだ」という、ごく当たり前の、しかし大切なことを改めて実感するのです。

人間という内容物は繊細で、壊れやすいものです。構造設計が犯す小さなミスが、かけがえのない命を奪う結果につながるかも知れないと思うとき、私はこの仕事に課せられている重い責任とともに、構造設計の仕事に携わることができる誇りを感じます。

9 アトリエ構造設計事務所のすすめ——技術を軸に自立した人生を選択する

木下洋介
木下洋介構造計画

それぞれのスタッフが担当の物件に向き合う

アトリエ系構造設計の世界に就職する

金箱構造設計事務所というアトリエ系事務所に8年間勤務した後、２０１１年に独立して8年が経ちます。私が就職活動した時期は就職氷河期で、それでも周りは大手の組織設計事務所、大手ゼネコン志望の友人ばかり、アトリエ構造設計事務所を志望する学生はまわりには誰一人いませんでした。

それでもアトリエ系の事務所に入ろうと決めたのは、大学1年のときからゼネコン、組織設計事務所にアルバイトに行き、大きな組織がどのような体制で設計を行っているのか、そして経験を積んだ人たちが徐々に管理職になり実務としての設計を離れていく様子を見ていたからでした。

対照的に、アトリエ構造設計事務所にいる構造設計者の方たちは40代でもまだ若手、最も活躍している構造設計者は50代、60代、生涯現役の設計者でいることが当たり前の様子が魅力的に映ったのです。

とはいえ、いざ就職となると、本当に自分が修行ののちに独立した構造設計者になれるものか見通しは持てず、正直不安はありながらの決断ではありました。

構造設計との出会い

そもそも構造設計に興味を持ったのは大学3年の時、建築学科の学内誌でアトリエ系構造設計事務所の大先輩である金箱温春氏の記事を読んだことがきっかけです。当時は意匠設計者を志していましたが、設計課題のたびに何を思考の軸にして設計するべきか悶々として悩むことが多かったのです。その点、構造設計は、創造的でありながらも、工学という先人が積み上げた理論を土台としている点が魅力的でした。

大学3年のときに金箱氏が設計の授業で非常勤講師として来られ、その後友人たちと事務所見学をさせていただき、さらに金箱事務所でアルバイトまでさせていただくことになりました。仕事は主に構造の模型づくりでしたが、つくり方を金箱さんや所員の方と打ち合わせるうちに折々でどういったことを考えて設計を行っているのかに触れられ、得体の知れなかった構造設計の現場を肌で感じることができました（図1）。

その後も、折々でアルバイトに呼んでいただき、大学院1年のときには、先述の悩みはあったものの、自然と金箱氏の事務所に就職することを決めました。

入ってみた構造設計の世界

いざ実務の世界に入ると、最初の2、3年間はただがむしゃらに働いた記憶があります。当時の金箱構造設計事務所は所長のもとで全ての所員が設計を行う体制で、中間管理職的な人がいないうえに、金箱さん自身は非常に忙しく、日常的にわからないことをその都度相談することはできません。もちろん先輩もいますがやはり忙しく、基本的には自分で解

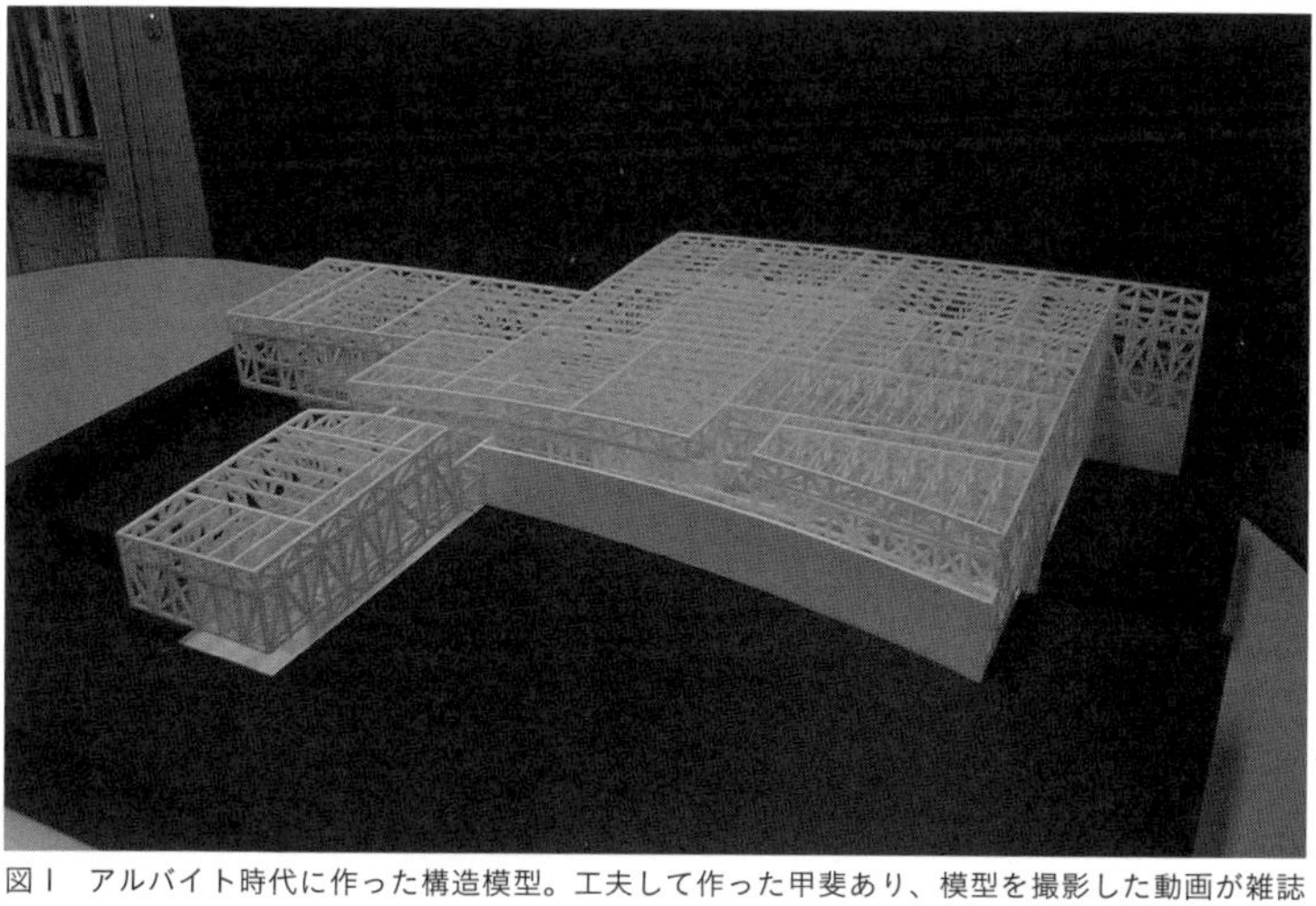

図1　アルバイト時代に作った構造模型。工夫して作った甲斐あり、模型を撮影した動画が雑誌付録になることに

決するのが基本となります。

当然、新人にいきなり設計ができるような知識の引き出しがあるわけはなく、知識の不足は書籍や先輩のつくった図面や資料を見て学ぶのですが、学校で教えてもらうように効率のよい学びではありません。回り道をしながら、一つひとつ覚えていくしかありませんでしたが、のちに独立したあとに役立つことになる、自分で調べて何とかするという基本的なスキルを習得することができました。

また、アトリエ構造設計事務所のよいところは、組織設計事務所やゼネコンで扱うほど大規模な物件を設計する機会は少ないものの、小規模でも数多くの物件と構造種別を扱うことができることです。構造事務所は構造のみを専門的に扱うため、意匠事務所に比べて1件あたりにかける時間が少ない分、同時に数多くの物件を設計することができます。それと同時にやりとりするのは物件の数だけバラエティに富んだ建築家たちです。

当初は3年経っても独立する自信が持てなければ独立への道をあきらめようかとも思っていましたが、短期間に数多くの経験を積むことができたため、3年経つ頃には「多分、このまま続ければ大丈夫ではないか」と、思うことができる程度になることができました。

がむしゃらの後に体得したもの
——ノウハウ、判断力、ネットワーク

がむしゃらだった数年間を過ぎると徐々に、日々の業務をこなすためのいろいろなノウハウ、有限な時間のなかでどう効率よく仕事を処理するかといったテクニックも自分のなかに蓄積できるようになりました。同時に、物件の方向性に関わる重要な判断を提案できる機会も少しずつ増えていきました。

多くの意匠設計者とお付き合いするなかで、個人的に信頼関係を築ける方も増え、なかには独立後の仕事につながる人脈にもなりました。また、ほかの構造設計者、ある分野に特化した知識をもつ研究者、メーカーの技術者の方たちとのつながりは何か困ったときに教えてもらうことのできる大切なネットワークになります。こうした技術だけではない、人との出会いやプロジェクトとの出会いが、独立後の技術者としての成長につながりました。

独立のタイミングを探る

濃密な修行時代を経て、徐々に仕事に対して自信が芽生えるに連れ、独立の欲求が高まっていきました。6年目になると、独立したいことを家族に折々に話しては、「まだ早いのではないか」と反対されました。それが7年目の頃には、「いいんじゃないの」という反応が得られ、同時にポツポツと個人的な仕事の依頼も出てくるようになりました。独立はあるとき自分で決断するものですが、少なからず周囲がそんな雰囲気になったり、プライベートの状況から「今しかない」タイミングが来ることもあるかと思います。

独立

最終的には金箱事務所に8年間在籍してからの独立となりました。独立直後にそれまでつながりのあった意匠設計者の方々に挨拶をしたところ、ご祝儀代わりにかポツポツと仕事をいただくことができました。いただいた仕事は断るまいと全て受けていたところ、半年経つ頃には1人で相当数の物件を同時進行で設計することになってしまいました。事務所の運営に関わる設計以外の雑務をこなしながら、1人でできる設計の仕事量に限界を感じ、チームを組む必要性を認識しました。

そうして少しずつ所員が増え、現在は私を含めて4人体制で運営しています。各物件は担当制で平均して1人、5～8物件程度を担当するので事務所全体でおよそ20～30物件程度が進行している具合です。

それらは設計の初期、終盤のものから、施工中のものまで様々です。

ですから、ある物件では構想段階の検討をし、ある物件では構造図や構造計算書をつくり、またある物件では現場に行くというように、小さなスパンで様々な日々の業務をこなすことになります。大きな組織は大きな仕事を複数人で分担して担当するため、設計の1つのフェーズが長く、またなかなかプロジェクトの全体を把握しづらい傾向がありますが、アトリエ構造設計事務所では基本的に1人の担当者が1つの物件の全てを見届けることができるのもよい点だと思います。

事務所の日常

事務所がどこにあるかは、距離に関係なくネットを介して情報共有できる今としては、業務上はあまり関係ありません。ただ、家と働く場所は近い方がいいと思い、自ら、またスタッフも実践しています。

私の事務所は横浜の東急東横線、綱島駅から徒歩5分ほど、自宅も事務所から自転車で7、8分の距離にあります。現在、スタッフも3人中2人は事務所から徒歩圏内に住んでいます。職住近接というわけです。横浜は東京と比べて、若干家賃も低く、子育て世帯も多いので、子どもが3人いる私もこの町を気に入っており、若いスタッフにとっても家賃が少し安いことは経済的に助かっているようです。

事務所の朝は一般的な設計事務所より少し早め、8、9時頃スタートします。週2回は全員で所内の掃除、その後、私とスタッフそれぞれが打ち合わせをして事務所の1日がスタートします（図2）。

時間を決めているのは朝の掃除や打ち合わせのみで、あとの時間はそれぞれに担当物件の設計を進めたり、現場監理に行ったりします。各物件の基本的な方向性は私が決めますが、あとは1人の担当者が専任で担当します。そうすることで自立的に設計を

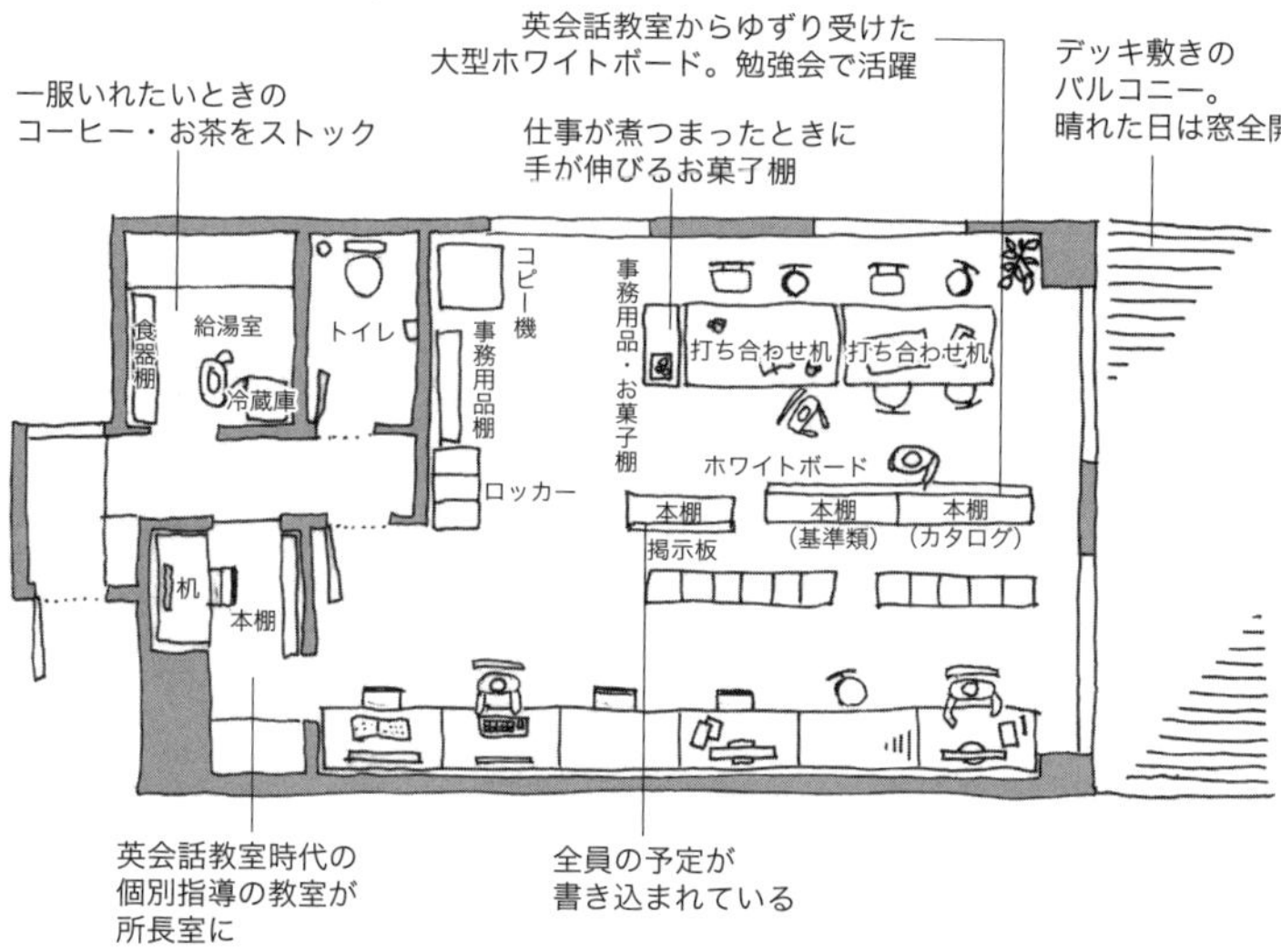

図2　事務所間取り図

進めてほしいと思っています。建築は同じものを2回つくることがなく、どの物件も多かれ少なかれ初めてのことが多くなります。ですからその分、どれだけやればその仕事が終わるかは物件ごとに異なるため予想することが難しく、特に新人の場合は基本的な知識を一から習得しながら仕事を進めるため、時間管理は難しくなります。様々な経験を通して、時間のやりくりや必要な段取りを覚えていくことが欠かせません。

アトリエとしての方向性を探る
——改修プロジェクトとの出会い

アトリエ構造設計事務所は所長が基本1人であるため、個人で技術を蓄え、方向性を探る自由があります。私自身、事務所設立当初から1つの方向を決めていたわけではなく、むしろ様々な建築家やプロジェクトとの出会いによって導かれているように感じます。偶然や必然が生む出会いには、技術者としての自分が予測不可能な方向に発展していく面白みがあります。

既存建物の改修プロジェクトもそうした出会いが生んだ方向性の1つです。建物には新築のほかに改修プロジェクトがありますが、人口減少や地方から都市圏への人の移動に伴って建物が余る傾向があり、改修プロジェクトが増えています。改修プロジェクトに主体的に関わる建築家や構造設計者の割合もまだ多くはありませんが、少しずつ増加する傾向にはあります。

私は前職で改修プロジェクトに初めて関わりました。以前から改修案件の担当を志願していたところ、当時、「建築のリファイニング」と称して改修に積極的に携わられていた建築家・青木茂さんのプロジェクトを担当することができました。

プロジェクトはある企業のオフィスとショールーム等が入った複合ビルで、オーナーは当初、必要最小限のコストで耐震改修を中心とした改修を行い、外観にもそれほど大規模には変化を加えない計画でした。

担当させてもらえたものの、改修設計の初心者の私は、多少実現が難しいと思われるものも含めて担当者なりに思いつく限りのアイディアを提案しました。そのなかの1つがそのとき描いたスケッチ（図3）に示すらせん状のブレース補強案です。通常、

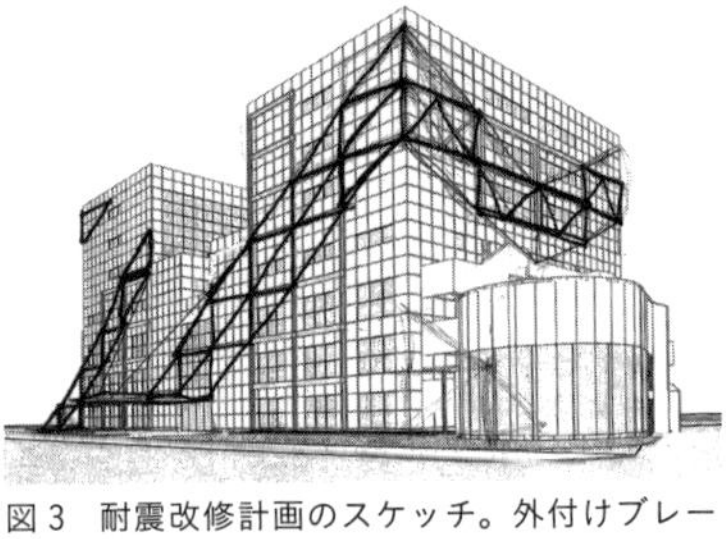
図3　耐震改修計画のスケッチ。外付けブレースがらせん状に建物に巻き付く

建物外側にブレースを付ける耐震補強は四角い鉄骨フレームとなりますが、この特徴的な補強フレームの形状を幸運にも意匠の方が面白がってくださり採用に至りました。通常の耐震補強方法と異なり、耐震補強自体がデザイン上も重要な要素となることに加え、通常あるべき四角いフレームがない状態でどのように安全性が担保されるかを第三者の専門家に説明する等、その後様々な検討は必要でしたが、最終的にほぼこのときのスケッチのままに竣工しました。

初めての改修プロジェクトはこのときの打ち合わせを通じて、アイディアが具現化するエキサイティングな経験となりました。また新築でなくとも、十分に創造的な改修設計は可能であることを知ることができました。

独立後の改修プロジェクト

この改修プロジェクトの経験をきっかけに、独立後もいくつかの改修プロジェクトに関わっています。

図4 〈旧中央幼稚園〉(三島市)。宅地の郊外化などを背景に廃園した築45年の幼稚園(写真:みしま未来研究所)

最近増えてきているのが、地方のまちづくりプロジェクトの一貫で、既存建物を活用するケースです。静岡県三島市でのプロジェクトは、中心市街地の人口減少で廃園になった幼稚園を、地域の未来を担う人材育成のための建物に再生する計画でした(図4)。

建築家の成瀬友梨さん、猪熊純さんと打ち合わせていく過程で、思い出の詰まった園舎の雰囲気をできるだけ残した改修とすること、また、法規的に撤

旧園舎の雰囲気を残した外壁(左側)と耐震補強を兼ねた庇
(写真：成瀬・猪熊建築設計事務所)

改修後の室内(カフェ＆バー)(写真：みしま未来研究所)

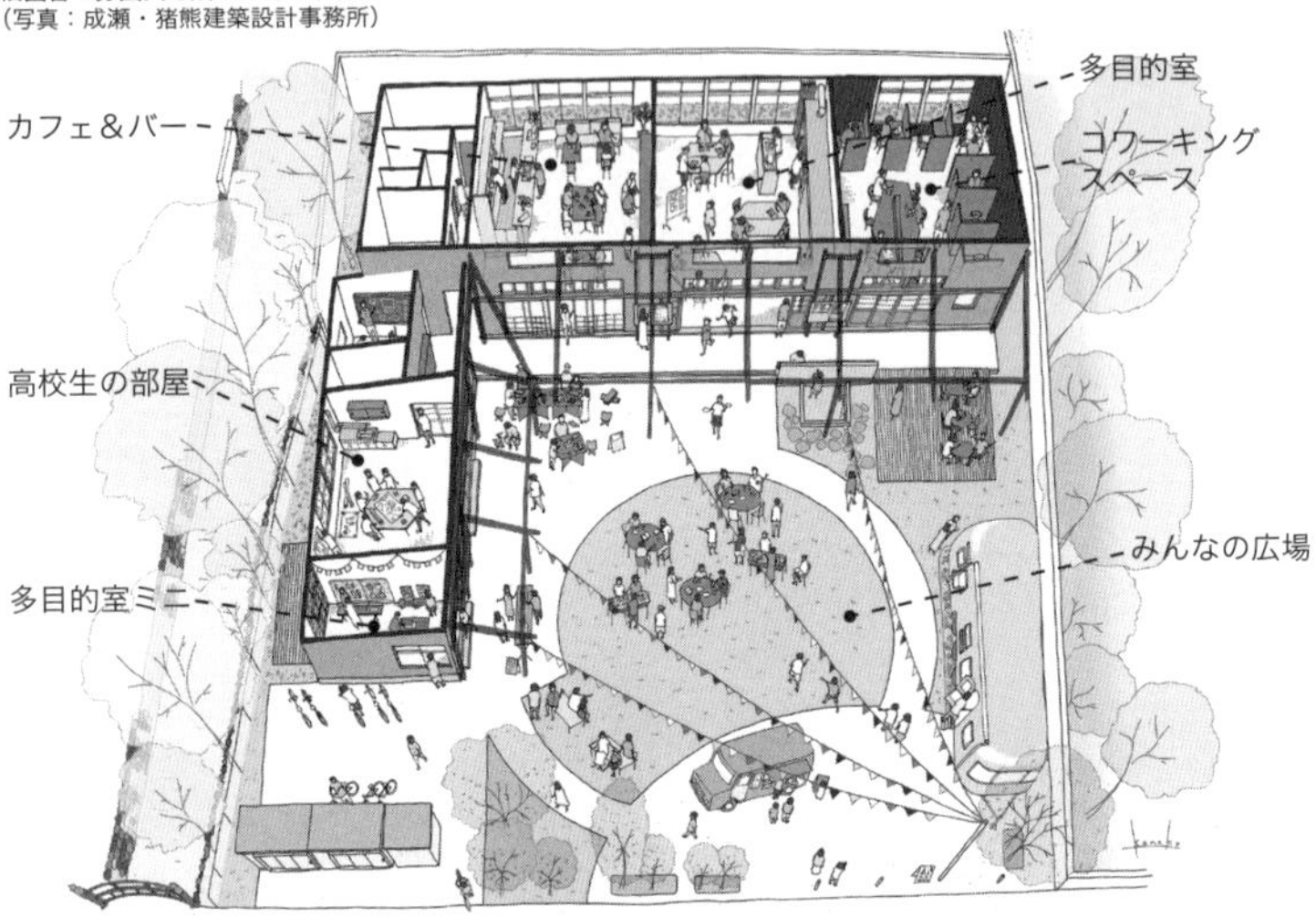

(中央図提供：成瀬・猪熊建築設計事務所)

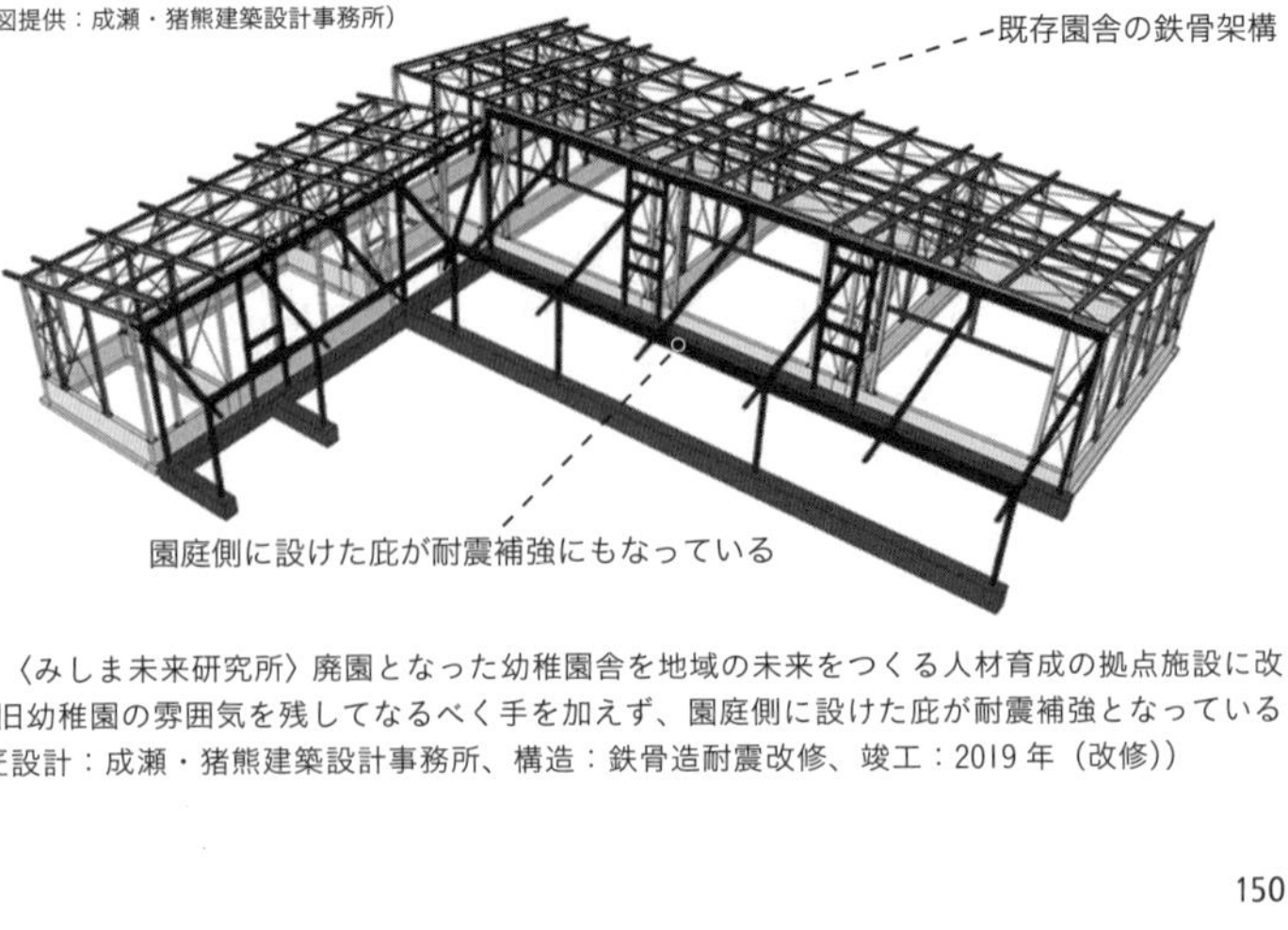

図5 〈みしま未来研究所〉廃園となった幼稚園舎を地域の未来をつくる人材育成の拠点施設に改修。旧幼稚園の雰囲気を残してなるべく手を加えず、園庭側に設けた庇が耐震補強となっている(意匠設計：成瀬・猪熊建築設計事務所、構造：鉄骨造耐震改修、竣工：2019年(改修))

去せざるを得ない庇を、この建物に気軽に立ち寄ってもらうための縁側的な空間として再生したいという方向性を共有しました。

通常、耐震改修は既存建物のフレームの内側に補強を入れ込むのですが、既存園舎の雰囲気をできるだけ残す方針から、外部にこの庇架構を補強フレームとして設けることで、建物内部の改変を最小限としつつ、新たな縁側空間の創出を提案しました(図5)。

その後の詳細な検討で、もともと弱い既存の架構の接合部を部分的に細かく補強しなくてはいけないという手間はでましたが、耐震補強のための架構の物量の9割以上を既存の建物の外側に出すことで既存の雰囲気を残す建物が実現しました。

中・大規模木造のプロジェクト①――オガールベース

木造は昨今では最も技術的な展開が期待される分野です。比較的低コストである反面、木造特有のあたたかみのある空間が生まれます。一方、設計的には接合部の設計の難しさ、経年変化による変形への配慮、材料の調達方法等、特有の難しさもあります。

岩手県紫波町の〈オガールベース〉は、地元の民間業者と行政が協力して、駅前の遊休地にバレーボール専用体育館をつくることで、全国のバレーボール選手がこの町に合宿に訪れることを狙ったユニークなプロジェクトです。まちづくりプロジェクトの一環で、地元の施工者により地元の材料を使ってローコストにつくることが求められました。

しかし、ローコストにできる一般的な木造在来軸組工法では、この建物のように1階が商業施設で壁が少なく開放的、2階が壁の多いホテルといった構成を成り立たせることは簡単ではありません。まず1階で耐震的に必要な耐力壁が不足してしまいます。かといって、大規模木造用の特殊な工法や材料を採用すれば、コストが高くなるだけでなく、地元の施

バレーボール専門体育館

在来RCの技術で容易に施工可能な高耐力の櫛型耐震壁

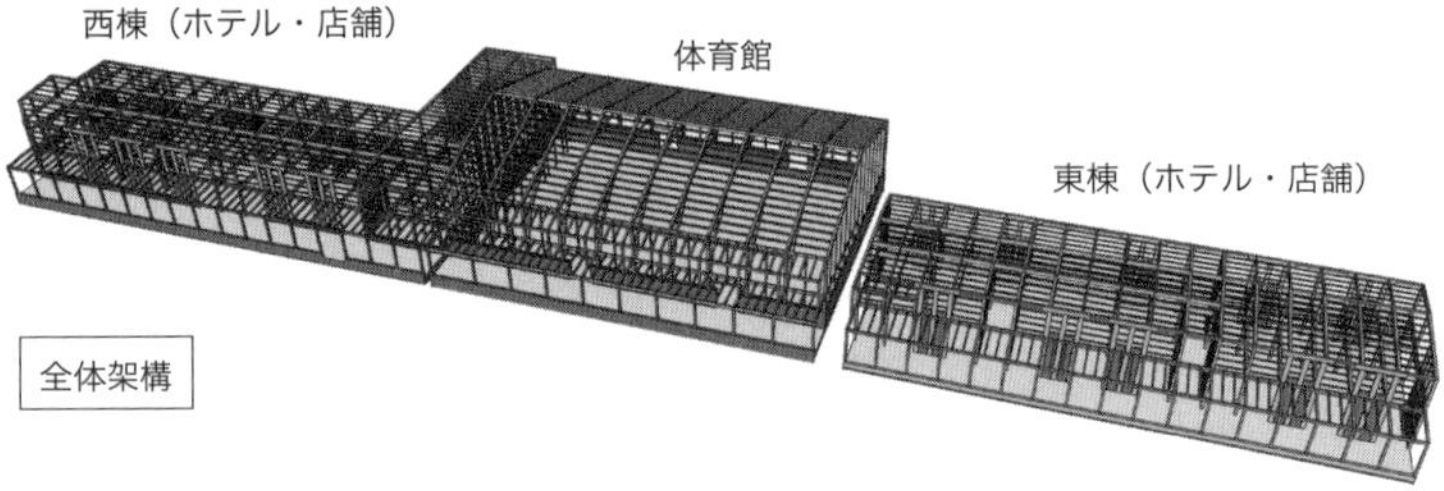

全体架構

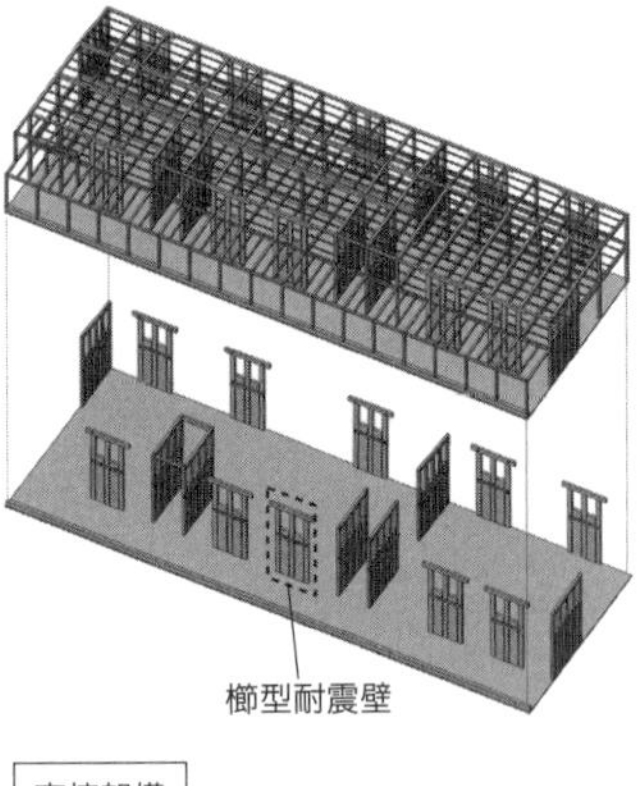

東棟架構

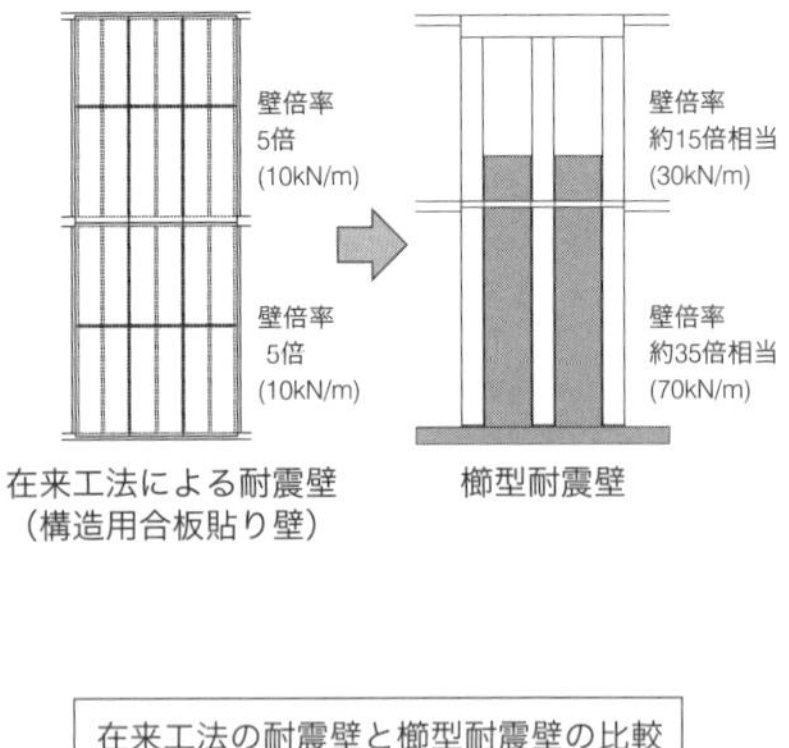

在来工法の耐震壁と櫛型耐震壁の比較

図6 〈オガールベース〉岩手県紫波町での公民連携プロジェクト。ローコストで地域の材料を使い、地域の施工者により施工可能な構造が求められた（意匠設計：らいおん建築事務所＋木村設計A・T、構造：木造・一部RC造、竣工：2014年）

図7 〈ちぐさこども園〉のホール。こども園の中心となるホールを吊り梁で架構している（設計：仙田満＋環境デザイン研究所、構造：木造・一部鉄骨造、竣工：2015年、写真：新建築社写真部）

工者を中心とした施工が難しくなります。

そこで、純木造の施工のしやすさを残したまま少しだけRC造による耐震柱を混ぜた「櫛形耐震壁」というものを考案しました（図6）。

これにより、耐震性の高いRC柱により室内にほとんど壁が必要なくなることに加え、通常の木造と同じように建て方を行ったのち、木造の柱を頼りにRC柱の配筋、型枠の建て込みを行えばよいため、地元の施工者に問題なく施工してもらえたのです。

中・大規模木造のプロジェクト②——ちぐさこども園

同じく木造で群馬県に計画した〈ちぐさこども園〉では、中央の大きなホールを木造梁による吊り梁でスパン約10mを掛け渡しています（図7）。ここでは、木造梁のみでは経年により屋根のたわみが大きくなってしまうこと、接合部の緩みにより生じる不具合等の木造特有の問題に対し、木造の梁のなかに小さな鉄骨のプレートを通すことで、問題に対するフェイルセーフ（木造に何かしら問題があったときに鉄骨が肩代わりできる）の仕組みとしています。

このように木造にほんの少し異種構造を混ぜることにより、木造のもつ魅力や利点を活かしながら、木造の可能性をさらに広げることができます。

一生ものづくりに向きあえる職業

改修プロジェクトや中規模以上の木造建築は、ほかの構造と比較するとその需要や技術的な面は発展途上の段階にあると言えますが、アトリエ構造設計事務所がこの領域で柔軟に技術をアレンジすることで、建築の裾野は広がり、建物の多様性を生んでいきます。大規模で需要の多い建物の供給を担うことも大切な役割である一方、そうした建築の広がりや文化を下支えすることは、アトリエ構造設計事務所の大切な役割だと思っています（図8）。

建築は奥が深い世界です。1人の人間が一生をかけてもその技術の全てを網羅することはできず、ゴールもありません。アトリエ構造設計事務所のように、年齢的な区切りのないなかで個人のなかに技術を蓄積し、それを縦横に使って生きていくことは、それ自体が自己実現に近いものになるとも言えます。世の中の役に立ちながら、自分なりのものづくりを探っていきたい人にはこれ以上ない職業だと思っています。

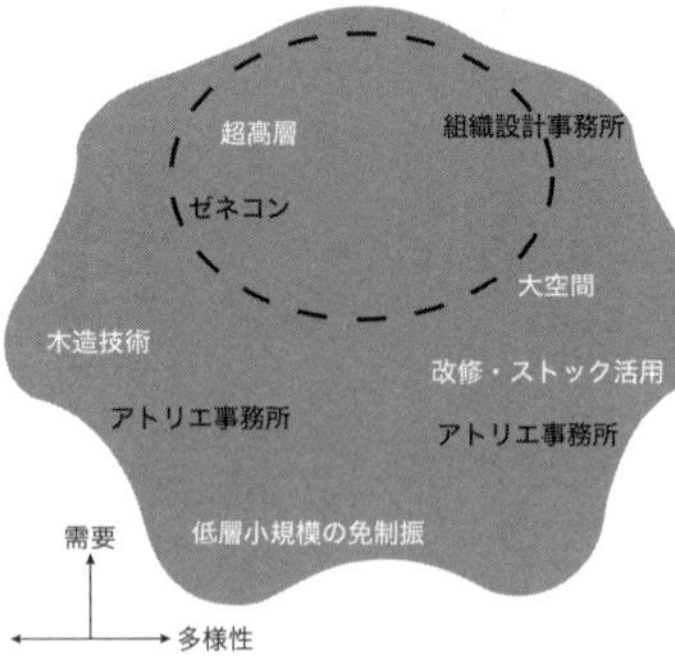

図8　構造技術の需要と多様性

10 新しい構造設計事務所のかたちをつくる

萩生田秀之
KAP

長机が並ぶ、所内の様子

代表3名、所員14人の事務所

ＫＡＰ（ケーエーピー）は岡村仁《さとし》、桐野康則《やすのり》、萩《はぎ》生田《うだ》秀之の３人が主宰する構造設計事務所です。岡村、桐野はＳＤＧ（渡辺邦夫さん主宰の構造設計事務所「構造設計集団＝Structural Design Group」）の出身です。ＳＤＧ退社後、岡村は空間工学研究所、桐野は桐野建築構造設計を立ち上げ、その後に合併してＫＡＰを設立しました。

現在スタッフは14人。いわゆるアトリエ系事務所としては、規模の大きい方かもしれませんが、３で割ると代表１人あたりスタッフ４人程度の事務所の連合という見方もできます。代表が３人いるため、何事も民主的に決める方針で、運営方法はほかの事務所と少し異なるかもしれません。いずれにせよ、建築家と協働し、より良い建築を世に送り続けるという思想をもって仕事をしています。

人生何とかなる――修行に至るまでの紆余曲折

祖父がつくった建築・土木関係の会社を父が受け継いでおり、幼少の頃は会社や現場によく出入りしていました。建築関係に進んだのは自然な流れだったと思います。

明治大学の建築学科に進学し、サッカーと遊びに明け暮れたまま研究室を選択する大学３年生の秋を迎えますが、絵心がないため消去法でいって構造か環境のどちらかでした。「何かとつぶしがきくのは構造だろう」という程度の判断で構造を、人柄に惹かれて野口弘行先生の木質構造研究室を選びました。

研究室に入った４年時は実験と研究に打ち込み、就職活動もしましたが、特にやりたいことがなくモラトリアムを求めて大学院に進学します。卒業論文を書き終わった直後に先生の紹介で木造ハイブリッド構造について調査するアルバイトをしました。研究では木材に触れていましたが、これは材料というミクロな世界。構造設計に意識的に触れたのは、この時が初めてでした。特にハイブリッドはそれぞれの素材の特性を活かして構造的最適解を追求します。構造設計がクリエイティブな行為だと初めて気付き、とにかく構造設計の道に進もうと、決心しました。

この頃から就職を希望していた池田昌弘さんの事務所でアルバイトを始めました。後に同業者として活躍される鈴木啓さんや名和研二さん、大野博史さん、武蔵野大学の田中正史先生ともこの時に出会いました。

建築知識が乏しく、模型も下手でよく怒られていましたが、何とかくらいついていこうと必死で取り組みました。それまでの時間を取り戻すように建築雑誌を読み漁り、実験や研究に打ち込んだ院生時代でした。

その後、池田さんの事務所に就職はできたものの、修士論文が理想とかけ離れた出来だったこともあり、心を病んでわずか2か月足らずで退社。8か月間のニート生活に入ります。

アルバイト等をしながら遊んで過ごしましたが、半年を過ぎた頃、「そろそろ働かないと抜け出せなくなる」と、久しぶりに建築雑誌を読み返しました。この時、内藤廣さんの〈倫理研究所富士高原研修所〉と紙面で再会します。学生時代、木造接合金物の研究をしていた金物信奉者の私は、金物を使わず木と木を接触させて形成されたこの建物の美しい架構に再び驚嘆したのです。この構造設計をしたのが当時空間工学研究所の岡村でした。思い切って訪問し、アルバイトでもいいから働かせて欲しい、とお願いするとちょうど忙しかったようで、運よく就職できました。まじめな方にはほとんど参考にならないような経歴ですが、人生何とかなるものだ、とつくづく思います。

2つの選択肢――独立、または…

空間工学研究所入社当初は所長の岡村＋数人の小さな所帯のため業務量が多く、体力的にも精神的にも厳しい環境でした。ただ、比較的所員に任せてもらえたため、プロジェクトを自分で動かしているという充実感はありました。

２００７年に建築基準法改正があり、確認申請手続きが厳格化されると、さらに設計に手間と時間がかかるようになりました。業界が一時的に混乱に陥り、事務所としても何らかの対応を迫られ、桐野事務所と協力体制を敷くことにしました。

ちょうどこの頃から、独立した若手・友人の建築家から構造設計の相談を受けるようになります。スタッフ同士として協働した若手がそれぞれ建築家と構造家として独立するというのは、常套ルートです。しかし、私自身はもう少し実力をつけてからと考え、また幸い岡村が、「自分の時間のなかで対応できるなら」と言ってくれたため、スタッフとして働きながら、自分の仕事も並行して請け負うスタイルが成立しました。

桐野はＳＤＧ退社後の一時期は空間工学研究所に間借りしながら独立準備をしていました。その後も何かと付き合いが続いた結果、前述の協力体制を２００８年から始めます。当初は、技術的な情報補完等が目的でしたが、桐野事務所の仕事が増えスタッフを必要としていました。そこで岡村と桐野が協議をして、２０１０年より新たにＫＡＰとして始動、私はこの２人の代表をサポートする立場で参加することになったのです。

ＫＡＰ――自立した技術者の集まり

よく「ＫＡＰ」とは何の略称ですか？　と聞かれますが、略称ではありません。「Ｋ」「Ａ」「Ｐ」３つのアルファベットそれぞれにいくつかの意味を包含しています。「Ｋ」は空間工学研究所と桐野構造設計の頭文字、また建築や構造の頭文字でもあります。「A」はアーキテクチャやアート、「P」はパートナーシップやプログレッシブ（革新的）等の頭文字です。渡辺邦夫さんの構造設計集団と同様、事務所名に個人の名を用いなかったのは、代表のトップダウンではなく、スタッフ各自が1人の技術者として自立した、社会に貢献できる集団でありたいという思いが込められています。

パートナーシップとチームワーク

KAPの設立当初、私個人に来るのは小さな仕事がメインでしたが、次第に規模の大きな建物の依頼も増え、コンペにも声をかけてもらえるようになりました。ここで「独立」という文字が頭に浮かびそうなものですが、仕事を請ければ請けるほど設計においては「チームワークが重要」と考えるようになりました。設計業務は年々専門化・深化しており、材料も多岐にわたるため、全ての分野でトップレベルの知見を1人で維持するのは困難です。様々な専門分野の人が1つの事務所にいることは大きな財産となります。

岡村は建築全体に造詣が深く土木やほかの分野にも興味の対象があります。桐野は振動および鉄骨のエキスパートです。私は木造やPCが好きで、それぞれ得意分野や建築の嗜好、設計のアプローチが異なります。3人に限らずスタッフにもそれぞれに個性があり、お互いを補完しあう人材がいます。様々な個性によるチームワークに魅力を感じ、独立ではなくパートナーシップを選びました。

一方、代表が3人いるため、会社運営上の判断を何事も3人で民主主義的に決めるという、面倒な側面もあります。給料、人事、プロジェクト請負の可否など設計の中身以外は、3人の共通理解が得られるまで話し合って決めます。特にスタッフ採用に関しては意見が割れることが多く、全員が納得するまで徹底的に協議します。設計以外で時間を取られてしまうのが難点ですが、組織を運営していく上では、必要なことと考えています。

事務所内の働き方

事務所は飯田橋駅から徒歩2分のマンションの1階にあります。最近模様替えをして、打ち合わせスペースと模型部屋をつくりました。トイレやキッチンの設備も古かったので、新調して快適な空間になっています（図1）。

所員の構成は2019年4月時点で、代表3人＋14人のスタッフ。このほか、経理担当が1人、模型作成、図面作成および解析補助のアルバイトが常時5〜6人います。CADオペレーターは雇っていません。一般図等はアルバイトに描いてもらうこともありますが、図面を作成している段階で設計の内容に気付くことも多いため、できるだけ担当スタッフが作成するようにしています。

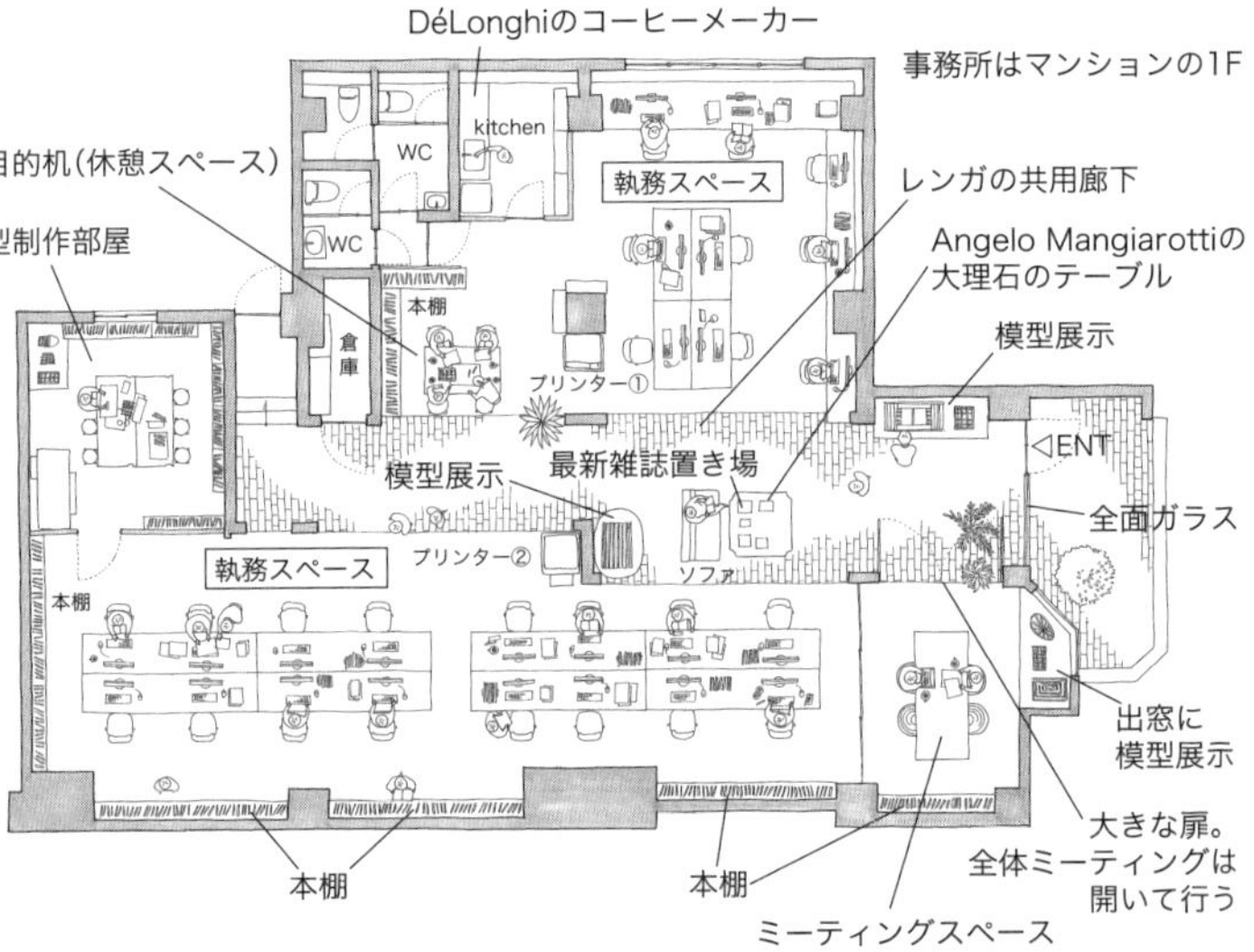

図1　事務所間取り図（イラスト：furuyadesign）

働き方は基本的に個人に任せています。会社ですので就業規則・時間はありますが、単純な労働力の提供を求めているわけではないので、プロジェクトをきちんと進めていれば、時間や休みについては個人の裁量に任せるスタンスです。単純な労働力ではなく、設計という創造性を活かす職務は、自主性が最も重要です。自主性とは、まずは設計する建築を自己の延長線上に置いて自分の作品と思うこと、クオリティを上げるために手を抜かないこと、そしてクリエイティブな思考をすることを意味します。クリエイティブな思考は、知識（引き出し）を持ったうえで初めてできるため、日々の勉強も必要です。この勉強と業務は線引きが難しいため、フレキシブルな働き方が設計には合っているのです。

代表は3人いますが、内部でのチーム分けはありません。3人が持ってくる仕事をスタッフに振り分ける際は、スタッフの希望を聞いたうえで、担当中の仕事の量や経歴、スキルを鑑みて決定します。

スタッフには積極的に現場に行かせています。ものづくりの情報は事務所にはなく現場にあるからです。特に建築を決定づけるディテールは、つくり方を知らないと考えることができません。構造設計と直接関係のない、雨仕舞、仕上げの納め方、設備の計画等、意匠設計者とゼネコンの打ち合わせには積極的に参加するべきです。総合的な知識を持った上で仕事に従事することが、これからの構造設計者に求められるはずです。

プロジェクトの背景を読み、呼応する仕事

構造設計者として最も大事にしていることは、プロジェクトの背景を読んでそれに呼応すること、安全性とデザインの両方に責任を持つことです。

例えば、〈新豊洲ブリリアランニングスタジアム〉は元陸上選手の為末大さんが「障害のあるなしや、年齢、性別に関係なく、全ての人がスポーツやアー

図 2 〈新豊洲ブリリアランニングスタジアム〉内観（意匠設計：武松幸治＋ E.P.A 環境変換装置建築研究所、構造：RC 造・一部木造・鉄骨造、竣工：2016 年）

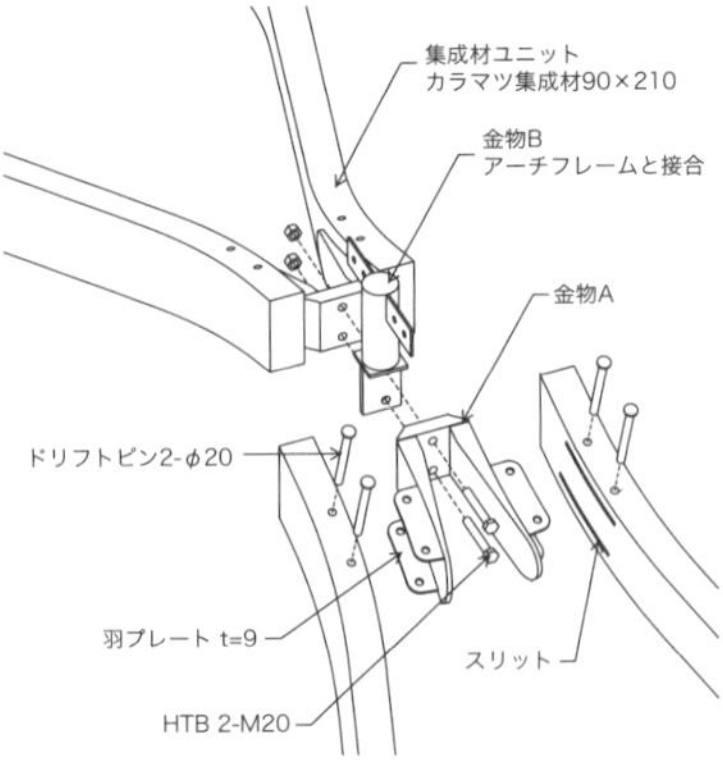

図 4 〈新豊洲ブリリアランニングスタジアム〉接合部のディテール（最終案）

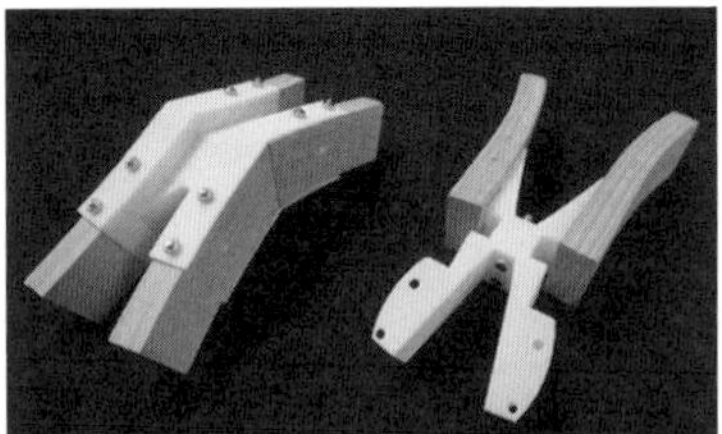

図 3 〈新豊洲ブリリアランニングスタジアム〉の接合部スタディ。左が初期段階、右が改良案（最終案一歩手前）

トを楽しんでいる風景」をつくりたいと考え、生まれたプロジェクトです。主な用途はスポーツの練習場で、義足のアスリートが練習する60mトラックが6レーンあります。ETFEフィルムと湾曲集成材を使用した架構が特徴の1つです（図2）。

このプロジェクトには、2つの命題がありました。1つはETFEを美しく見せる架構であること、もう1つは将来的な移転に対応可能なディテールであることです。意匠設計および統括を担当した建築家の武松幸治さんは、陸上トラック上に設ける屋根の材料に透過性の高いETFEを選びました。ETFEを施工する太陽工業としては、今後この材料を普及させていく意味でも、デザイン性が高く注目度の高いものにしたいという想いがありました。

また、この敷地は近い将来高層マンション等が建つ予定で、ランニングスタジアムは暫定的な建物として計画されました。このため、解体移設が容易なディテールにしておくことが求められました。

武松さんから出てきた架構案を解析した結果、接合部で剛性を確保できれば成立することが確認できました。できるだけ剛性を大きくとるため、接合部は当初図3左側のような形状でしたが、これでは金物が目立ち過ぎて美しい木架構が台無しです。試行錯誤した結果、最終案（図4）の形状にたどり着きました。接合部の性能を担保しつつ、木架構を際立たせる金物形状を開発しています。さらにこの金物は分割が可能で、将来、移転の際に解体と再構築が容易にできるディテールとしています。

このように安全性を確認しながら、架構の美しさと、移転への対応という2つの要求に呼応することができました。

建築家のイメージを解釈し、提案する

もう1つ紹介するのは、新たにオープンしたゴルフ場、東京クラシッククラブに併設される〈森のク

ラブハウス〉という建物です。

建築家は古谷デザイン建築設計事務所代表の古谷俊一さんで、2012年に初めてご一緒して以来、様々なプロジェクトで協働させていただいています。このプロジェクトの最初の打ち合わせで、古谷さんから「ジェフリー・バワの建築のようなプリミティブな美しさを目指したい」と言われました。プリミティブな美しさというものを私なりに解釈すると、荒々しいテクスチャもさることながら、独特のプロポーションが重要だと考えました。簡単に言うとRC部材の細さです。例えば、南米のRC造の部材は非常に繊細で、日本の建築に見慣れた我々からすると違和感を覚えながらも、その繊細なプロポーションの奥にある儚さに心を打たれます。

地震国日本では、想定する外力が大きく、設計思想や規準も異なるため、簡単には真似できません。これを実現するため、3つの工夫を用いました。①コアの配置。L型平面の端部に耐力壁を集中させ、地震力の大部分をここに負担させます。②スパン縮小。一般的には8m程度のグリッドが経済的とされる柱配置を4mグリッドとし、柱と梁の負担応力を小さくしました。③テーパー状の逆梁。荷重負担の大きい短辺方向梁は端部にテーパーを設けた変形断面をもつ逆梁にしました。この逆梁は端部では梁せい300mm、中央部では480mmのせいとなりますが、屋上緑化のために土をマウントすることで、建築と親和させています（図5〜7）。

この3つの工夫により外から見える部材幅を300mmに抑え、梁は逆梁のため、天井はフラットなスラブがあるだけで、梁形状を意識することはありません。さらに型枠に杉板を用い、型枠を抑える「Pコン」と呼ばれる治具を使用しないような施工方法をゼネコンと一緒に考え、雑味のない綺麗な表面をつくり上げることができました（図8）。〈新豊洲ブ

図 5 〈東京クラシッククラブ　森のクラブハウス〉ゴルフ場に併設された管理棟の全景（意匠設計：古谷デザイン建築設計事務所、構造：RC 造、竣工：2016 年、写真：NORIHITO YAMAUCHI）

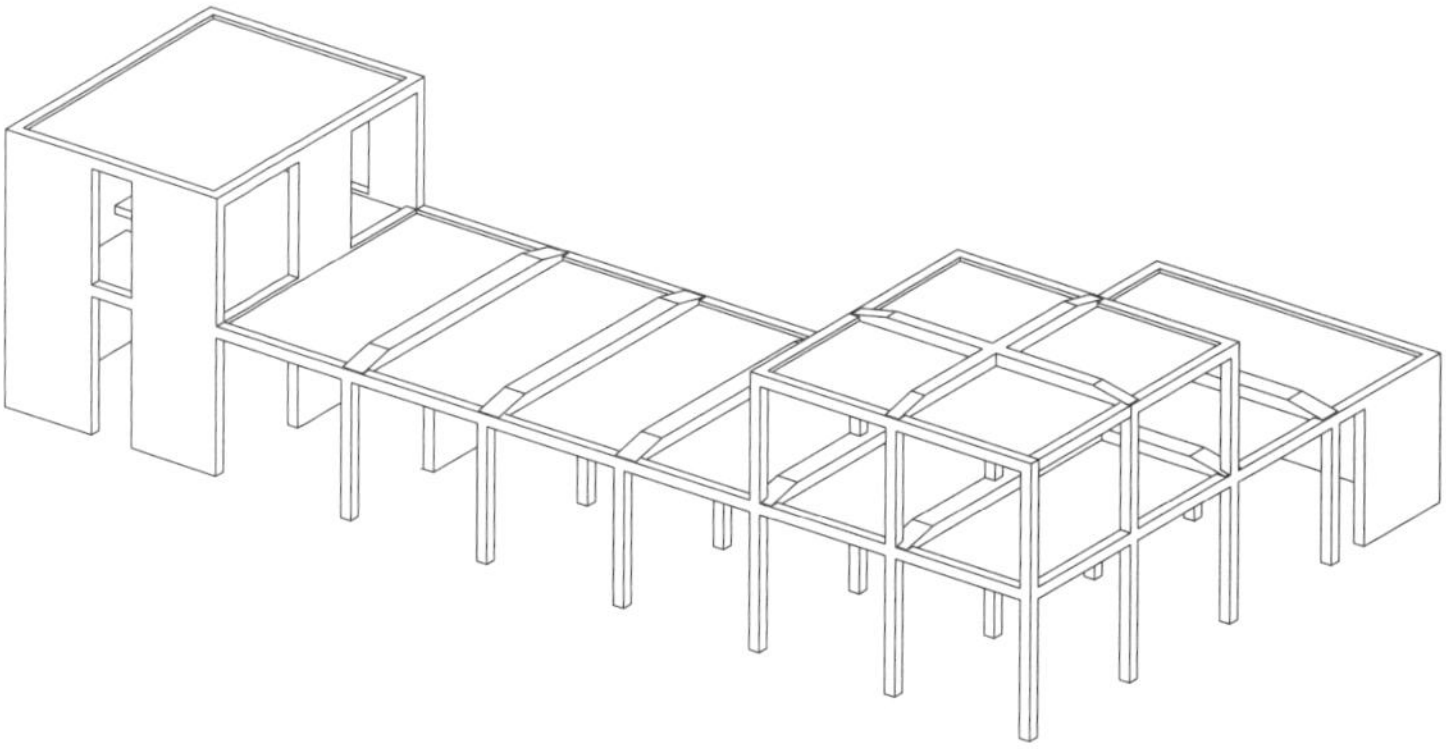

図 6 〈東京クラシッククラブ　森のクラブハウス〉架構のパース

図 7 〈東京クラシッククラブ　森のクラブハウス〉柱・梁の部材幅を 300mm に抑え、周囲の樹木と馴染むデザインを実現した（写真：NORIHITO YAMAUCHI）

図 8 〈東京クラシッククラブ　森のクラブハウス〉P コンを使わずに実現した滑らかな躯体表面

リリアランニングスタジアム〉の時とは、構造設計者としてのアプローチが異なり、建築家の抽象的なイメージを自分なりに解釈して、架構を提案するプロセスとなりました。繊細な架構は周辺の木々と同幅に見え、森に自然と溶け込んだ美しい架構が実現しています。

安全とデザイン、両方に責任を持つ

誤解を恐れずに言えば、建築は格好良くなければ罪だと考えています。構造設計者はエンジニアですが、建築の構築的な美観をつかさどっています。芸術は必ずしも美しい必要はありませんが、社会的な性質のある建築は、きちんとデザインされ美しくあるべきです（最低限、見る人を不快にさせてはいけません）。一方、構造設計者の第一の責務は建築物の安全性担保ですが、安全であることは当然であり、誰が設計しても最低限の安全性は保たれるはずです。この安全性と美しさがトレードオフになってはいけない。美しさや新奇性を優先して安全性が損なわれてはならないし、過度なそして理由なき不安を盾に安全性を追求しすぎて、格好悪くてもいけません。

また、自動車やカメラ等のプロダクトとは異なり、技術的な深度＝マニアック度は現在のところエンドユーザーにほとんど訴求しません。建築は工学の基盤の上に成り立っていますので、必要以上に理学的になったり、真理を追求するようなマニアックな設計手法もあまり意味のないものだと考えています。

工学というのは数値的な実証と経験を用いて合理的な判断をし、人を幸せにする学問だと恩師から教わりました。構造設計は縁の下の力持ちですが、必要不可欠なもので、人の役に立つことができる職務だと思います。どんな職業でも修業は必要です。どうせならやりがいがあり、人の役に立てる職業を選びたいと思いませんか？　そのような方に構造設計は最適な職業だと思います。

構造設計者としての展望

昨今、コンピュータが小説を書くと聞きます。ということは、構造計画くらいは簡単にコンピュータができるようになるでしょう。しかし、ＡＩが進化しても10年や20年では構造設計という職業はなくならないと考えています。答えを選択するのは、相変わらず専門的な知識と経験をもとに判断する構造家ですし、そもそも人間は、究極に合理化されたものに魅力を感じるとは思えません。何よりも建築家も構造家も今までにない新しい価値とストーリーを建築に見出したいと考えています。

ですから、私個人としては10年後20年後も構造設計に携わり、できるだけ長く、ものづくりの現場にいたいと考えています。

さらに、業界的な目標で言えば、若い建築家がもう少し大きな仕事に携われる世の中にしたいと考えています。社会が成熟してくると失敗を許容しない方向に向かうため、リスク回避、すなわち実績重視の発注形態が横行しています。若い建築家が大きな仕事をとる機会が非常に少なくなっていることを憂慮しています。失敗を許容しない業界に発展はないからです。

もちろん、構造設計に致命的なミスがあってはいけませんが、理論的に可能なアイディアならば、若い建築家の新しい試みを積極的に世の中が受け入れる土壌があってもよいでしょう。日本には若くて優秀な建築家がたくさんいるので、彼らを陰に陽に支え、よりよい建築・新しい構造をつくり続けていきたいと考えています。

column

構造家とのコラボレーション

（株）日建設計常務執行役員　設計部門プリンシパル　山梨知彦

コラボレーション

建築の設計はコラボレーションの賜物である。現代においては、構造設計者や設備設計者無しで、建築設計を進めることは不可能であり、規模によりメンバー構成には若干の違いはあっても、「意匠・構造・設備」のコラボレーションは、設計体制の最小単位になっている。

でも構造家ならだれでもよいというわけじゃない。組織事務所に属し、大型の建築を手掛けることが多い僕の場合でも、長年一緒に仕事をしてきた特定の構造家がいる。コラボレーションは、1995年頃に設計を始めた賃貸オフィスビルから始まり、これまでに〈神保町シアタービル〉〈乃村工藝社本社ビル〉〈木材会館〉〈ホキ美術館〉〈旧ソニーシティ大崎〉〈ラゾーナ川崎東芝ビル〉〈桐朋学園大学調布キャンパス〉〈On the water〉等のプロジェクトを共に担当してきた。気がつけばなんと20年近い付き合いになる。

構造をデザインすること

たまたま、入社早々から多くの工事現場を見学する機会があった。そこで気がついたのは、工事中の大型建築のなかの構造体の圧倒的な存在感であった。アウラとでも呼びたくなるものが現場には確かに漂っている。でも不思議なことに、完成した大型建築は、構造体が石膏ボードや石で仕上げられ隠蔽されてしまうためだろうか、現場のなかで構造体が放っていた存在感は失われてしまう。構造体の存在感を生かした空間をつくりたいと思い、いろいろと試みてはみたものの、この思いを構造家とうまく共有できず、フラストレーションがたまっていた。

こんな時に、彼と組むことになった。最初のコラボレーションであった賃貸オフィスではコアをRCで設計した。壁厚と梁幅を揃えコアをコンパクトにまとめつつ、RCを生かした曲面壁にして、構造的な工夫を空間のなかに表現をすることを試みた。柱もCFT無耐火被覆構造をオフィスビルとしては最初期に採用して、鋼管の丸柱をオフィスのなかに「あらわし」で配置できた。これで火がついた。

同時に設計を進めていた施設では、CFT構造を今度はステンレスで実現し、ペンキすら塗らずオイルで磨くだけで仕上げ、ステンレス構造のあらわしを実現した。次の〈神保町シアタービル〉では、RCの躯体と外装兼躯体補強に用いた鋼板の両方をあらわしにして、建物の内外空間を直接形どる素材としても用いた。〈乃村工藝社本社ビル〉では、ランダムに配したブレース構造が、そのまま特徴的なファサードに現れるデザインを試みた。〈ホキ美術館〉では、鉄板構造そのものを内装としても外装としてもあらわしで実現し、その鉄板構造を生かして、展示物の絵画を躯体にマグネットで張り付け展示するというディテールにまで行きついた。〈旧ソニーシティ大崎〉ではロック機構付き免震とともに、オフィスでありながら主要構造部を耐火塗装で仕上げ、全面にわたり鋼構造を外部あらわしにすることが実現できた。その後に続く、〈桐朋学園大学調布キャンパス〉や、〈On the water〉といったプロジェクトで、今日まで僕らのコラボレーションは続いている。

重要な選択

僕らは組織事務所だから、構造設計者は当たり前のように社内にいて、あてがわれるままにチームを組んで仕事をしているように見えるかもしれないが、僕は構造家を選んで仕事をしているし、彼も僕に選ばれることを待つとともに、僕を選んでくれているのだと僕は信じている。組織事務所の僕らであっても、建築家と構造家は互いに選びあう関係が必要なのだ。

ましてや、アトリエ建築家と独立系の構造事務所の構造家との間であれば、誰と組むかのチョイスは広がるだけに、誰を選び、どのようにテーマ設定をして、複数のプロジェクトを通してチームワークを練り上げていくかが、よりシビアにプロジェクトの質へと繁栄されるに違いない。これは極めて重要な選択だと思う。

11 構造設計を学び続ける楽しさ

松尾智恵
川口衞構造設計事務所

新旧２台のパソコンと液晶モニタ。
マルチタスクに適した環境

構造設計の仕事に感じる「わくわく」感

構造エンジニアとして川口衞構造設計事務所に勤めて16年になります。自分にとってはハードルの高かった構造設計事務所。それだけに仕事の上で苦労することも多いのですが、外国に行って言葉がうまく通じなくても、その環境で過ごしているうちに、難なく生活ができるようになるのと同様、構造設計においても、先輩エンジニアに囲まれて仕事に従事し、様々な経験に揉まれているうちに、思想や知識、技術が身についていて、なんとかなってしまうものです(図1)。

大変な思いをしていても、この仕事を長く続けられるのは、やはり構造設計という仕事が好きだから。仕事を通じて出会う場面の数々、例えば、純粋な構造の面白さを感じるとき、構造体の美しさを目の当たりにしたとき、自分の設計した骨組みがクレーンで吊り上げられ、建て方がまさに進んでいるとき等、

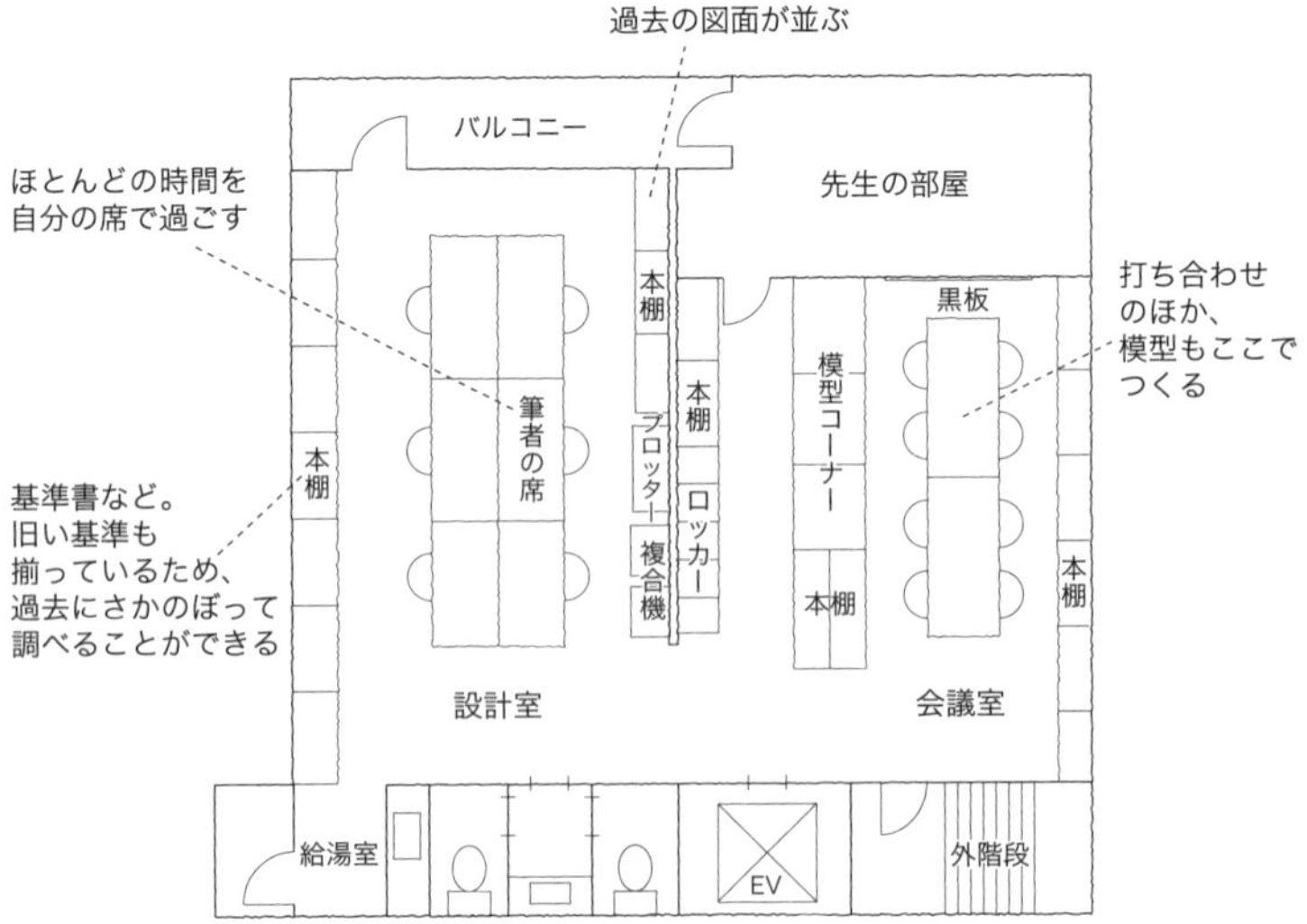

図1　川口事務所間取り図

とても「わくわく」しているのです。

川口衞先生との出会い

代表の川口衞先生との出会いは20年以上も前にさかのぼります。「『世界の川口』と呼ばれる有名な構造エンジニアが大学にいる」。同級生にそう教えてもらったのは、法政大学に入学してしばらくしてからのことでした。3年の時に受けた建築論の授業は特に面白く、梁・アーチ・トラス・スペースフレームといった4つの構造形式がどのようにして生まれたのか、歴史的な背景に始まり、そのメカニズム、各構造形式の安定について等、私の授業ノートは黒板に書かれた図やイラストであふれていました（図2）。さらなる興味から、図書館で先生の執筆した記事をかき集めて読みました。そのような流れで、ゼミを決める際、川口衞研究室の門を叩いたのは自然な成り行きでした。

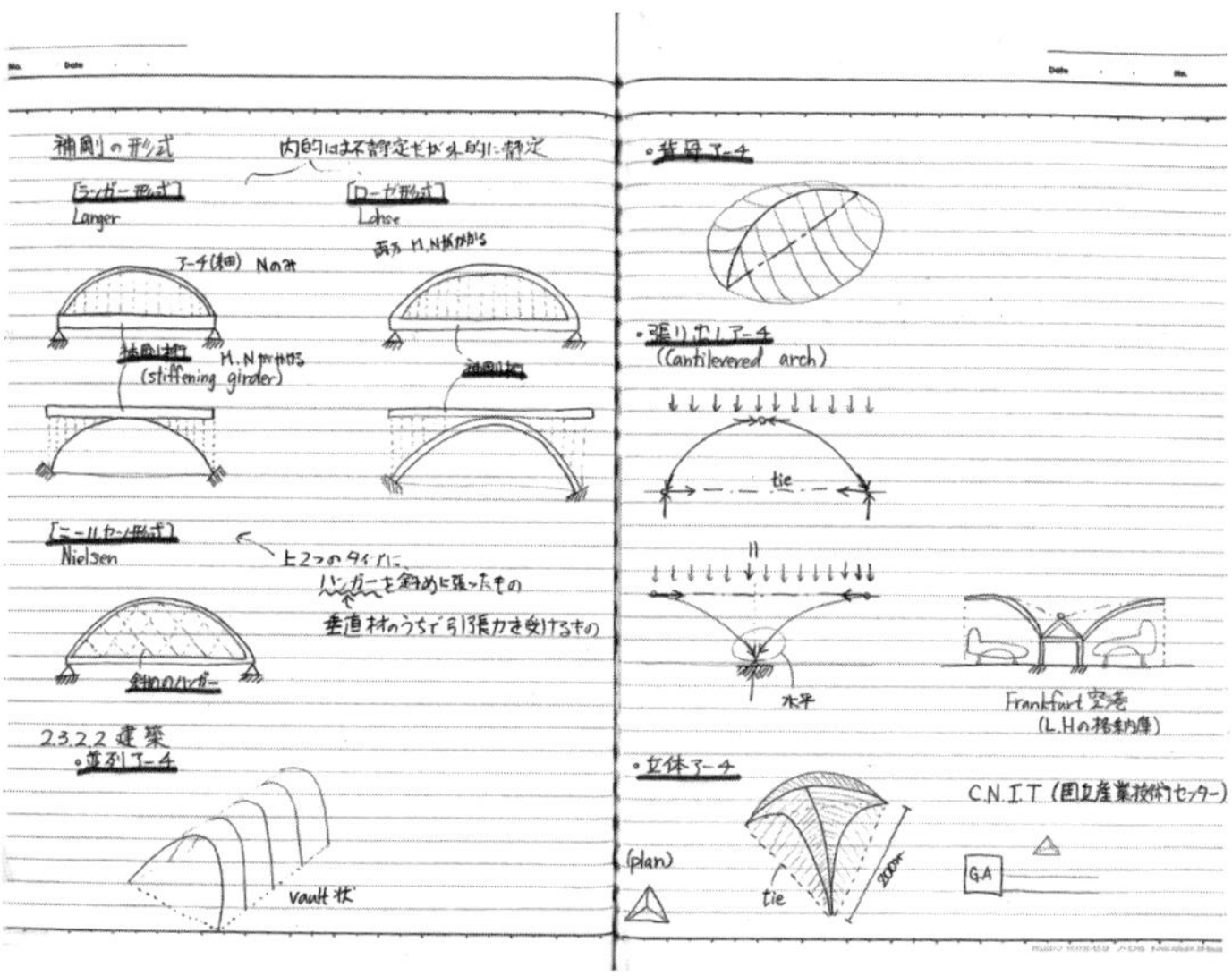

図2　大学3年生のときに受講した建築論の授業ノート

実験のハプニングから学ぶ

卒業研究のテーマは「並進振子の超高層免震への適応に関する研究」。２０００年当時は「告示免震（平十二建告２００９）」が施行された年で、免震構造は積層ゴムを主流とする基礎免震方式以外にも、豊富なバリエーションが普及し始めていました。そこで先生は振子の原理を用いた免震の可能性を探っていました。

研究は４人のチームで行います。一般的に超高層建物はもともと長い周期を持っているため、私たちの研究目的は、免震化によって建物を長周期化するだけでなく、高層建物に特有の高次モードにおいて共振現象が起こった際に、どの程度の免震効果があるのかを確認すること、そして並進振子装置の特性を把握することでした。アクリル板で10層の超高層建物を模した試験体と、４秒、６秒、８秒の振子周期を有する並進振子装置（図３）を作成し、自由振

図３　試験体と並進振子装置

図4　振動実験の様子

動実験、定常波実験、地震波実験という3つの振動実験を行いました（図4）。

　振動台のある大学の地下室は広いため、空調の効きがよくありませんでした。夏だったので、離れたところに扇風機を回しながら実験をしていました。実験が中盤にさしかかった頃、結果をまとめていたメンバーが「実験結果が何かおかしい」と首をかしげて地下室に下りてきました。グラフを見ると、振動台によって揺すられた建物の揺れが小刻みな応答波形として記録されるはずのところ、大きく波打って描画されていました。原因は何かと試行錯誤していたところ「扇風機か！」と、いざ扇風機を消してみると、大きな波形は現れなくなりました。遠くにあっても、扇風機のつくる風の影響は大きかったのです。実験は大幅にやり直しとなりました。初歩的なミスではありますが得られた経験は大きい。まず1つに、実験結果を鵜呑みにせず、自分たちの直感で結果を疑うことができたこと、そして、考えられる原因を1つずつ挙げては試し、理由を突き止めることに徹することができました。この思考過程は、実社会で働くエンジニアに求められる問題解決能力で、その鍛錬となる経験が卒業研究を通じてできたのです。

実践で知った構造の面白さ

　その後、私はドイツの大学院に進学[*(1)]しましたが、

〈セラミック・パークＭＩＮＯ〉（意匠：磯崎新アトリエ、構造：川口衞構造設計事務所）という建物に、展示フロア全体を主架構から振子状に吊り下げる並進振子型の免震システムが採用されたことを知りました。*(2) 並進振子の研究は２０００年、建物が竣工したのは２００２年、研究が実践に適用されるそのスピード感に驚きました。

「並進振子免震」という川口先生の新しいアイディアは、物理現象として吊り材の長さだけで固有周期が決まるという単振子の原理からスタートし、発想を展開させて、見事に免震システムへとアイディアを昇華させています。*(3) シンプルでありながら高い効果を発揮する面白いメカニズムです。これぞ、構造の面白さであると教わりました。

構造設計とは教わるものではない

留学を終え、入社して間もない頃、川口先生に「先生は、構造設計を誰に教えてもらったと感じますか？」という愚問を投げかけたことがありました。先生からは「構造設計とは教わるものではない」という短い返事が返ってきました。

実際、事務所における修練はこの言葉に尽きます。設計室の片隅に基準書、法令集、設計に役立つ本等が詰まっている棚が１つあり、事務所の先輩からはその棚を指さされ、「答えはそこにあるから」と一言。初めての図面作成に対する助言も「つくるために必要な図を描けばよい」と一言。どの本を見るといいのかは、先輩たちの行動を観察して選別しました。図面は事務所にある膨大な量の図面を参考にしました。早いうちから物件や現場も担当するため、設計を修得するまでの３、４年間は大変でしたが、問題に対して自分で答えを探し、解決する能力はこの時に鍛錬されたように思います。

設計過程における模型の存在

昔、事務所には専任の凄腕模型士がいたそうで、彼の作成した模型の数々は現在も事務所の宝として大切に保管されています。私が入社して初めて模型の効力を感じたのは、先輩の担当する〈中部大学12号館〉（意匠設計：第一工房）に携わったときです。この建物は、１９６６年に竣工したＲＣ造平屋の学生食堂で、耐震診断の結果、建物の耐力が足りないため、耐震補強が必要でした。意匠上、柱幅を太くしたくないという施主の希望もあり、柱頭を補強することとなりました。その際、どのような補強方法が良いか、意匠設計者と協議をするための模型の作成を頼まれました。模型は合計８パターンつくりました（図5aは、そのうちの６パターン）。打ち合わせのなかで、模型を見ながら協議を重ね、最終的に図5bに示す案が採用されました。図5cが補強後の柱列の外観です。自分のつくった模型が判断の糧となったことに喜びを感じると同時に、こちらの設計意図を伝達する手段として模型の意義を実感しました。

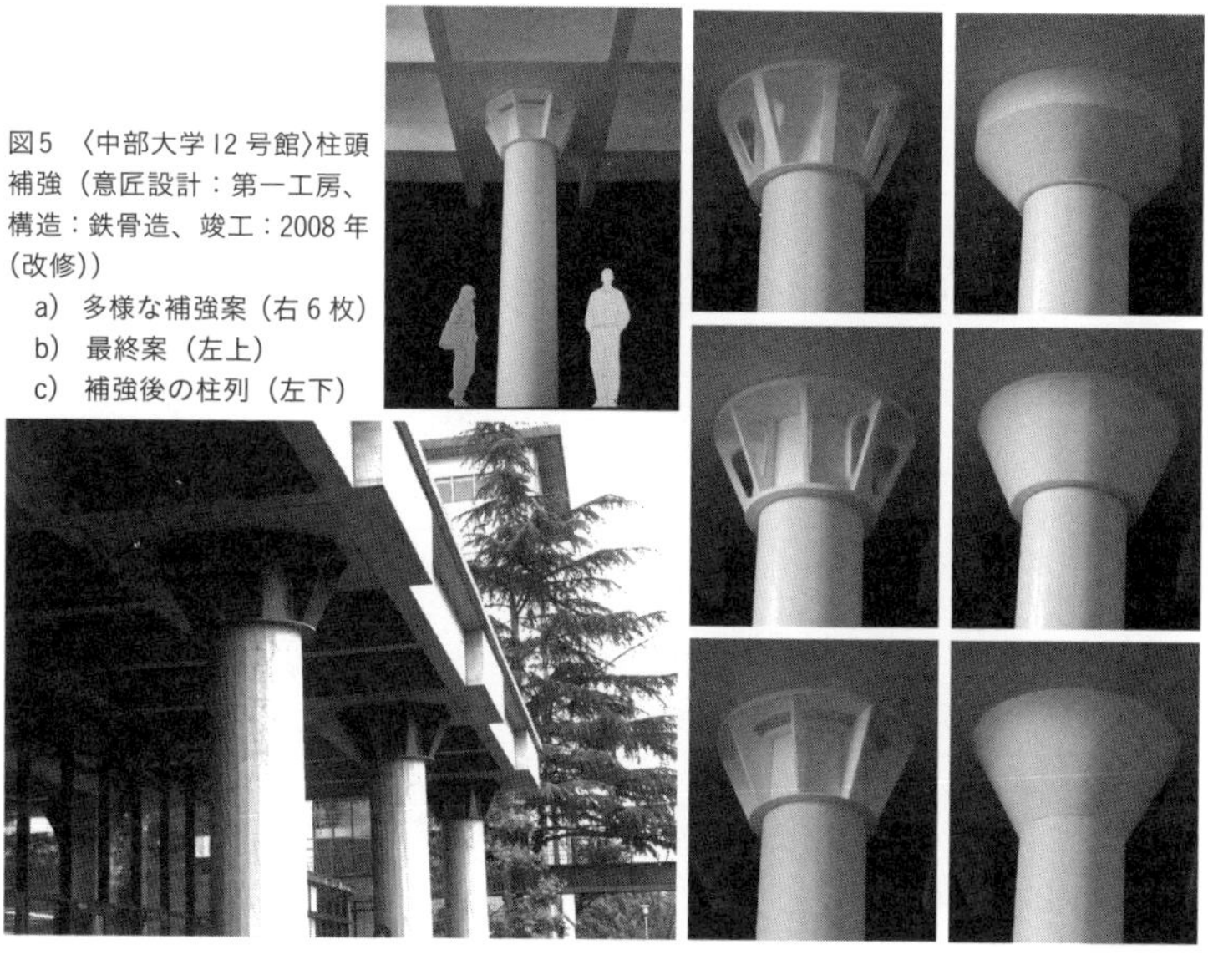

図5 〈中部大学12号館〉柱頭補強（意匠設計：第一工房、構造：鉄骨造、竣工：2008年（改修））
a）多様な補強案（右6枚）
b）最終案（左上）
c）補強後の柱列（左下）

設計過程における構造実験

事務所にある模型は、実際に力をかけて反応を感じ取る目的で制作されるものが多いです。それは、川口衞先生が実体を通じて構造物の「ふるまい」を確認することを大事にしているためです。私も〈道の駅ソレーネ周南〉の設計過程で、構造模型を用いて予備実験を事務所内で行ったことがありました。

この建物は、2014年5月に竣工した山口県周南市に建つ多目的施設で、鉄骨造ラチスシェル構造の大きな屋根の下に、物販棟と研修棟と呼ばれる2棟の木造平屋の建物が配置されています（図6、7）。

大きな屋根は幾何学的には球面の一部となっており、平面形状は直径75mの円を3方向から円筒で切断したような形をしています。屋根は3か所でなだらかに地面に接地しているほか、屋根中間にも鉛直荷重を受けると同時に、ラチスシェルの座屈を抑制する役割を担う鋼管柱が配置されています。この屋根中間の柱は当初、存在感をなくすため、ラチスシェルの座屈抑制のみの役割を持つ細いロッド等のテンション材にできないかと考えていました。そこで、テンション材が座屈の抑制にどのくらい効くのかを確認する予備実験を行いました（図8）。試験体は幅120㎜、板厚2㎜のアクリル板のアーチで、アーチの形状は、支点間隔1mの2つのアングルの間に、1mよりも少し長いアクリル板を挟んで置いたときに自然に曲がってできる形としました。ライズスパン比は約11分の1で、実際の建物形状に合わせています。荷重の載荷は等分布荷重とし、図8に見えているように「トーナメント」の形をした荷重載荷用の部材を介することで中央1か所にかけた錘の負荷が等分布荷重として試験体に伝わるようにしました。座屈抑制用のテンション材にはワイヤーロープ0.9φを使用し、均等な間隔で9箇所×2列に配置しています。アーチ単独の場合とアーチにワイヤー

図6 〈道の駅ソレーネ周南〉（意匠設計：内藤廣建築設計事務所、構造：鉄骨造・木造、竣工：2014年、写真：内藤廣建築設計事務所）

ロープを均等に配置した場合の2パターンにおいて、錘を少しずつ増やしていき、座屈した時点の座屈荷重の大きさを比較します（図9）。ワイヤーロープを対称に配置した場合のほうが座屈荷重は約2.4倍に増え、テンション材の追加は座屈耐力向上の役割を十分に果たすことが確認できました。座屈形状を見ると、アーチ単独の場合は中央を境に片方がへこみ、もう片方がふくらむ形状であったのに対し、ワイヤーロープが均等にある場合は支点近くの右側が少しへこむような形に座屈しました。この実験に続いて、次はテンション材の代わりに引張圧縮の両方に効く束材（ピアノ線）を配置して、その配置パターンに応じて座屈荷重がどのように推移するのかを確認する実験も行いました。この実験からわかったことは、補剛される領域同士のスパンが短くなるにつれて補剛スパン間における曲げ抵抗が相対的に大きくなることで座屈現象が起こらなくなる時点があるという

図７　〈道の駅ソレーネ周南〉鉄骨建方の様子

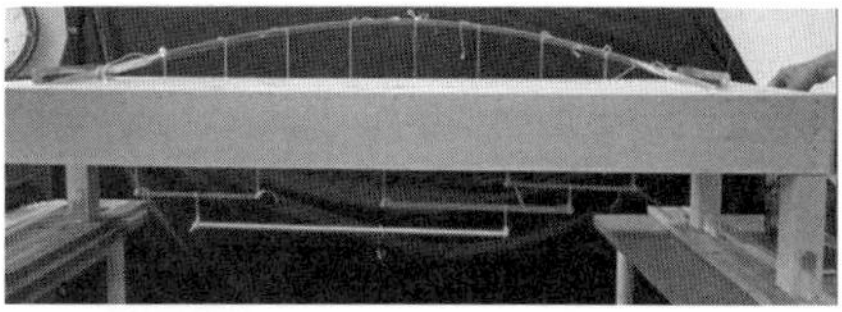

図８　実験装置

a）アーチ単独の場合（座屈荷重：523g）

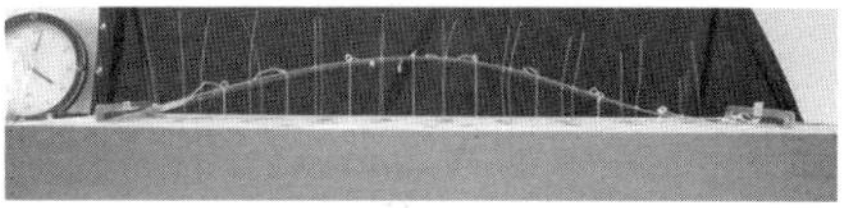

b）ワイヤーロープを追加した場合（座屈荷重：1253g）。上に飛び出しているのがワイヤーロープ

図９　実験（その１）テンション材の有無による比較

a）非対称配置の場合（座屈荷重：1053g）

b）中央配置の場合（曲げ変形により座屈現象が起こらなかった）

c）対称配置の場合（座屈荷重：3520g）

図10　実験（その２）束材の配置パターンによる比較

こと、そして補剛される領域同士のスパンが同じ場合は非対称に束材が配置されているよりは対称に配置されている方が座屈荷重が大きいということです（図10）。

シンプルな実験でしたが、座屈の現象について勉強になりました。先生も実験に何度か立ち会われ、

座屈するかしないかギリギリの状態で試験体が静止しているときに、「アーチ頂部」「支点両端から４分の１」の位置を順番にチョンチョンと指で押し始め、それをきっかけにアーチが座屈の変形を始めたことがありました。アーチが自分の復元力で戻れなくなった時点が座屈なのだ、と身を持って会得した瞬間

でした。

最終的には屋根中間の柱は鋼管でいくことになり、結局、この実験はお蔵入りとなってしまいましたが、設計において柱配置を決める際に、この実験から学んだことを十分に活かすことができました。

子育てとの両立

現在、私は3歳と5歳の2人の息子を持つ母親です。事務所に在籍している16年間のうち、2回産休＋育児休暇を取りました。入社した当初は、出産を機に退社すべきだろうと考えていましたが、1人目を妊娠した時、事務所に相談すると「産んでから決めれば？」という予想外の言葉をもらい、現在も事務所で働き続けることができています。川口先生をはじめ、所員のみなさんが寛大で、かつ、日々を支えてくれる主人と母の存在も大きく、周囲の助けがあるおかげです。勤務時間は保育園への送迎があるため朝10時から夕方17時まで。短時間勤務ですが、仕事の内容は以前と変わらず、物件を担当させてもらえています。責任を持って仕事を成し遂げるのであれば、仕事を任せてくれるという事務所のスタンスは、設計経験を積む上で、とてもありがたいです。一方、物理的に仕事に従事できる時間が限られるので、限られた時間のなかでいかに求められている仕事を納期までにこなすか。試行錯誤しながら、日々過ごしています。

試行錯誤①体調管理

まず大事に感じているのは、体調を崩さないこと。特に、構造設計は頭を使う仕事で、例えば、図面を描きながら納まりは大丈夫か？　ある箇所を変更するとほかへの影響はどのくらいか？　等、1つの物事から派生するいろいろなことにまで気を配らなければなりません。体調が悪いと、集中力が衰え、仕事の進みが遅くなるだけでなく、確認ミスも生じて手戻りが出るというように、悪循環に陥りかねません。時間を無駄にしないために、最も効率が良いのは体調を崩さないことなのです。早寝早起き、規則正しい生活を送ると同時に、家から車で15分の場所にある天然温泉・岩盤浴に時折でかけます。岩盤浴の鉱石にはいろいろな種類があって、例えばバドガシュタイン鉱石には免疫力の向上等が期待できるそうです。天然温泉は子どももいっしょに入るので、そのおかげか子どもも元気で、保育園を風邪で休む回数も少ない方だと思います。

試行錯誤②考え事は移動や家事の最中に

次に実践していることは、「考え事は移動中や家事の最中に」することです。ある問題に直面した時「どうしたら解決できるのか?」と、頭のなかで考えをめぐらせることに場所は問いません。電車のなか、駅から会社までの道中、食器を洗ったり、洗濯物を畳んだりしている最中でも、良い考えが浮かぶことがあります。懸念事項を複数、頭の片隅に仮置きし、ふとした時に思い出しては考える。すると、いざ出社して仕事モードになったとき、例えば基準書の該当部分を調べたり、解析したり、図面を描いたり、模型をつくったりと、即行動に移すことができます。

試行錯誤③プログラミングの活用

プログラミングの利点も活かさない手はありません。作業を自動化することで作業効率をあげられ、自分の求めに応じてカスタマイズもでき、さらに単純繰り返し作業における人為的ミスを減らせます。最近よく使うのはWindows Script Hostというツールです。プログラミング言語はVBスクリプトを使います。Windowsのマシンであれば標準的に装備されていることが多く、プログラムを実行するのにコンパイルの必要がないため手軽に適用できます。キーボード入力・マウスクリック等の一連の操作をテキストファイルに記述して実行することができ、Microsoft Excelにおける一連の操作も自動化できます。一連計算プログラムから吐き出されるＣＳＶ形式の出力結果を用いて個別検討をしなければいけないときや、時刻歴応答解析における結果の整理等、膨大なデータを扱う場面で効力が発揮されます。

耐震診断の業務で〈代々木競技場　第二体育館〉を担当した際、第二体育館屋根の解析モデルを拡張するときにも、プログラミングを活用しました。第二体育館の中央にはバスケットボール・コート１面が入る円形プランのアリーナがあり、それを囲むように直径約65ｍの円錐形のＲＣ造スタンドが配置されています（図11）。１本の独立柱（主柱）の頂点からメインパイプがらせん状にアンカーブロックへ向かって流れており、そのメインパイプとスタンド外周をつなぐように吊りトラス（吊り材）が架けられ、アリーナの屋根を構成しています。吊り材の形状は主柱近傍に添う一部の吊りトラスを除いて、円弧となっています。耐震診断時の解析モデルでは、この吊りトラスは計算の簡略化のため実際のトラス形状ではなく、同じ構造性能を持つ１本の線材として縮約してモデル化されていました。

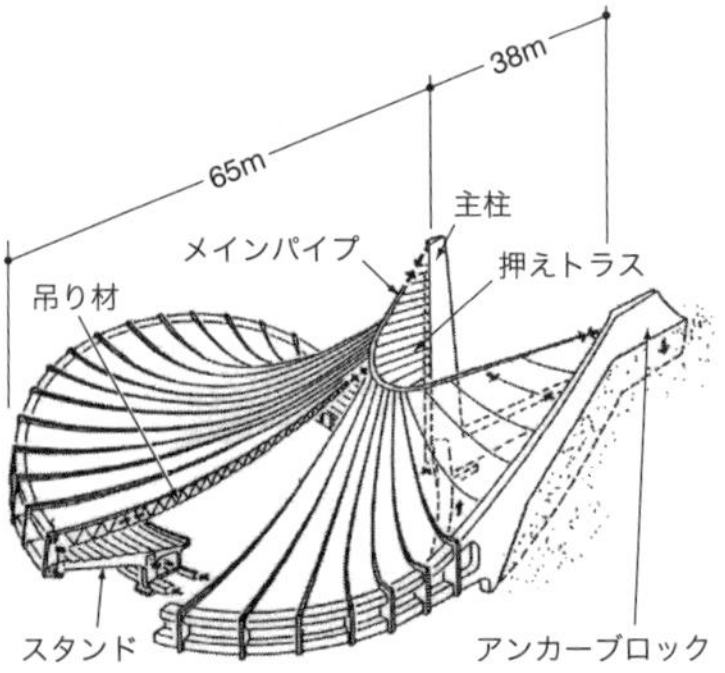

図11　〈代々木競技場　第二体育館〉構造概要＊(4)

その後、屋根の補強までを見越して詳細な検討を進めるにあたり、吊りトラスは実際の形状通りに個材までモデル化してみることになりました。原図面から得られる情報が限られていたことから、もともと線材は上弦材の曲線とほぼ変わらない曲線を採用

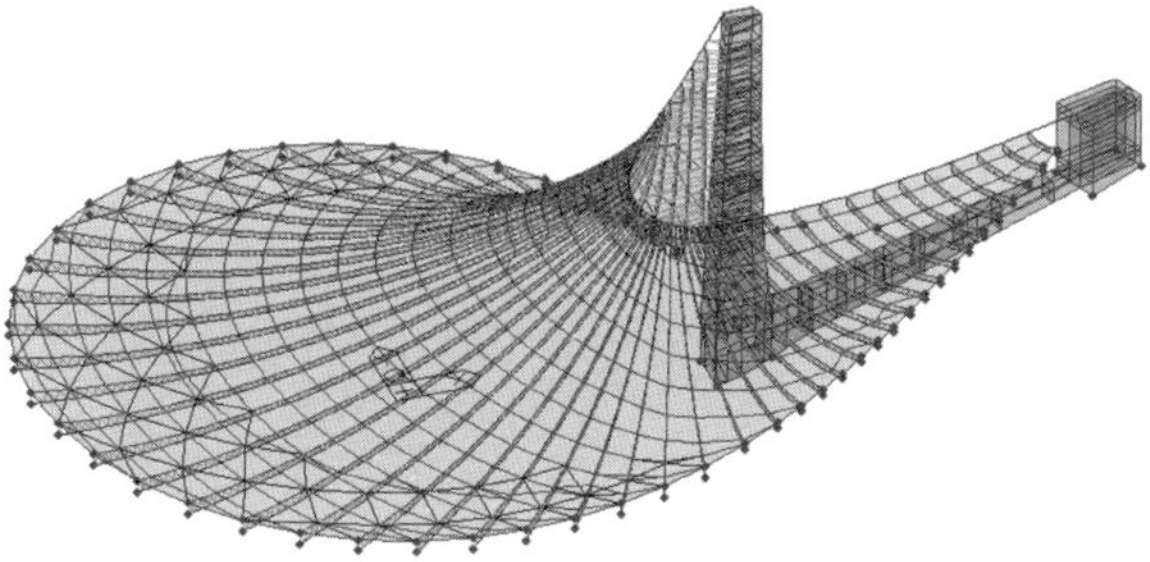

図12　屋根モデル*(5)

していたので、線材から吊りトラスへモデル化を拡張するには、下弦材の節点座標を算出し、下弦材・ラチス材・束材の要素を配置すればよく、要素の配置はつなぐ節点同士の節点番号の順番が明確となれば簡単です。問題は下弦材の節点座標の算出ですが、これも線と円の交点を算出するシンプルな問題に帰着することができました。これを上弦材の全節点に適用することは、手作業では膨大な作業になりますが、上述のプログラムによる自動化を活用することで、短期間の作業で解析モデルを作成することが可能となりました（図12）。

事務所では大きな物件を1人で担当することも多いので、プログラミングを味方につけることは、私にとって頼もしい部下を得たようなものなのです。

学び続けること

物事の先を見通して知ることを「予見」と言いますが、川口衞先生のもとで設計に従事してきた経験から感じることは、この「予見」する能力と「判断力」がとても大事ということ。構造エンジニアは、自身の「予見」に基づいて検証を重ね、数々の「判断」を通じて設計を洗練させていくからです。これらの「予見」と「判断力」、エンジニアがよりどころとするのは、自分の知識と経験そして感性なのです。学び続けることは、すなわちこれらの能力を研鑽することにつながっている、と私は信じています。

川口衞構造設計事務所は世代交代の時期を迎え、新たなフェーズに入ります。先生から学んだ多くのことを心に留めて、これからも新しいことに挑戦していきたいと思っています。

〈引用・参考文献〉
(1) 『法政大学建築学科卒業生101人「建築」という生き方』南風舎、2018
(2) 川口衞「免震構造の可能性を探る ゴム・遊動円木・起き上がり小法師」『新建築』2000年9月号
(3) 川口衞『構造と感性』鹿島出版会、2015
(4) 川口衞『構造と感性』鹿島出版会、2015、p.13
(5) 松尾智恵・川口衞「国立代々木競技場第二体育館屋根の動的特性」日本建築学会『コロキウム構造形態の解析と創生2015』pp.149-154

12 すごろく的巡り——偶発的機会でつながる よこ道・わき道からの構造

名和研二
なわけんジム

手前の打ち合わせスペースから奥の設計作業スペースを見る

はじめに——決められなかった者と構造の関わり

生涯を通した職業の選択を、多くの人が小さい頃からすでに抱き始める今日において、改めて自らを振り返りました。ももやや30代前後、さわやかに自らの生き方を決められなかった者と構造との巡り合いのきっかけがあります。それは特定の建造物、空間の魅力ではなく、関わった方たちの内に秘められる未知に触れたことでもたらされました。内なる未知に触れる行為を、「構造」として受け入れてもらい、そしてアトリエ事務所としての活動にいたった歩みを記します。

幼少時代から高校生

昭和、戦前に生まれた親、その環境の影響は大きいものです。出身、長野県茅野市。実家にほど近い伊那藤沢に囲炉裏、釜の残る旧家があり、今でも利用しています。近辺に八ヶ岳、諏訪湖のある、一般的には自然豊かな環境で育ちました。近くには八ヶ岳の美濃戸登山口があり、高校生の頃は時々「行ってきます」と言って高校には行かず登山口まで自転車をこぎ赤岳（２８９９ｍ）に登って雲海上で弁当を食べたり、海なき信濃にてどうしても海が見たく家から自転車でそのまま新潟まで行き海岸で１週間ほどテント暮らしをしたりしていました。

建物関連では、小学校6年生のとき1年かけて授業の一環として竪穴式住居を建てたこと。木軸のあり方、１棟に必要な茅の多さと、それを集め運ぶ手間が記憶に残ります。小学校、高校では校舎の建て替え時期と重なり、建て替え前、木造校舎の30㎜を超える床板を勝手に外し、鬼ごっこのときに床下に入り違うところから出たりと、公共建物と言えども使い手がいじれる感覚がありました。建て替えが始まると教室の使い方も臨機応変。小学校のときは講堂が３つに仕切られ、そのステージ部分が自分の教室であったり、半分ずつ建て替えられる校舎の一期工事完成の折には接続される廊下突き当たりが図書館であったり。中学時代は、現場プレハブ小屋の教室での1年もあり。建築が時に想定とは違う使い方をされ、それが楽しさを伴う体験として残っています。

建築家といった存在は身近になし。高校2年時後半、文系的な理系がないだろうかと漠然と考えていた折、たまたま大学建築学科の推薦において自己推薦文を書く機会があり、建築は工学であり文学的、人間臭いものであると気付き建築学科を目指しました（結局推薦は校内選定からもれましたが）。

大学時代

浪人して東京理科大学理工学部建築学科に進みました。中学校時代、授業中窓外を雉が歩いているのを見て「ここは本当に田舎だな」と思っていたのですが、花の大学時代はさらに田舎度が高まる千葉県運河キャンパス。雪降る日、あまりの静けさに雪が空気を切る音が聞こえると妄想し、その音を求め利根運河の周りを巡り歩いたほどでした。今日大学ではより専門性を高めることに重きを置くようになりましたが、当時私の学生時代の風潮理解は、専門性は就職後徐々に習得されるもの。専門以外、専門の外を体感しておけばよいとして、ふらふら中近東やインド等を一人旅、あとは飲んで過ごすといった学ばない学生時代でした。将来設計事務所に勤めるんだ、とのぼんやりした思い。設計課題の授業は自分なりには一生懸命に取り組みました。空間の根拠を自分の内面的なところに探り、それを直接建築なようなものに表現できればと模索していました。漠然と人間の内面と空間みたいなことの表現を考えようとしていたのですが、その時の自分では具体的な線が描けず、ちっとも設計はできていない学生でした。

4年時、希望していた意匠系研究室は先生の1年間の海外赴任のため募集がなく、たまたま選んだのが構造の研究室でした。当時大学に地上から上の構造物に対する研究室はなく、教授の人柄に惹かれて入りましたが、構造を職業とするとは全く思いもしませんでした。

難波和彦先生との出会い

大学に週に一度教えに来られていた難波和彦先生のことはよく覚えています。初対面印象の怖さ、前に座り建築に限らず好きに喋ると興味深い言葉で返してくれたこと。数か月の長期休暇後、大学がすごくつまらなく思えたり、もろもろ若人が悩むとき、建築、学年を超えて話しに行きました。どんなに拙くても自分の軸で動き、悩み、自分の言葉で喋っている人に対しては後押ししてくれる人。今でもお会いする機会がありますが、「君とあまり建築の話をしたことないね」と言われます。

就職時期

大学卒業前年にはバブル経済の崩壊。意匠の学部生ゼネコン雇用はゼロ。当然アトリエ設計事務所の雇用も特に才のない学生には厳しい状況。それでもなんとか地元の設計の会社の面接を受けられることになり、重い腰をあげ友達から背広を借りて駅に行くと偶然難波先生に会いました。「なんで背広なんか着てるの。就職？　会社に入って日々の業務を蓑に自分のやり方を育てようとしているかもしれないが、それは想像するほど易いことでない。第三国で石を積みながら自らを育てることもできる」といったようなことを言われたと記憶しています。

ようやく腰をあげて駅へ向かった時でしたが、自らの内に割り切れないものがあったのだと思います。結局面接は受けませんでした。その後どう対処したらよいか再考、が決められず。半年ほど肉体労働し、疲れに任せて眠り、卒業。後も就職先が決められず。大学の寮からも追い出され、しばらく友人の家や庇のある夜濡れず横になれる場所を探し転々と。することがないこと、行くところがないこと、眠る場所がないこと。その1日の長さ、その心情。公園で戯れる親子が正視できないほどまぶしかったり、その脇で眠る浮浪者がやたら身近に思えたり。数か月後、遅ればせながらようやくこのまま時間を過ごしても何も変わらないことがつくづく身に沁み。自分が1人で設計というものをやっていきたいのだから、社会でその活動ができるスキルを学べればいいのだとようやくですが覚悟を決め、なんとかとある設計事務所で働き始めました。が、教育的対応のない場を選んだため、話し相手のいない昼食、思いと裏腹に役立たない活動。あえなく数か月で解雇。人としての相性、兄弟子の不在、そして自分自身振り返るに、相手の話をきちんと聞く姿勢がなかったことを反省。但し、やるんだという覚悟が高まっていたので、すぐ別の希望する設計事務所に勤めることができました。そこでの数年、数件の物件を経験でき最後は一番古株になり対応。企画から実施設計、申請業務から現場監理までが現実的実感となり、やがて自分なりの充足感と新たな展開を求め事務所を辞め、いろんな建物、特にヨーロッパの建物に興味をもって1年ほど見て回りました。ただ、そんなときを過ごしながら、意匠設計の活動に、学生時代にいだいた自己の内面が解放されていくことはなく、そういうものなのかなという違和感は残ったままでした。

建築家と構造家の関係から生まれる面白さを知る

その後、大学の先輩、遠藤政樹さんの展示模型制作をきっかけに事務所を手伝うようになりました。遠藤さんは構造家の池田昌弘さんとパートナーを組み、その打ち合わせに参加。構造というものに本当に興味をもったのはその時だったと思います。2人の関係、立場。そこから手元にある図面をきっかけに、初期案を超えて未知であったものが出現してくる様。構造というものが決まったことに対しての裏付けをつくるのみでなく、各1人だけでは起こり得ないところに結論を飛躍させるパートナーとなりうること。無音、色のない場から次々に線が現れ色に染まり次々こぼれだしてくる感じ。同時に自らの鬱積している内部が引き出され、解放される思いがしました。おそらく意匠側にいた立ち位置からそのような状況を体験したので、そのきっかけ、触媒たる構造、池田昌弘という人に大変興味をもち、遠藤さん（意匠）と池田さん（構造）の事務所を週の半分ずつ行き来するようになりました。当初は、構造図の作図、ソーターなしでの数百枚の計算書コピー、ほかのスタッフの夜食の手配といった事務方補佐でした。解析モデルの作成、荷重拾いや入力の手伝いはしていましたが、最後までやらずに残っていた作業が部材寸法を決める断面算定。

どうにも多忙なある日、「断面算定をやってみたら」ということで恐る恐る応力を拾い検定比を算出。「できた！」「そうか、構造の人が言う、『この部材で成立する、しない』というのはこの検定比が1を超えないことなんだ」とひどく感激しました。またどんなに複雑に見える形態でも、長期的縦の力に対するものを成立させている柱的梁的なもの、短期的横からの力に抵抗する斜材、耐力壁的なものを持つフレームが潜み、それをどう建築のなかに組み込むかが構造の設計である、という自覚が芽生えてきました。また遠藤さんのところで担当した〈Natural Shelter〉という住宅で、構造は、当初3.2㎜厚・幅900㎜の鉄板の帯端部に6㎜×100の円弧状のリブがついたものを4基設ける予定でしたが、そのような薄物の溶接は鉄材がするめのようにまるまり制作できないと鉄骨工場から連絡があり、最終的にL125㎜・厚さ9㎜のアングル材をロールで曲げそれに3.2㎜板を当てる方法の採用となりました。その時、構造的に導かれた寸法と実現できる寸法には距離があること。また制作には予算の条件も加わり、構造的に「できる」ということの臨界点が単に構造解析の結論のみでないこと。そこでの表現も変わり、どういう方法でつくるのか、どういう人がつくるのか、ということに構造が寄り添う方法もあるということを考えるようになりました。プロジェクトの規模や内容もありますが、その時代の池田さんの事務所では、専門的で難解な構造を解くというよりは、〈Natural Shelter〉の時の鉄骨屋の親父が製作できるかどうか、というようなことを考えることも重要だとわかり、自分がやっていた意匠の経験も繋がることになりました。いくつか物件を担当させてもらい、繰り返し取り組むことで良いトレーニングになったと思っています。その後遠藤さん、池田さんの物件の〈Natural Illuminance〉〈Natural Shelter〉は平面図から家具図といった意匠、計算書を含む構造、現場監理全てを担当させてもらった物件になります。

意匠のみだと自己内で分裂し具体的な形、行動に結びつかなかったのですが、構造に触れることで具体的に対応しないといけない外力、そして建築家の存在がきっかけとなり、それによって鬱積していたものが解放され、内部（自己）と外部（社会）が自由に出入りできるような、自分自身が初めて社会とつながりをもてるようになれたと感じました。

「ちゃくみこうほう」

その後双方の事務所で働きながら個人的に声をかけてもらうようにもなり、独立することになりました。私が構造担当だった物件の意匠担当であった眞田大輔氏もちょうど同じタイミングで独立するということで、同じ事務所で意匠、構造、一部施工、製作をやろうということになり、共有チーム「すわ製作所」その内部の構造チームとして「なわけんジム」を設立し活動するようになりました。今振り返ると経験も乏しくＲＣ造も1件のみ、杭の設計もしたことがなかったのですが、池田さんに「構造のことは1ミリも期待しないけど、参加したプロジェクトの建物が良くなっているかは大事だからね」と言われたことが印象に残っています。独立した頃、僕は自分の構造、活動を「ちゃくみこうほう」と言っていました。例えば会議で「いいアイディアを出す」ということが大事だとすると、その案を自分が出せるのが一番いいのですがなかなかそうはいかないこともあります。でも、例えば場の空気が悪いなと思ったら窓を開けてみるとか、喉が乾いてきたかなと思ったらお茶を買ってくる（茶汲みする）とか、そういうことで雰囲気が変わり結果的にいいアイディアがその場から生まれるんじゃないか。いいアイディアを出す会議で機能すること。そのように建設における構造を位置づけるならば、自分でもやれることはある。そういった思いで、今も仕事をしています。専門の主体となる中心、構造そのものにふれず永遠に外をまわっているような活動に終始していますが、そのような私でも活動できる構造という世界のふところは深いなと思います。

独立しての活動

当初の困難が新たな解決、形、空間に変わっていき、使い手の豊かさにつながる物件は全て思い入れがあります。特に建築家・施主も含め、様々な立場を越えて構造的な思いが全体に繋がった感覚が強く残る〈登り窯の家〉、また一般的ではない建築材料の産地に近いこと等条件が紡いだ〈潜水士のためのグラスハウス〉を紹介します。

〈登り窯の家〉

——設計：谷尻誠／SUPPOSE DESIGN OFFICE

横浜港を伺う絶景傾斜地は道路際わずかばかりが平地、大部分が35度程度の斜面地における住宅です（図1）。施主はその絶景に敷地を衝動買いし、大手設計事務所はじめ様々依頼したそうですが、どこに

図1 〈登り窯の家〉全景（意匠設計：谷尻誠／ SUPPOSE DESIGN OFFICE、構造：鉄骨造、竣工：2006 年、写真：矢野紀之写真事務所）

頼んでも斜面地における建設のため想定の2倍を超える工費となり、建設を諦めていたそうです。故に当時若くても斜面地の実績があった谷尻誠さんに声をかけたそうです。普通の家型を斜面に沿って繰り返しつくる登り窯のような構想は、早い段階からあって、これを実現する方法をやりとりしていきました（図2）。特に傾斜地での作業が工費に影響するため、敷地のわずかな平地、上からの建設が可能な鉄骨造の構成、および支持形式として杭を選択。杭の位置は上部から打てる位置を計画初期段階で杭屋さんにプロットしてもらいそれに合わせ計画案を調整（図3）。施主も今までの工費の経験があるため一見普通でない段々の構成の選択が今回建設の実現にとても重要であることを共感してくれたため、施

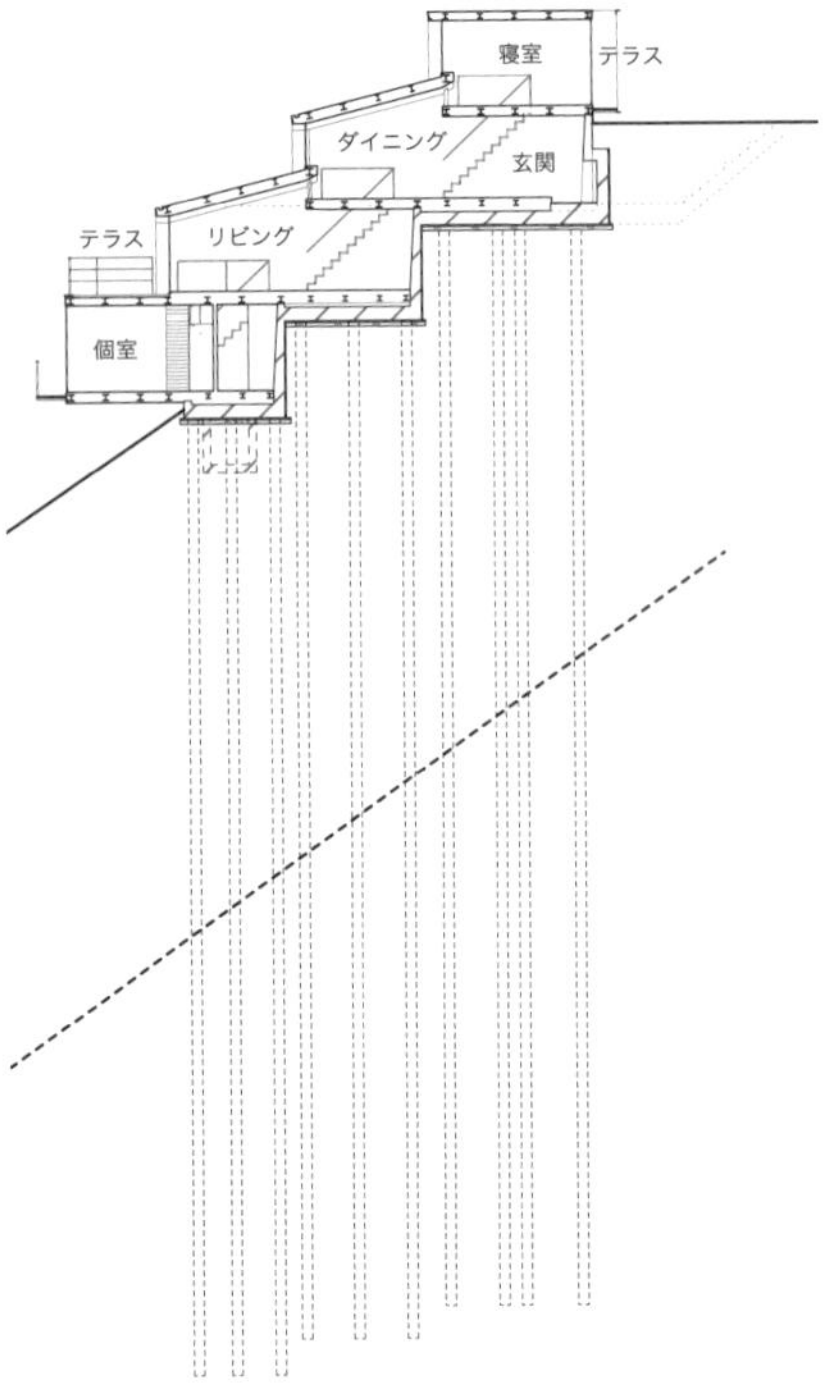

図2 〈登り窯の家〉断面図。敷地のほぼ8割が約35°傾斜地であり、斜線制限もかかる制約の多い敷地。本来、工事が困難なことから工費もかさむこの敷地条件を、一つの魅力的な要素としてどう扱えるかという点を設計チームの課題とした。

一番困難となる基礎支持形式は、敷地の上部、平らな部分から打設工事が可能な鋼管杭を採用。このことで、敷地における地業を削減。

構成については、土に埋まる部分を土留め兼用のコンクリート造とし、その上のもちおくる部分を鉄骨造とすることで、杭、土（地業）、RC、鉄骨を、下から上に順々よく置くような自然な流れで全体の架構が成立する計画とした。また、部屋単位で繰り返しの構成をレベルを変えて採用することで、簡単でありながら、多様なシーンを生む空間を生み出している。

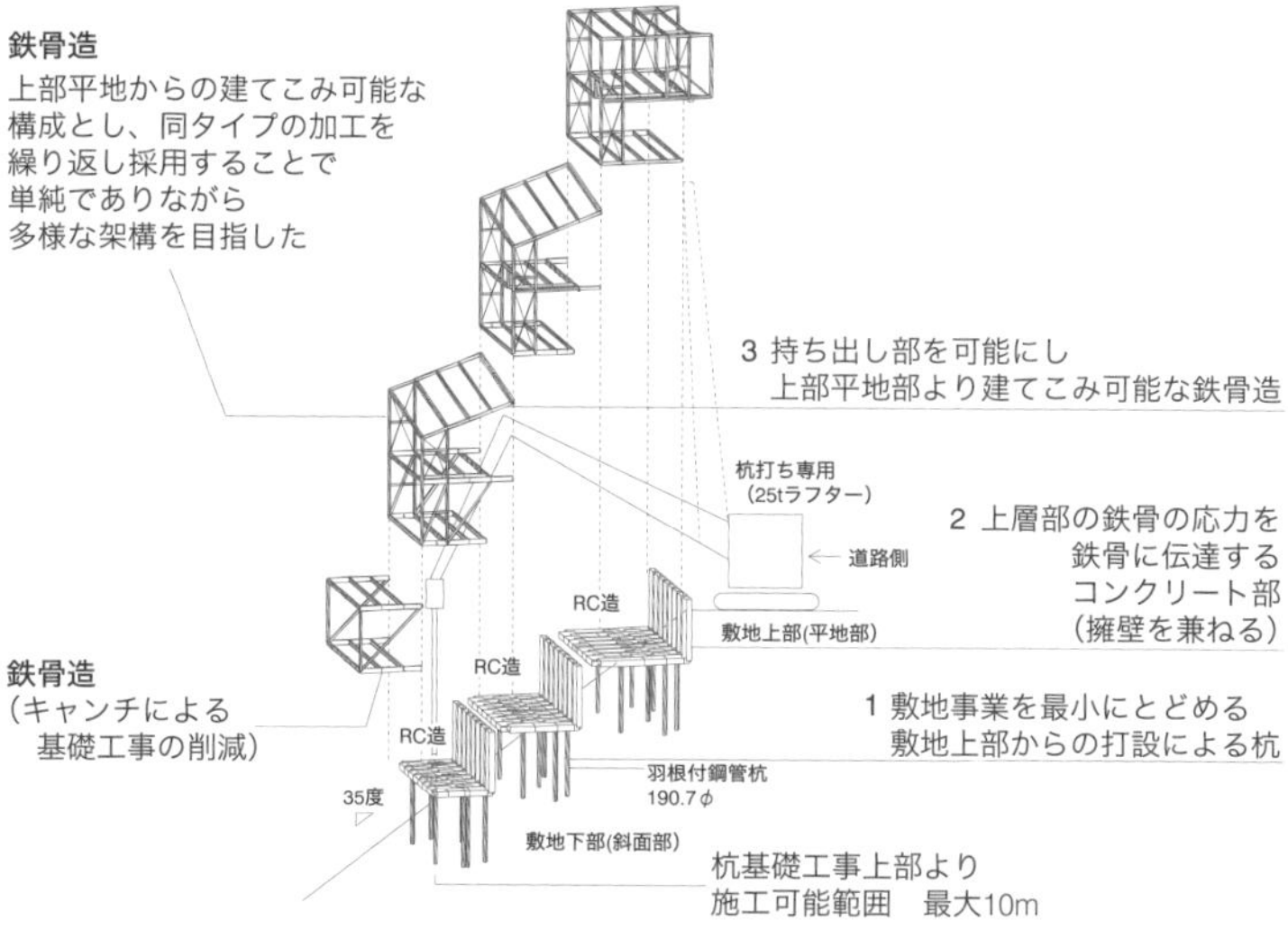

図 3 〈登り窯の家〉工事手順

図 4 〈登り窯の家〉施工中

主―建築家―構造家―施工者、平面―空間―構造―施工が一体となり同じ価値を共有するような体験ができたプロジェクトでした（図4）。

〈潜水士のためのグラスハウス〉

――設計：中薗哲也／ナフ・アーキテクト&デザイン

瀬戸内海江田島における保養所（図5、6）。江田島にはテトラポットを制作する基地があり、毎回セメント打設時に少しずつ工場から出る余分なコンクリートを1m×1m×0.5mの鉄の枠内に集め固めた廃コンクリートブロックが、島では土留めや牡蠣いかだ止め等、様々なところで使われて、島の風景をつくる1つになっています。建築の材料は当然、人が使うもののため強度が担保できるものでつくる必要があります。脇にある収納倉や休憩小屋がそうだったように、その近傍でとれる石や岩、土といった塊に屋根をかけて、その下に雨風がしのげる場を設けること。それらは、材料、つくり方、扱われ方、成り立ちがシンプルであり、それが結果的に多様な地域性を生んでいるように思います。今回利用した廃コンクリートブロック330個は1つ約1t。それを島の外に持ち出そうとすると運搬費だけで予算がなくなりますが、たまたま車で5分のところに生成工場があるその恩恵が個性的な建築が生まれるきっかけとなり、今日における地産材料を使ったプロジェクトとして、印象に残っています（図7〜11）。

現在の働きかた

移転、結婚や出産、子どもの学校により、現在は自宅からBBQができる事務所まで1時間程度。家族、子どもの朝にあわせ7時前に一緒に家を出て、往復電車内は、携帯等の移動端末機器による文面やりとり、図面チェック等にあてています。基本平日は遅くなってもしっかり仕事にあて、週末は休暇、業務以外の活動、または自分がゆっくりやりたい作業を予定。不定期ながら関東以外東北・上越・中

図 5 〈潜水士のためのグラスハウス〉全景（意匠設計：中薗哲也／ナフ・アーキテクト＆デザイン、構造：大型無筋 RC ブロック組積造＋鉄骨造、竣工：2011 年、写真：矢野紀之写真事務所）

図 6 〈潜水士のためのグラスハウス〉内観（写真：矢野紀之写真事務所）

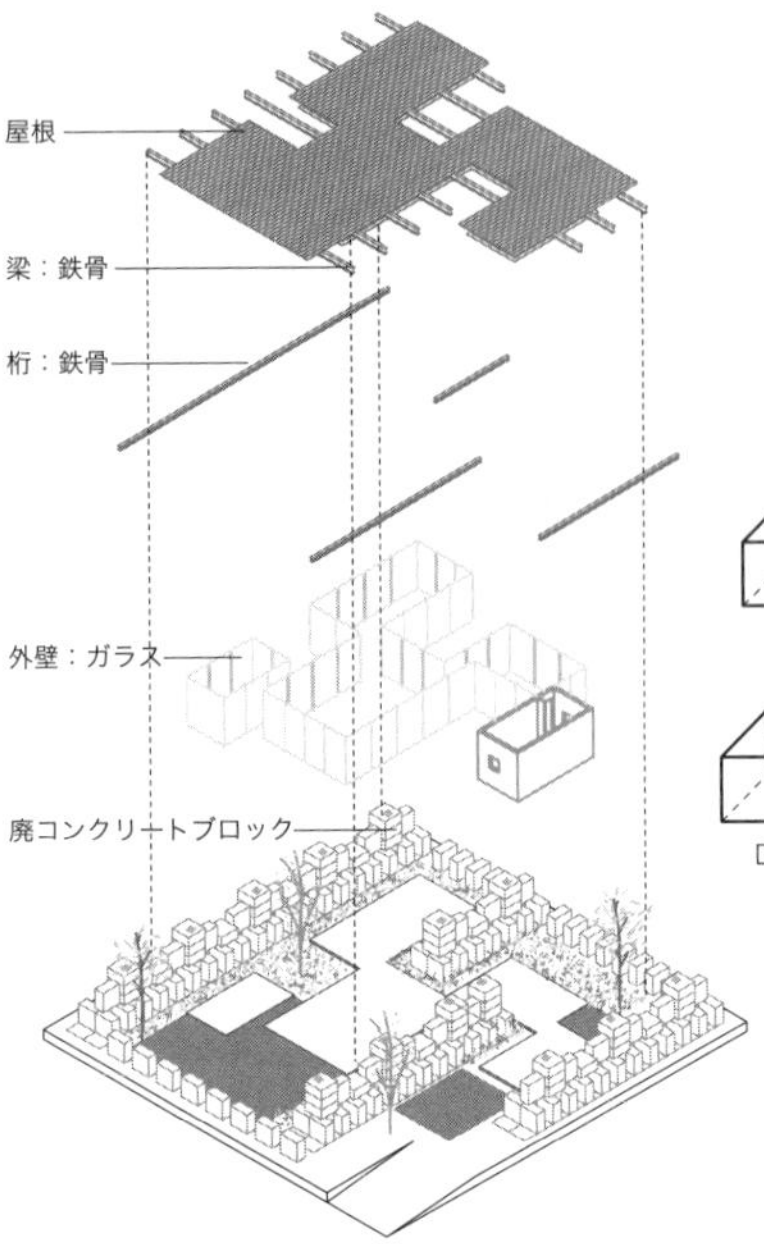

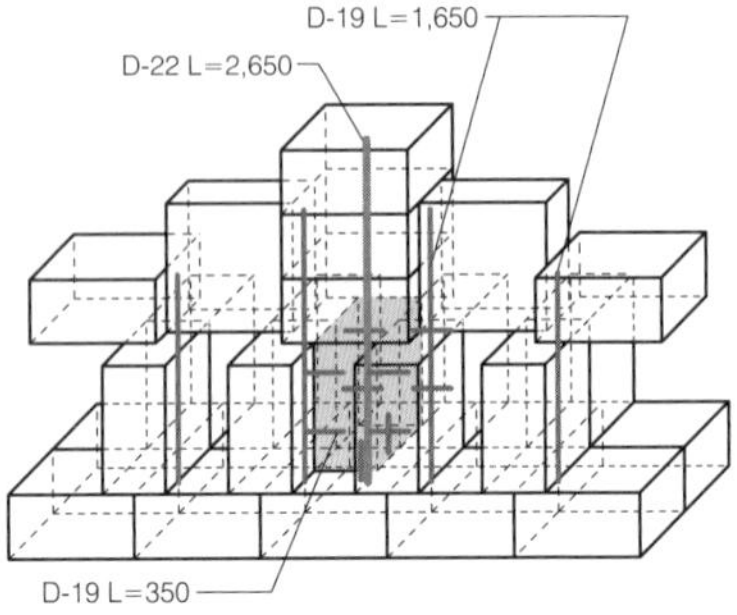

図 7 〈潜水士のためのグラスハウス〉
アクソメと組積ユニット

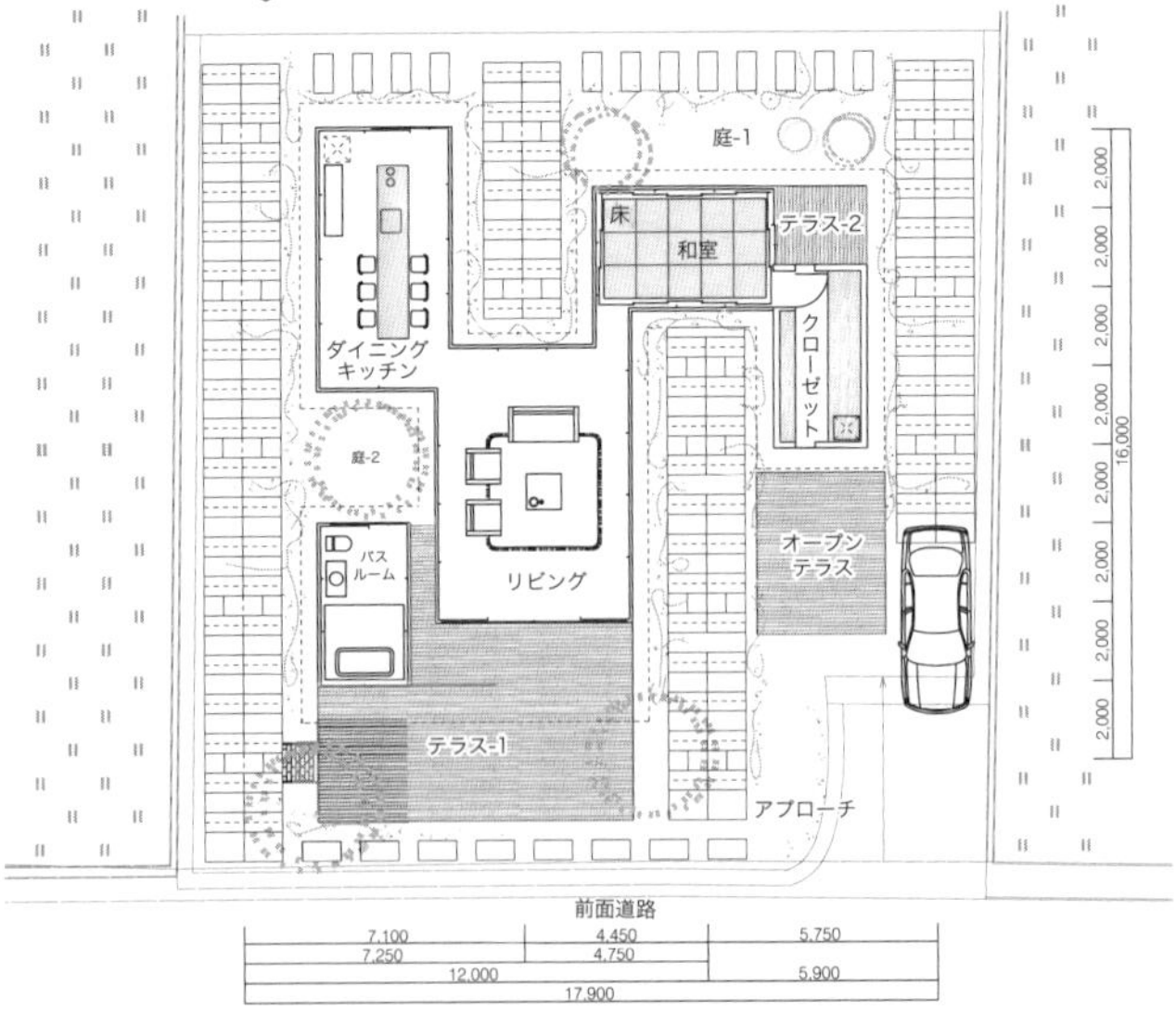

図 8 〈潜水士のためのグラスハウス〉平面図

図10 〈潜水士のためのグラスハウス〉ブロック組積工事。一列組積完了し、鉄骨建て方へと進む（写真：中薗哲也）

図9 〈潜水士のためのグラスハウス〉基礎部の工事。上部構造だけでなく地中の基礎構造もブロック造とし、可能な限りこの廃コンクリートのブロックを使用している（写真：中薗哲也）

図11〈潜水士のためのグラスハウス〉鉄骨建て方（写真：中薗哲也）

部・関西・中国・九州地域での活動をいただき、建設現場に伺う機会は、例えば地理理解を兼ね海で泳いだり、町を1時間ほどランニングしたり、現場のみに滞在することのないよう努めています。会社の体制は、10年を超え一緒にやってくれているパートナーとすすめ、対象物件は住宅、保育園、道の駅、学校、公共建築等。もともと構造に取り組み始めた自らの経緯からも、高度というよりは、自由な構造であること。建築家も含め、その物件をどうやって成立させればよいかわからない状況、時期、関係も含めた構造を、供に配慮しながら、初めの一歩を

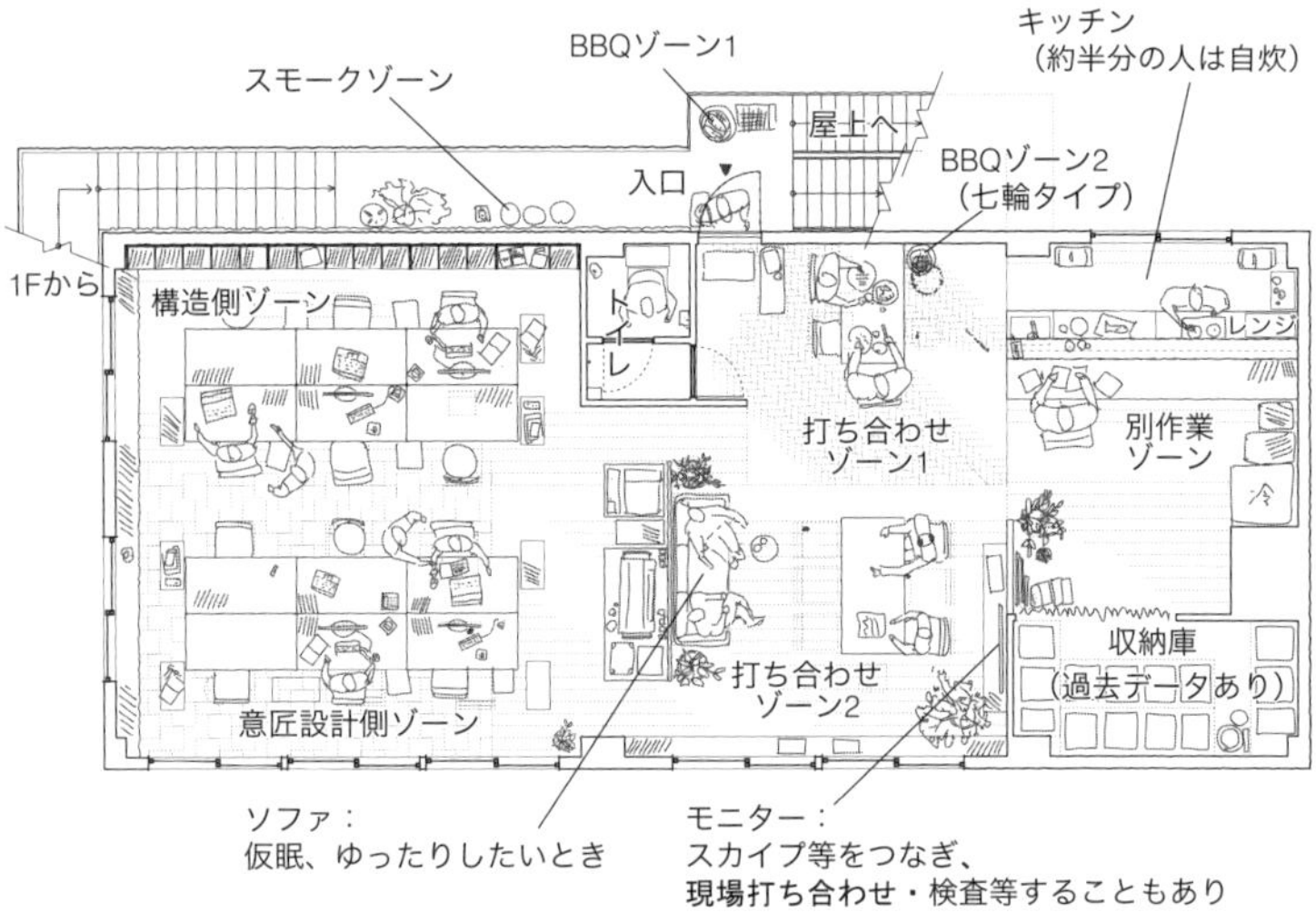

図12　事務所間取り図

歩めるようにするお手伝いをする活動も多いと思います。それを自分ではゼロイチ活動（1から10に製錬させるより、やり方を含めよくわからないこと0を1となるように動かし始める活動）と呼んでいます。本来の構造力学的な比率は低いが、構造が絡む一連の活動領域（手続き、つくり方、材料、使い方）といったものを含み、現在うまく機能していない一見捨てられている領域を「拾い」、より「広い」活動領域を社会に獲得していくことのお手伝いです。一方で、一緒に構造を考える建築家、最近では環境（設備）など、そういう相手や対象の内部に、かつて自己内に鬱積していたようなそれぞれの思いがあることを知り、その思いを自他ともに愛する姿勢で具現化できること。個々として自らの意思を直接社会とつなげる、アトリエ的な活動をしながら、互いに導きあう活動を続ける相棒であり、同志に会えることを楽しみにしています（図12）。

13 構造デザインの実践と教育の両立

多田脩二
多田脩二構造設計事務所

所内には植栽が多く置かれている

構造設計に携わって25年

学生時代に構造設計の魅力を知り、以来、卒業後は佐々木睦朗氏のもとで9年、独立後の1人体制が7年、スタッフを雇うようになって9年が経ちました。必ずしも順調な時ばかりではありませんでしたが、多くの先生、先輩に助けられてきました。だからこそ今後は、構造設計に関心を持つ学生、独立を目指す若手、事務所運営に苦労する方々をフォローするような仕組みをつくっていきたいと考えています。

建築との出会い、構造設計との出会い

生まれてから高校1年生までを過ごした愛媛県今治市には、丹下健三による〈今治市庁舎〉がありました。RC造の折板構造で、要塞のような迫力を子どもの頃から感じていました。一方、高校時代を過ごした香川県高松市では、これも丹下の代表作である〈香川県庁舎〉と〈香川県立体育館〉が身近にありました。大学への進学時、理系の学科では、建築が最も面白そうだと、自然な流れで建築学科を志望しました。

建築学科に入学したものの、当初は建築が意匠・構造・設備・施工等の分野から成り立っていることも知らず、進路のイメージも全くありませんでした。進学した日本大学は構造材料に関する力学の授業や材料実験の実習が多く、恥ずかしながら、大学2年の時に構造力学や応用力学等の単位をほとんど落としました。進級はできたものの、必修科目の構造力学は再履修しなければなりませんでした。

しかし2年生に混ざって受けたこの構造力学の授業で、構造設計の世界へ進むきっかけに出会いました。斎藤公男先生が監修で関わった『建築文化』1990年11号の「建築の構造デザイン」の特集です。それまで、建築設計は建築家によるものだと思っていたのに対し、構造家という職能があり、優れた建築のデザインに寄与していることを知ったのです。構造のシステムを通して意匠と密接に結びつく、構

造デザインに興味がわきました。

また当時、図書館で見つけた『a＋u』臨時増刊号のR・ピアノやN・フォスター、R・ロジャースといったハイテクスタイルの建築デザインにも衝撃をうけました。構造や設備のテクノロジーが建築の形態に反映された、メカニカルな表現にひかれ、このような建築の設計がしたいと思ったのです。

この構造デザインとハイテクスタイルとの出会いをきっかけに、構造を理解したくなり、構造系の研究室を志望しました。

大学時代――2つの研究室

なんとか4年生に進級し、小野新先生の研究室にお世話になりました。学力の無さにもかかわらず、小野先生の魅力と研究室の楽しさから、無謀にも大学院への進学を志望します。先生は顔を合わすたびに構造力学の問題をクイズのように出してくださるので、構造力学の基本を身につけることができました。構造設計を行うには、外力に応じた力の流れの把握が重要です。図解法は、その力の流れをつかむにはとても良いトレーニングになるので、ぜひ構造の苦手な方には理解してもらいたい内容です。お陰でかなりのレベルの問題も解けるようになり、大学院時代のTA（ティーチング・アシスタント）では、学部生に対しわかりやすく指導ができたようにも思います。

大学院では斎藤先生の研究室にお世話になりました。研究室では、従来にない構造システムの提案に対し実大実験の計画から制作までをとりまとめ、その実験結果を解析・検証します。またそのシステムの社会性や歴史的な意義づけ等のコンセプトも考えます。この研究室での4年間は、朝から晩まで、時には泊まり込みで入り浸りの生活でしたが、この貴重な経験は現在関わっている大学での教育に大きく影響しています。

就職

修士1年の後半になるとそろそろ就職先について考え始めます。同期は自分を含め5人いましたが、自分以外の2人は大手組織事務所へ進みました。自分は、当初から2人は大手ゼネコンの設計部へ、あとのからアトリエ系の個人事務所が希望で、特に建築に対して個人の設計思想を強く持った方に学びたいと思っていました。

当時のアトリエ構造事務所としては、木村俊彦先生やその弟子の方々が活躍していました。思案していたところ、『建築雑誌』に掲載された佐々木睦朗先生の文章に目が留まりました。若い設計者や学生に向けた、今後の構造デザインの展望や個人型の構造設計事務所のありかた、自らの構造設計に対する思想に感銘を受け、佐々木先生のもとで構造設計のいろはを学びたいと思いました。斎藤先生に相談したところ「佐々木さんは優秀過ぎるから君には難しいだろう」と言われましたが、連絡先を調べて問合せたところ、面接を受けることができました。

1994年当時、佐々木構造計画にはまだ所員はおらず、パートナーとして西田清巳さんや池田昌弘さんが協力している状況で、そこへ運よく所員第一号として採用されました。

構造の美学を学んだ佐々木睦朗構造計画研究所時代

入所直後は、池田さんの指導の下、難波和彦さんの〈箱の家〉や磯崎アトリエの〈静岡県コンベンションアーツセンター〉等の複数のプロジェクトを手伝いながら、〈マルチメディア工房〉〈意匠設計：SANAA〉を担当していました。

プロジェクトが多いだけではなく、あまりにもわからないことや学ぶこと、やるべきことが多く、いくら時間があっても足りない日々で常に頭はパンク状態です。あっという間に1年が経つと鈴木啓さんが入社、さらに1年後には小西泰孝さんが入社し、毎日朝から夜遅くまでともに働きました。

佐々木構造計画でのプロジェクトの進め方は、まず意匠事務所と佐々木さんとの打ち合わせによって、設計の方針とコンセプトや構造システムが決まります。打ち合わせの際には、略算によって仮定断面を提示します。その後、事務所に戻り、解析モデルを作成し仮定断面と構造システムの整合性を確認するとともに、さらに建築に対する構造システムの可能性を詰めていきます。その後は意匠事務所のスタッフと実施設計を進めますが、佐々木さんの考えや意向に外れたり、不明解な設計をすると厳しく怒られます。しかしこの指導を通じて、建築との向き合い方や、設計の進め方等、構造設計を続けるうえで重要な多くのことを学ぶことができました。

在職した9年間で、多くのプロジェクトに携わりました。特に入社時にコンペでとれた〈せんだいメディアテーク〉（意匠設計：伊東豊雄建築設計事務所）は、佐々木さんが先頭に立って池田さんと構造評定までの設計を纏め上げた思い出深い作品です。入所2年目の頃に担当したホールと図書館の複合施設である〈大社文化プレイス〉（意匠設計：伊東豊雄建築設計事務所）は、設計から現場までを担当させてもらって、少し設計に対する自信がつきました。伊東豊雄建築設計事務所とSANAAのプロジェクトを担当することが多かったのですが、青木淳建築計画事務所の〈ルイ・ヴィトン表参道〉は、青木淳さんの建築に対するアイデアや柔軟な設計の進め方が新鮮で、今までにない施工会社との仕事の進め方も経験できました。

独立後の試行錯誤

佐々木構造計画では基本的に在籍5年までという決まりがありますが、私は入所4年目の頃に主任としてプロジェクトを任されるようになり、結局約9年間お世話になりました。

独立のきっかけは、コンペで取れた〈中国木材名古屋事業所〉で、竣工のタイミングで退職し独立しました（図1、2）。

とはいえ、特になんの準備もせずに独立したため仕事はなく、最初は研究室の先輩である大塚眞吾さんの事務所の机を1つ間借りしながら、大塚さんの仕事を数件お手伝いして過ごしていました。徐々に仕事の依頼を受け忙しくなり始め、いずれはスタッフを雇いたいと思うようになりました。ちょうど、その頃金箱事務所から独立したばかりの大学の後輩がいたので、少しスペースのある事務所を池尻大橋に借りることにしました。しかしスタッフは簡単に集まるはずもなく、独立後の7年間は結局1人で続けていました。

一方、独立して1年後の2005年におきた耐震偽装事件には本当に参りました。資格の厳格化や構造設計一級の新たな資格、構造計算適合性判定による過度な申請対応によって建築をつくることが困難になりました。最大の問題である確認申請業務は、理不尽な質疑対応によって1物件に対して時間と労力があまりにもかかるため、せっかくの構造設計の依頼も断らざるをえない状況に陥りました。過度なストレスから構造設計の生業を辞めようかとも思ったほどです。また一級建築士の資格を有していなかったことも大きな問題でした。そんな状況で、構造家の播繁さんには適合性判定の物件の図面に対してアドバイスをいただき、一級の資格に関しても協力をいただきました。その代わりといってはなんですが、スタッフのいない播さんのプロジェクトのお手伝いもしていました。

7年越しのスタッフ増員

こんなふうになんとか諦めずに続けることによって、ようやく2011年、最初のスタッフとして深澤、その3年後の2014年に廣幡、2017年に

図 1 〈中国木材名古屋事業所〉内観（意匠設計：福島加津也 ＋ 冨永祥子建築設計事務所、構造：木造、竣工：2004 年、写真：福島加津也 ＋ 冨永祥子建築設計事務所）

図 2 〈中国木材名古屋事業所〉施工中の様子

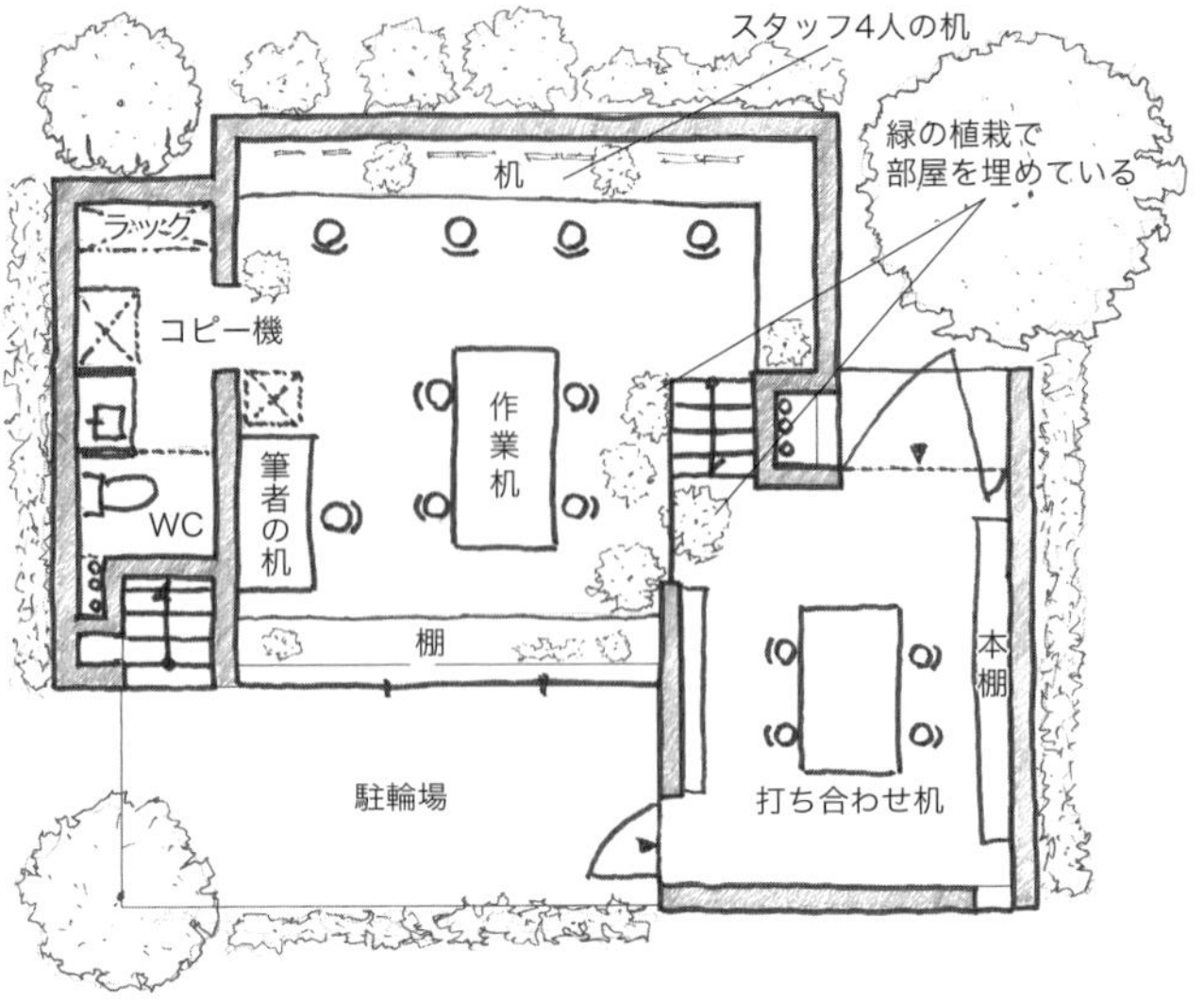

図3　事務所間取り図

川本、２０１８年に遠藤が入社し現在はスタッフが4人在籍し、自宅の半地下部分を事務所としています（図３）。

就労時間は、月曜から金曜の午前10時から午後7時までですが、基本的にはスタッフに任せています。土曜は午後からの出勤で、各自の都合の良い時間に仕事を切り上げ早めに帰宅するようにしています。

担当プロジェクトは、スタッフの能力と状況で判断しますが、年間でおよそ1人10件程度のプロジェクトに関わります。解析ソフトは、力の流れを把握する汎用ソフトと申請用の一貫解析ソフトの両方で進め、構造図は担当者が全て描くこととなります。特に鉄骨造と木造の接合ディテール、そしてＲＣ造の配筋は最も重要なので、詳細図によってその都度確認し、応力と施工性を考慮し詰めていきます。現場監理も担当者は可能な限り頻繁に行くことにしています。

ただし1年目のスタッフは、先輩の手伝いと簡単な木造住宅やRC造の壁式構造を担当し、徐々にプロジェクトの規模や難易度を上げていきます。現場にも最初は先輩について行って慣れさせます。各自が担当し竣工した建物は、できる限り所員全員で見学へ行くようにしています。

プロジェクト

佐々木構造計画で担当したプロジェクトは先鋭的な鉄骨造がほとんどで、RC造も〈ぐりんぐりん〉（意匠設計：伊東豊雄建築設計事務所）のようなあまり一般的ではないものばかりで、木造の設計はありませんでした。独立後はむしろ木造の設計が多いです。

独立のきっかけとなった〈中国木材名古屋事業所〉も木造です。コンペの条件は、新しい木構造の可能性と事務所への自社製品のショールームとしての機能が求められていました。そこで、展示スペースと一体になった事務所上部（平面規模は約33m×16・5m）の比較的大きな屋根を一方向の吊り形状による、従来にない構造システムを提案しました（図4）。

コンペで最優秀に選ばれましたが、木材は材料としての性能のばらつきが多く、繊維方向によっても強さや硬さが違い、製作においてわからないことが多々ありました。さらには短い設計期間であることから、大学との共同研究として、縮尺模型実験や材料試験、解析的検討を行いました（図5）。現場に入

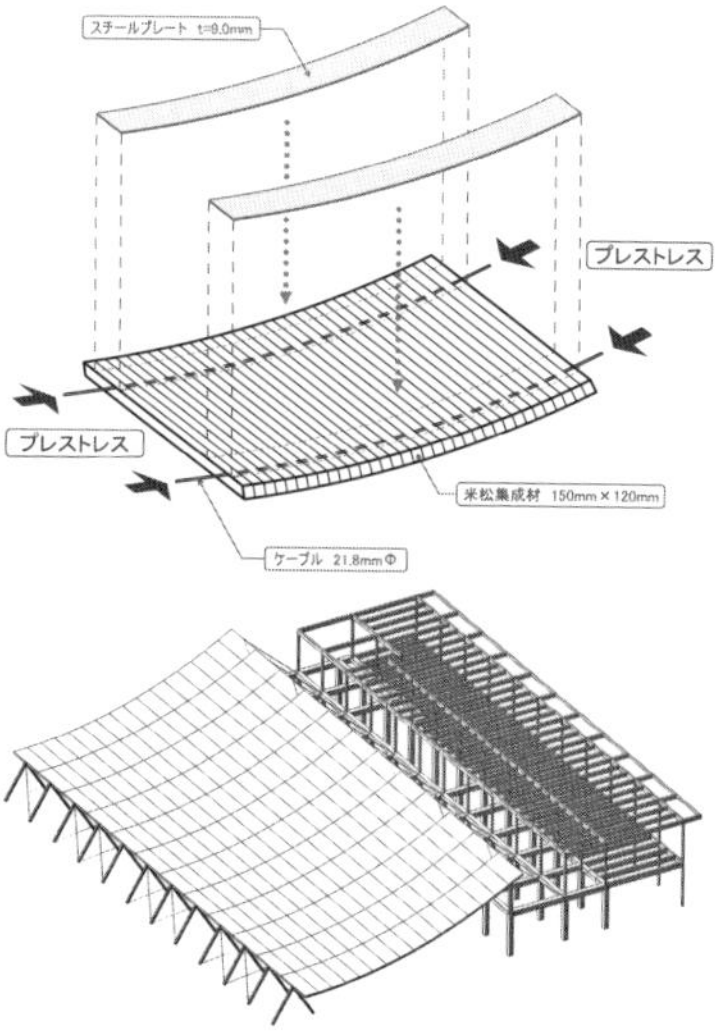

図4 〈中国木材名古屋事業所〉屋根構造の概念図（上）と解析モデル（下）

ってからも、実大のモックアップを制作し、屋根に関する施工精度、建て方順序、ディテール、さらには補強鋼鈑や屋根仕上げ材の吊り形状に対する馴染みや接合方法等を施工会社の協力によって確認し検証しています（図６）。このシステムの提案によって、材料の効率的な運搬の考慮と、コストアップの要因である接合金物を極力減らすことができています。

図５　〈中国木材名古屋事業所〉集成材の乾燥収縮試験、縮尺模型実験の様子

同じ建築家とのコラボレーションによる〈工学院大学弓道場・ボクシング場〉の構造設計では、弓道場の緊張感のある空間に対しては小断面部材による繊細な格子フレームを、一方ボクシング場の荒々しい空間に対しては市場性のある１２０㎜角のひのき材を用いました。材をずらしながら、１本のボルトによって締めて一体化し、それを重ねることによって大仏様の組物を模した構成を内部空間側へ現す構造システムを提案しました。

木造建築の断面を選定する場合は、接合部の納まりを考慮した設計が重要です。しかも小断面を用いると使用できる接合金物は限定されるため、設計の難易度はさらに高くなります。また応力に見合った接合部の設計のみでは、ガタやめり込みによるクリープ変形を考慮することは困難で、悩ましい問題です。弓道場の格子部分の接合部は、回転可能なピン構

図６〈中国木材名古屋事業所〉吊り屋根の施工状況（上）と、屋根の振動実験（固有値の計測）の様子（下）（上下写真：福島加津也 ＋ 冨永祥子建築設計事務所）

図 7 〈工学院大学弓道場〉の屋根架構（意匠設計：福島加津也 ＋ 冨永祥子建築設計事務所、構造：木造、竣工：2013 年）

図 8 〈工学院大学弓道場〉の施工現場

造ではなく風荷重時の変形制御のために、木ビスと4本の垂直材を6㎜欠きこむことによってめり込みを考慮した半剛接としています（図7、8）。ボクシング場の部材構成は、接合金物を減らすために、部材の1か所に穴をあけ、ボルトを通し締め付けることによって一体化しています。そのため、最適なボルトの締め付け力を把握するために、トルク監理が重要となります。そこで両武道場接合部の性能を把握するために実験を行い検証しました（図9、10）。

a）弓道場

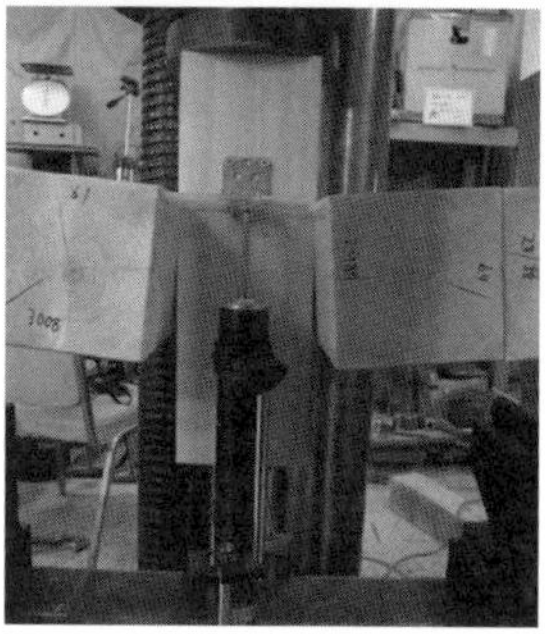
b）ボクシング場

図9〈工学院大学武道場〉接合部実験

もう1つ、明快なコンセプトのもとに構造設計を進めた木造のプロジェクトとしては〈東松山農産物直売所〉があります（図11）。4寸角（120㎜角）の木部材のみで構成することを試みました。耐震要素はK型筋かいを採用していますが、建築基準法施行令による壁倍率が定められていないこと等から、実験を行って設計に反映させました。小径断面の統一部材による構成は、接合部の納まりが難しく、建築計画との整合性、柱と筋かい位置の調整等を意匠

図10 〈工学院大学ボクシング場〉の架構（意匠設計：福島加津也 ＋ 冨永祥子建築設計事務所、構造：木造、竣工：2013年）

設計者と何度もやり取りを繰り返し、最終案に落ち着いています。

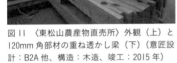

ちょっと変わったものとしては、〈guntû〉という、瀬戸内海を巡航するクルーズ客船の構造設計がありますが、造船と建築の、設計方法や造り方に対する違いがよくわかりました（図12）。例えば、造船の場合、難易度の高い鋼板による曲面加工が、各ラインでシステマチックに進んでいくため、住宅をつくるよりもはるかに早いスピードで完成し驚かされました。その一方で、建築のような繊細なディテールや納まり対応はほぼ不可能であることもわかりました。

図11　〈東松山農産物直売所〉外観（上）と120mm 角部材の重ね透かし梁（下）（意匠設計：B2A 他、構造：木造、竣工：2015 年）

人を育てる――アトリエ事務所後のキャリアアップ

基本的には様々な構造材による多様なプロジェクトに携わり、建築における構造の可能性を探っていますが、いずれスタッフが独立することを考えると、彼らを構造設計者として1人前の人材として育てることも考えなければなりません。1人前になるには、ある程度の厳しい状況や理不尽な事柄にも前向きに取り組む必要があります。また設計の能力以上にコミュニケーションの能力や、建築デザインに積極的に関わる姿勢も大切です。

現段階では、独立したスタッフはまだいませんが、基本的にはお世話になった佐々木構造計画と同じく5年を一区切りとして考えています。その時点で独立するか、もう少し事務所に残ってプロジェクトに

図 12 〈guntû〉（意匠設計：堀部安嗣建築設計事務所、竣工：2017 年）

関わるかは、相談によって対応します。

例えば現在9年目の深澤は既に2児の父ですが、個人のプロジェクトを数件抱えつつ、週に一度多摩美大の非常勤講師をし、時間のバランスを取りながら事務所のプロジェクトを進めています。

また先輩の事務所から独立し、構造設計をしている坂井初さんには、設計のパートナーとして、スタッフのいない時から設計の手伝いをしてもらい、今では比較的設計の難易度の高いプロジェクトに協力してもらっています。

とはいえ、あらゆる意味で徐々に独立が難しい時代へ移行しているようにも思えます。

意匠事務所からの仕事の依頼と取り組み方に確認申請業務の大変さ、構造設計料の交渉に、事務所の経営と運営等々、様々なことに対処しながら、構造設計一級建築士等の資格取得のための勉強も必要です。できれば、今後は独立希望のスタッフや、個人事務所の運営に苦労している方々をフォローするような仕組みや体制をつくれないかと考えています。さらに個人の能力をいかした、緩やかな集まりとしての組織の可能性も思案中です。

教育の世界へ

設計以外には、教育活動にも関わり始め、2012年より千葉工業大学で教えています。自分自身が学生時代に学んだものづくりの大切さを重視して、体験型の簡易な実験等によって、構造の単純な原理と基礎知識を学んでもらっています（図13）。

例えば、パスタや割りばしで構造システムを考える「パスタブリッジ」（図14）や「割りばしストラクチャー」を行う際には、「歴史的に著名な橋」や「世界のフットブリッジ」等のリサーチを行い、プレゼンをさせます。そして、スパンや支持方法等のルールを決めて載荷試験を行い、各チームで競わせ、結果をまとめることによって、力の流れや制作方法、解析結果との整合を検証したりもします。希望者には建設中の現場見学や、実建物に関するモックアップの載荷実験等に参加する機会もあります。修士の学生の場合は、その実験結果をまとめ解析結果と比較し論文としてまとめるようにしています。

意匠計画系に属する「構造デザイン」研究室の立場なので、果たしてどのくらい学生に構造への関心が浸透しているのか模索中ですが、徐々に構造設計事務所に進む人が出てきたことは嬉しく思っています。

図 13　サマーセミナー

図 14　「パスタブリッジ」のプレゼン風景。身近な素材で構造システムを考える授業

column

構造教育における人材育成

日本大学名誉教授　斎藤公男

日本大学で教職にあたった約50年間（1963-2013）、建築の構造教育を通じてどのような人材を育成せんとしたのか？　自身の回顧としてふり返ってみたい。

私が大学に進んだ1957年、ブラジリアの都市計画（L・コスタ）や〈シドニー・オペラハウス〉（J・ウッソン）等の国際コンペがあり、日本にも革新的な構造技術の波が押し寄せていた。大空間の構造デザインへの憧れは高まり、さらに〈代々木オリンピック競技場〉の設計チームの一員として垣間みた構造家と建築家の協同やデザイン・プロセスの有様は、私の構造エンジニアとしてのDNAになった。

また、その後の大学での教員活動に影響を与えた2つの言葉がある。1つはB・フラーの革新的開発の全てが学生との協同であり、「研究は教育の場を通して社会とつながる」という言葉。いま1つは師・坪井善勝先生の「1つの設計をきちんとやれば1人の博士が誕生する位、設計と研究は一体と考えなくてはいけない」という言葉だ。彼らの姿勢から、「教育・研究・設計」をいかに有機的に融合し、互いを作用させるかを学んだ。

大学では3つの構造教育を行った。1つ目は構造力学、構造設計等の講義と実験が中心の「科目授業」。2つ目はゼミ生、大学院生との研究が中心の「研究室活動」。そして3つ目は様々な素材でリアルサイズの構造空間を制作する「体験的学習」である。当時考えていた「構造設計のための人材育成」という視点から、特に力を入れた事柄を述べてみたい。

A「科目講義」カリキュラムのなかから

(1)「構造力学I」（1年後期）：構造設計の安全性、創造性にとって最も重要な「力の釣合いと流れ、安定・不安定」の学習を重視した。静定のM（N・Q）図を徹底的に画きながら、スライドや簡単な実験を通し基本的な力学が実際の構造にどう使われているか、知識をこえて得心してもらう。

⑵「建築基礎実験」(1年前期):「形と力」「物が壊れること」に関するスライド講義の後、1枚の紙を用いたペーパーストラクチャー(小さな橋)をグループでデザイン・制作する。翌週、各班で最大荷重を予想した後、錘による載荷実験を行う。耐力だけでなくアイディアや造形も評価される。学生にとって、"Structure"に初めて向き合う刺激的で貴重な体験となるはずだ。

⑶「構造とデザイン」(2年後期):建築の空間・構造・力学のつながり、構造設計の意義・魅力・役割、構造技術の歴史、世界・日本の構造家像、発想から建設、といった内容をできるだけ自身の見聞や体験を通して語る。スライドやDVD、アンケート紹介等をとり入れ"講演"にならないことを心がけた。

B「研究室活動」研究論文と設計現場への参加

研究論文は縦・横の関係が強まるよう、テーマ別グループを院生と卒業生で構成し、できるだけ構造体実験を行う。論文発表がめざすのは学内・学会、そして国際会議の舞台。社会性をもった実践的研究は世界でも注目された。また、モノをつくる現場には研究室のメンバーにできるだけ参加してもらった。その体験が建築や構造設計への思いを格段に高めると信じた。

C「体験的学習」―ストラクチュラル・アートへの挑戦

一方で、講義や研究活動からは得られない創造的体験が必要である。リアルサイズで1日で制作する「習志野ドーム」や「構造設計」の一端を知れる「学生サマーセミナー」もその一環だ。建築デザインと構造の融合、発想の実現性、建設プロセス、構造システムとディテール・施工法との相関、協同作業やプレゼン能力の養成。そうした総合的教育の場としての、WSを成功させる企画側の工夫やエネルギーも求められる。

「習志野ドーム」の活動が評価され、IASS(国際シェル・空間構造学会)の Tsuboi Award(坪井賞)を受賞。ニュースレターに紹介されたその活動が表紙を飾った

14 ローカルエンジニアリングと構造デザインの挑戦

山脇克彦
山脇克彦建築構造設計

事務所での筆者。スタッフと架構模型制作の打ち合わせ（写真：YOSHIDA Kohei）

組織事務所社員から構造家への転身

札幌を拠点に、木造・鉄骨造・RC造・PC造・文化財を含む耐震診断、コンサルティングと、多様なエンジニアリングを、北海道というローカルなフィールドを中心に展開しています。

23年間、組織事務所にて超高層ビルから寺社の耐震診断まで幅広い構造設計を担当しました。大規模で社会的役割の大きなプロジェクトのやりがいの素晴らしさ、マネジメント業務の大切さを感じつつも、構造設計者が取り組むべきローカルな課題が多いこと、私個人の構造デザインを求めてくれる建築家の存在、何より、構造デザインをやり尽くしたい！との気持ちから独立しました。

２０１５年に独立して4年、設計スタッフは私のみ。オープンデスクの学生に構造模型制作およびスタディ解析モデル作成等協力してもらいます。構造図のＣＡＤ化および一貫構造解析入力は、大学時代の友人の事務所とコラボレーションしています。設計・解析の分担は相互に補完し、設計方針を客観視できるメリットが大きいからです。

これまで年間約30件のプロジェクトに関与し、工事中含め約50棟の実施プロジェクトを担当しています。

そのなかで特徴的なのが木造です。地方では中大規模木造や混構造を積極的に行う設計者が少ないためか相談が多く、現在、一般流通道産材による多様な木造架構のプロジェクトが進行中です。この木造分野は今後もさらに展開する可能性を感じます。

ローカルエンジニアリングで挑戦する木造架構

例えば、当麻町の木造庁舎は特徴的な構造デザインを試みました。このプロジェクトは、組織事務所から、プロポーザルの協働に声を掛けていただきました。寒冷地である道北固有の特徴からか、ここには建築計画や断熱等、技術情報を設計者同士で共有

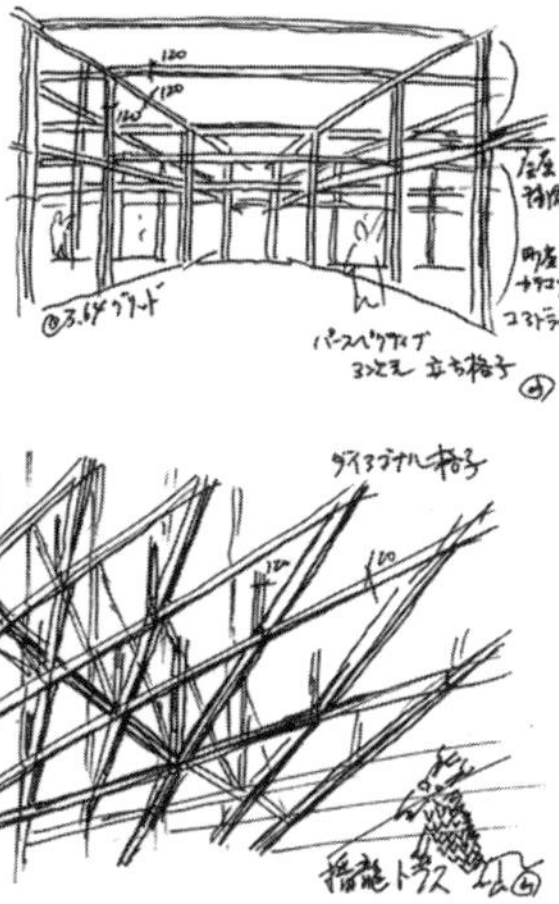

図3 〈当麻町庁舎〉スケッチ

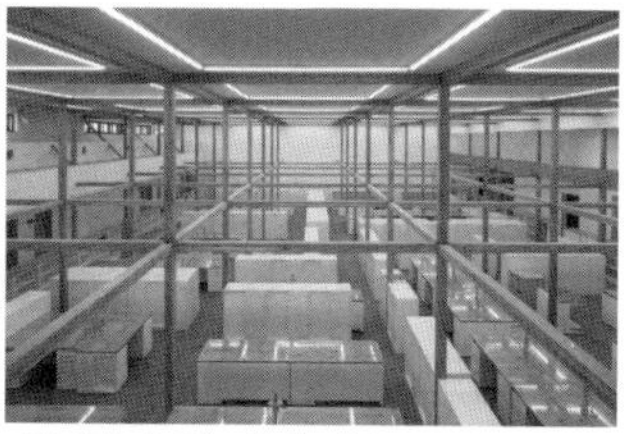

図1 〈当麻町庁舎〉（北海道上川郡当麻町、意匠設計：山下設計・柴滝建築設計事務所、構造：木造在来軸組工法、竣工：2018年、写真：SAKAI Koji）

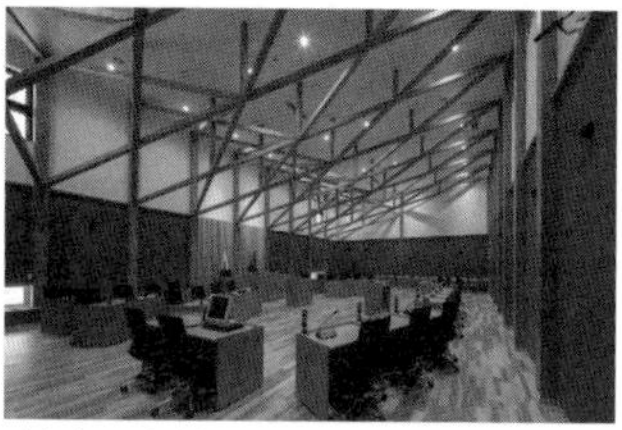

図2 〈当麻町庁舎〉120角道産カラマツの3次元格子による架構（写真：SAKAI Koji）

する習慣があって、建築家同士の距離感が近い。道民のおおらかな人柄と、木造構造設計の実績が多いこともあってか、ユニークなコラボレーションの依頼を受けました。

柱・梁・土台・ＣＬＴ・合板・羽柄材・サイン・職員机に至るまで、あらゆる建築木材にカラマツ、トドマツ等町産木材が１００％（！）採用された究極の循環持続型とも言える建築を、可能な限り地域の技術でまかなうローカルエンジニアリングを実現しました。

執務室は１２０角カラマツ製材柱を３・64ｍグリッドに配置し、同寸法の１２０角２段梁をＸ／Ｙ方向に座屈補剛として接合、立体格子架構を20ｍ×30ｍにわたり展開した、木の温かみを感じさせるパースペクティブな空間です（図１）。議事堂は、１２０角カラマツ集成材を束・斜材・下弦材に用いた片流れ立体トラスを採用、当麻蟠龍《とうまばんりゅう》伝説にちなみ、斜め木格子を龍のウロコに見立てた「蟠龍トラス」と名付けました(図2)。120角道産カラマツの3次元格子による架構表現で統一しつつ、広がりを感じさせる明るい庁舎空間を、道北地域の風土に適した設計施工技術により実現できました(図3)。

組織事務所で得た人との縁

小さいときから、答えが自明の数学は得意でした。大学受験時、当時はやりの「電子系」から、都市計画に魅力を感じ「環境計画学科」に変更。入学後、「建築」を学びつつも、3年時に、「難易度が高そう」という理由で構造系研究室を志望。所属する大学サッカー同好会OBの誘いから日建設計サッカー部合宿に参加し、所員が社内サッカー対抗戦戦術を超真面目に議論する熱く真剣な雰囲気に惹かれて入社、構造設計部へ配属されました。

構造デザインを意識したのは1995年のJSCA新人賞を受賞後にJSCA構造デザインWGに参加する社外の構造家の方々との活動を通じてからです。

組織設計事務所で学んだ設計哲学

日建設計の初めの5年程度は、構造設計の初歩である部材計算、ひたすらに基準書をめくり、構造設計・意匠設計の先輩方に叱られつつ、ディテールをスケッチする日々でした。少しずつ、凝ったディテール等自分のやりたいことができるようになりましたが、査図・検図そして先輩方からのダメ出しを受ける日常でした。このダメ出しが一人前の構造設計者としての独り立ちをさせてくれた賜物に思えます。

私がまだ若手の20年頃前に構造設計部でよく見られた風景ですが、打ち合わせテーブルに若手が鉄骨ディテールのメモを置いておくと、通りすがりに少しずつ人が増え、「ああでもない、こうでもない」と議論が始まるのです。各人が悩んで決めるディテールの判断には哲学が宿るものですが、この「設計哲学」をもつ姿勢が、構造設計者には必要不可欠です。

年齢も40を超え、マネジメント業務が増え悶々としている時期に北海道日建設計に出向し、小規模・木造建築の設計を社内外の建築家と行ううちに、地元で一般流通される建築材料を地元職人の技術で建設可能な工法でつくり上げるローカルエンジニアリングのやりがいに目覚めました。構造デザインをディテールから部材プロポーションまでつくり上げる、「構造デザインど真ん中」の喜びを再認識し、北海道の建築家の皆さんからのオファーも多く受けていたこともあり、独立、現在に至ります。

組織と個人の違い

組織事務所は意匠・構造・設備設計者から監理マンまで、所員同士の連携や技術伝承の点で有利です。特に日建設計は、学会委員会に参加して設計基準書を作成する先輩たちが揃っている素晴らしい環境でした。一方で個人事務所は原則として建築家が契約先となるため、技術アピールが必要で、構造設計者単独の力量が厳しく問われます。また比較的小規模な建築に携わるためプロジェクト数も多く、建築家の要求も多様なため、日々、構造設計の瞬発力を鍛えつつ、設計の幅を拡張させる必要性を感じます。

重要なことはよい建築を目指す意志と、大きな視点で思考する真摯な姿勢。私の好きな言葉であるバックミンスター・フラーの「Act Local, Think Global（ローカルに行動し、グローバルに考える）」の個人的解釈でもあります。

構造設計における至福の時間

私自身は、難易度の高い、構造デザイン要素を含んだ濃い設計内容の仕事を好む傾向にあります。建築家から「難しいですよね…」と言われると燃える質です。

構造設計者には、構造計画はもちろんのこと、建築計画に踏み込んだ提案が必要です。建築家とのスケッチや模型を交えた架構スタディは至福の時であり、計算とディテールスケッチで思うようなプロポーションにならないと焦り、苦しみます。そして条件をクリアし、目指す空間を想像するときのワクワク感、現場段階での確認を経て、完成を目の当たりにする歓び。その経験の繰り返しが新たな架構のチャレンジと発想を進化させてくれるのです。

チャレンジ①――構造設計から建築への提案

　例えば、厳しい敷地条件を逆手に取った発想で、新たな建築計画を実現した架構のプロジェクトがありました。

　敷地は土砂災害警戒区域のため、地表面＋３ｍまでＲＣ造とするか擁壁を設ける必要がある条件でスタートしました。木造架構では、構造上も建築計画上も全く馴染まないため、ＲＣスケルトン＋木造架構を提案しました（図４）。

　鳥居型のＲＣ造の架構に木架構をはめ込む形式で、眺望の良い２階床面積を最大限確保できます。大きな2階床・屋根の跳ね出しは、木材合わせ梁を多用してローコスト化を図り、1階・外構の計画変更に容易に対応できるよう、鉄骨螺旋階段を2階梁から吊り下げています（図５）。

　災害に備える対策を、擁壁等の耐える架構ではなく多機能なピロティ架構で受け流す、建築の可能性を拡張させる空間になったと考えています。

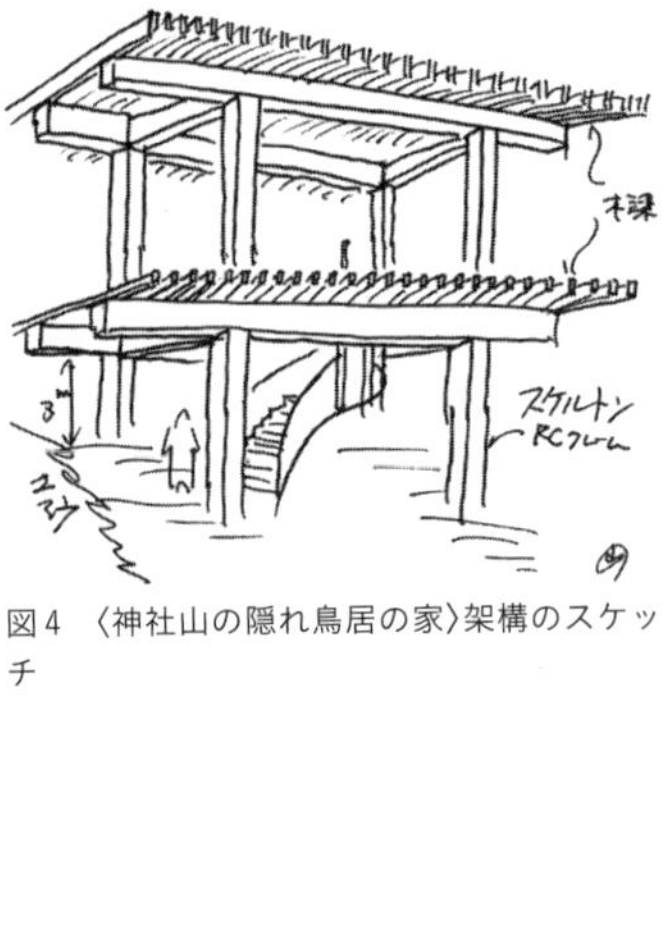

図４〈神社山の隠れ鳥居の家〉架構のスケッチ

図5 〈神社山の隠れ鳥居の家〉外観（北海道札幌市、意匠設計：ヒノデザインアソシエイツ、構造：RCスケルトンフレーム・在来軸組木造、竣工：2016年、写真：水上ゴロウ写真事務所）

チャレンジ②
――ローカルエンジニアリングに地場工務店と挑戦

ローカルなフィールドで構造設計を行うことには多くのハードルもあります。雑誌に紹介されるような難易度の高い特殊な製品や新素材の使用は、東京よりも特に施工者の方の反応がコストに跳ね返り困難です。それでも、一見難しい架構も、実績のあるありふれた材料を用いながら、変化をつけた表現やディテールで実現し、その理解に設計者と施工者が接点を見出す協働ができる点、ローカルエンジニアリングの醍醐味です。

例えば、〈NORTH FARM STOCK Extension〉という、店舗のプロジェクトは、施工者である大工職人の工夫と技術により実現しました。地場産素材と手づくりにこだわる企業の商品を販売する店舗の架構で、小断面木材を重ねて格子配置した「重ね透かしトラス格子梁」を提案、立体的な陰影が手づくり感を表現することを意図しました（図6）。

細やかな部材の組合せは施工過程を増やし、斜材の鋼棒を木材に斜めに貫通させる高い施工精度が求められるため、仮組みも実施しています。

商品陳列棚を兼ねた鋼棒柱、サッシを兼ねた鋼板柱、ツーバイ材と耐力壁を組合せたツーバイ棚柱等、

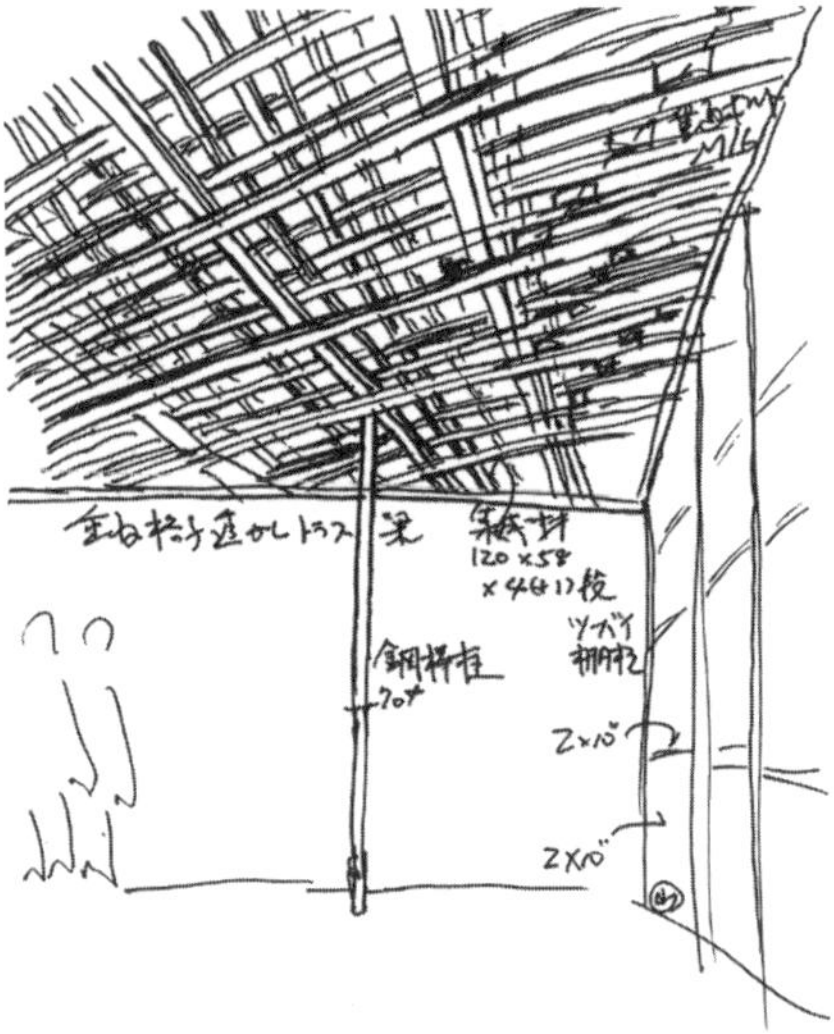

図6　〈NORTH FARM STOCK Extension〉重ね透かしトラス格子梁のスケッチ

図7　〈NORTH FARM STOCK Extension〉（北海道岩見沢市、意匠設計：鈴木理アトリエ、構造：木造・重ね透かしトラス格子梁架構、竣工：2016年、写真：SAKAI Koji）

わずか50㎡程度の空間に多くの力が注ぎ込まれ、手づくり感溢れる空間が現れました（図7）。地場工務店、武部建設の大工職人さんの技術がなければ実現しなかったプロジェクトです（図8）。

図8 〈NORTH FARM STOCK Extension〉鋼板を用いた簡易実大実験

チャレンジ③——建築家とのコラボレーション

このように、中小規模建築は設計・施工のスピード感も魅力です。組織事務所では携わることが少なかった木造の多様な架構が、次々に実現します。木材供給事情や国の施策も影響していますが、ローテク・ローコストによる多様な木造架構システムにより、誰もがやれそうでやれなかった空間の設計が可能になってきました。

北海道日建設計在籍時、都市木造の新しい技術を展示する「ティンバライズ北海道展」で、木造建築提案を行う学生5チームの構造レビュアーを任されました。この展覧会を見に来られた建築家中山眞琴さんとコラボした作品が〈籤-HIGO-〉です（図9）。

当初の半年間は、月に1回程度打ち合わせ、特殊な木造架構を計画していましたが、実験や評定等コストと期間が必要であったことから、鉄骨造に変更となりました。ある日の打ち合わせで、「大量の本棚を架構に利用し」「鋼板の棚を外周部に配して耐震要素を兼ね」「内部は鉛直力支持の細柱のみ」「スパンは小さくて良いので部材は家具レベルに」と、一気に架構が決まりました（図10）。外装と床にコ

図 9　〈籤-HIGO-〉内観。建築家の中山眞琴氏のアトリエ。北海道日建設計在籍時に担当（北海道札幌市、意匠設計：nA ナカヤマアーキテクツ、構造：鉄骨造・鋼板構造、竣工：2017 年、写真：KEN 五島）

ルクを使うことで「コルクと鋼板の合成効果により軽量化と部材の小断面化」を図り、モックアップで歩行感を確認したり、事務所にカラーコピーで制作した50、60、70㎜角の角鋼柱実寸模型をしばらく並べ、「太すぎないか、細すぎないか」と外力と見た目のプロポーションからベストな断面を探りました。

「接合部は隠さない」ため、見せる原寸ディテール

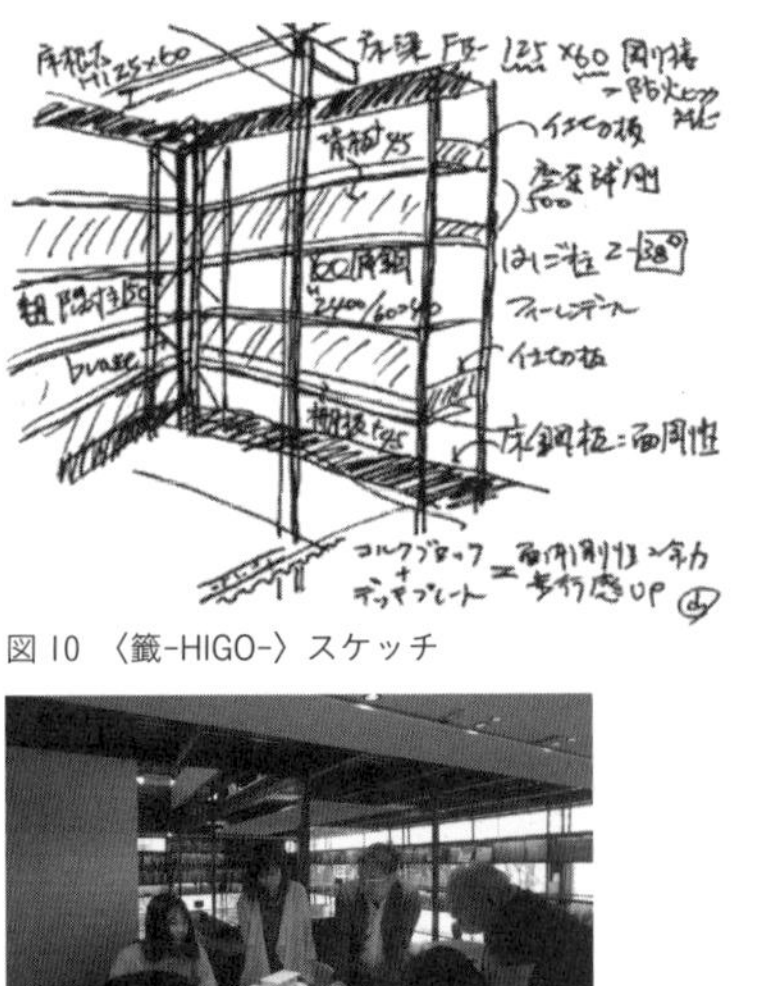

図 10　〈籤-HIGO-〉スケッチ

図 11　〈籤-HIGO-〉打ち合わせ風景

を大量に描きました。鉄骨ファブでの製品検査は中山氏ともどもニヤニヤするほど楽しかったのを覚えています。竣工後の現在も、中山氏と共感し、つくり上げた建築空間での打ち合わせは楽しく、設計者冥利に尽きる思いです（図11）。

重力・雪・雨・地震・風・熱等、外力の大きさと発生確率を建築要件に当てはめつつ部材断面に反映し、施工性・コストに適したディテールを決定する。構造躯体に見えない家具レベルの架構が建築空間にもたらす表現を、見る人が直感できたら嬉しく思います。

チャレンジ④——構造設計を体感できるプラットフォームづくり

もう1つの使命は、学生へ構造設計・構造デザインのやりがいを伝えることです。現在は北海道大学にて、非常勤講師として「建築構造設計演習」を担当し、簡単な部材断面計算から部材配置計画、架構システム提案から模型制作までを半年かけて実施しています。構造力学・構造模型制作・構造設計実務までを1本の筋として連続して体感してもらえるよう、試行錯誤中です。

さらに構造設計の実務に興味がある学生は、事務所のオープンデスクやインターン、アルバイトとして、実プロジェクトの構造解析・構造模型制作から、建築家との打ち合わせ・現場視察に参加しています。これらの活動を通して、この事務所が構造系・意匠系・学生・建築家・芸術家等、カテゴリーを超えた出会いやつながりを創り出す「オープンプラットフォーム」を目指しています（図12）。

建築家仲間とのフットサルやカーリング、お花見も、ローカルだからこそ可能なネットワークなのでしょう。

チャレンジ⑤——若者・地域・地元工務店・地場産材をつないだバスシェルター

まさしくローカルの緊密なネットワークだからこ

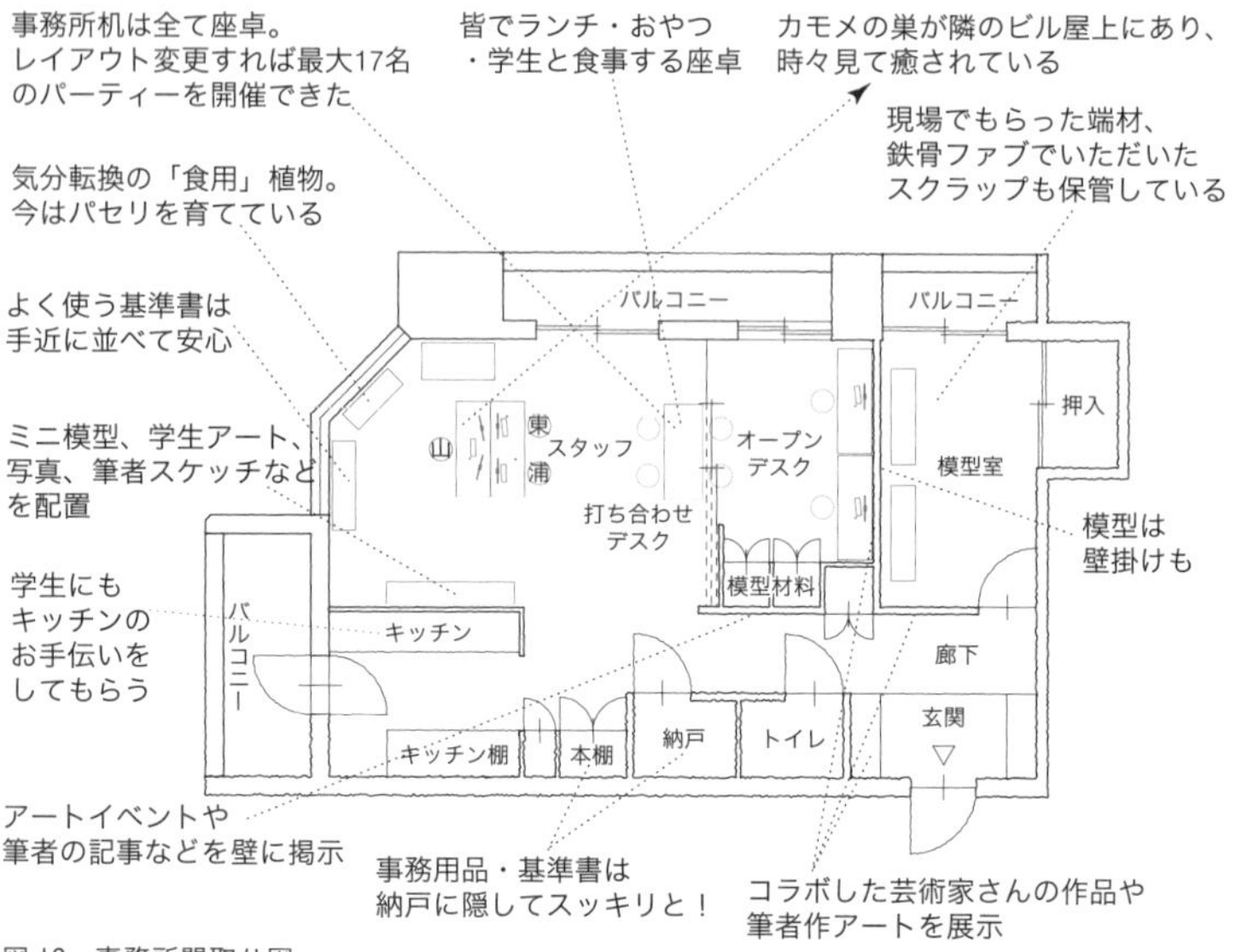

図12　事務所間取り図

そ実現できた、小さなバスシェルターのプロジェクトがあります。道産木材を紹介する会で知り合った地場の工務店、紺野建設の紺野社長から、都市間高速バス「ポテトライナー」の清水バスシェルター建設の相談を受けました（図13）。町民の長年の要望をボランティアで実現するプロジェクトです。そこで地元学生の参加を提案しました。

　学生が制作した架構模型による提案から2作品が選ばれ、「楕円」「ベンチと庇」のデザインが決まりました。超ローコストで実現するため、全部材を道産カラマツ１０５㎜角製材のみで成立させ、「ポテトライナー」から着想したＨＰシェル格子梁を盛り込んでいます（図14）。

　ＨＰシェルは直材のみで曲面を構成できる線織面で、格子梁は積雪荷重等の応力を分散します。接合部の施工は大工職人による高い加工建方技術で解決しました。Ｖ字斜め柱と腰壁を用いた片持柱を耐震

図13 〈ポテトライナー清水バスシェルター〉道産カラマツ105角のみで構成したHPシェル屋根架構（北海道上川郡清水町、意匠設計：紺野建設・建築設計トゥルース、構造：木造・在来軸組工法、竣工：2017、写真：紺野建設）

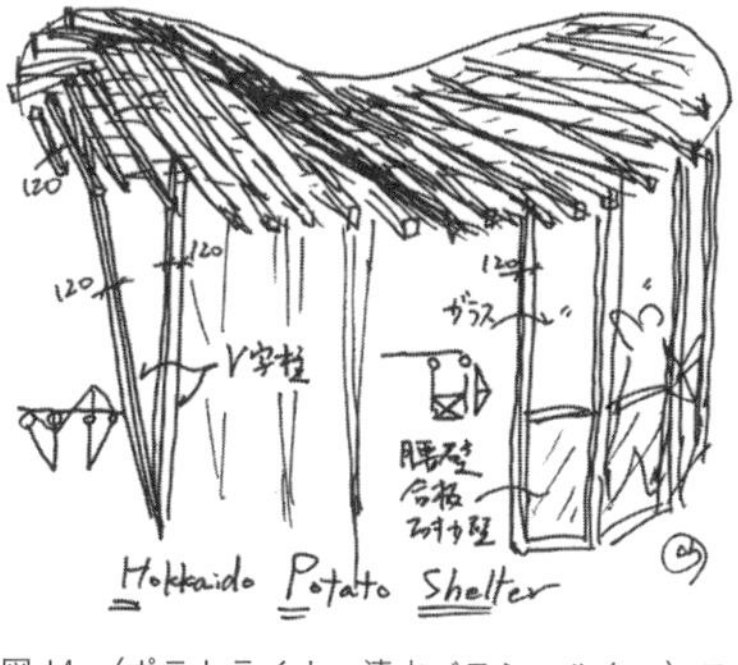

図14 〈ポテトライナー清水バスシェルター〉スケッチ

要素とし、HPシェル屋根の軽やかな印象を損なわない架構としました。

学生たちは木材加工やHPシェル仮組そして建て方施工にも参加（図15）。上棟のタイミングで30分間の授業をさせてもらい、彼らがつくり上げた小さなバスシェルターは世界の構造エンジニアリングデザインと繋がっていることを伝えました。

地元清水町町民の長年の要望に、地元工務店の紺野建設とのコラボ作品で、道産材の採用、地元中高生の設計施工参加、「HPシェル〜∞（無限大）〜ポテトチップス」の特徴的な形態として町民に愛されるアイコンとなっています。

図15　模型制作から施工まで協働した清水高校の生徒たち

増幅する、構造設計のよろこび

構造設計のプロジェクトが始まって最初に感じる喜びは、無限ともいえる構造架構システムを前に、建築家の要望はじめ様々な条件を満足するベストな建築空間を協働者とともに見出し、構造架構を想像することです。そのうえで、構造計算と同時にディテールやプロポーションを調整し、試行錯誤の末に力の流れが可視化された時の喜び。さらに、詳細設計を経て着工し、施工図から現場確認、そしていよいよ建築空間が実現する喜びが待ち受けています。

構造設計者は、建築家ほどは華やかに脚光を浴びることはないかもしれませんが、自然界の苛烈な外力から、強く優しく住まい手を守る建築空間をつくり上げる、素晴らしい職能です。

設計者個人にできることは小さくとも、建築家・施工者・大学研究者ら、意志を共にする仲間たちとともに様々な課題に直面する地域社会に一石を投じることができれば、それは何より、人生の喜びになると信じています。

15 世界共通言語としての構造設計を武器に

金田泰裕
yasuhirokaneda STRUCTURE

コンパクトで使いやすい香港事務所

とにかく本を読むことから始めた

建築家になろうと思い、大学に入学したものの、全く知識のなかった私は、とにかく建築関連の本を読むことから始めました。それまで、ほとんど本など読んだことのなかった私にとって、本当に頭の痛くなる日々でした。しかしそうしていく中で、建築の分野には、実践的な技術やルール（力学や法規）に関する知識と、歴史や哲学に基づく思考という2つの異なる能力が必要とされることを知りました。いわゆる理系と文系というような分け方のできない、総合的な学問であることに気づいた時には、感心したと同時に、この先どれだけの知識を手に入れなければならないのかと、絶望的な気持ちになりました。

2つの「構造」を軸にした自分なりの思考法

これから直面する大量の情報を、どのように咀嚼していくかを考えていったときに、情報化された社会で、単なる「知識」の詰め合わせでは太刀打ちできないと思い、根本的に思考の仕方を変える必要があると考えました。

そこで、自分がそれまで興味を持っていた2つの「構造」を軸に建築の設計に関わることで、それが可能になるのではないかという仮設を立てました。

1つは、構造計算における、力学や解析等、エンジニアリングとしての一般的な「構造」です。数値化できる合理性のなかで物事が決定され、外力により形態が最適化されることで、ある種の恣意性を排除できるのではないかと思ったのです。実際に、その職種にリアリティと魅力を実感させてくれたのは、『飛躍する構造デザイン』（渡辺邦夫著）、『小住宅の構造 integrated identity』（池田昌弘著）、『インフォーマル』（セシル・バルモンド著）、『フラックス・ストラクチャー』（佐々木睦朗著）等の、現役構造家の作品や文章でした。どれも今でも読み返しています。

もう1つは、思考するための「構造」です。建築の設計には、批評的な態度、つまり、物事を分析し、文脈付け、価値付け、解釈し、整理していくことで、計画のコンセプトや与条件を整理していくことが重要です。「対象」から距離をとり、建築家以上に客観的に建築をみることのできる「構造家」ならではの視点により、プロジェクトの「骨格」を提案できるのではないかと考えました。

その思考プロセスを学ぶために、学部4年時には、建築家・丸山洋志さんの研究室を選択しました。私が現在、建築家との協働でとっている批評的な態度は、ここで培われました。常に疑問をもつ、多角的に物事を捉える、細部を見ると同時に俯瞰する等、この複雑な世界を明解に言語化するための作法のようなものを学びました。

大学院には行かず、学部卒で実務の世界へ

前述した理由により、構造設計者になることを決めたわけですが、学部を卒業した後は、構造を専門的に勉強しようと思い、当時、法政大学で教鞭をとられていた佐々木睦朗さんの研究室にいくつもりでいました。学部3年の時、研究室を訪問させてもらって、佐々木さんと院生から直接、研究内容を伺いました。研究テーマはいくつかあり、そのなかから選ぶということでした。それは、歴史上最初の構造エンジニアとされる「ヴィオレ・ル・デュクの研究」、逆さ吊り模型を使って圧縮場の合理的な大空間を設計した「アントニオ・ガウディの研究」、どのように生物が環境（外力）に適応して形態を変えていくかを知るための「自己組織化の研究」、「構造解析　特に逆解析の研究」等でした。訪問した後、面白そうなテーマばかりだと思い、早速大学の図書館へ行き、それぞれのテーマについて自分なりに調べているうちに、早く自分で設計がしたいと思うようになり、大学院には行かずに就職しようと決めました。

今振り返ると、この決断が、後に海外にいくという決断に時間的・精神的な余裕を生んでくれました。

就職先の決定

さて、就職することを決めたものの、どこへ行くかが問題です。活躍する建築家の経歴を見ると、有名な設計事務所の出身者であることがほとんどです。しかし、彼らが働き始めた頃は、そこまで有名な事務所ではなかったことが多く、一番弟子だったりします。つまり、活躍する建築家は、修行時代にまだ売れる前の若い建築家のもとで、所長と苦労をともにしているケースが多いことに学生時代に気づきました。そのため、自分の進路を決める際には、既に有名になっている事務所に行ってもダメで、これから有名になるはずだと信じられる人のところで、所長と近い距離のなかで修行したいと思いました。

そこでとった方法は、『住宅特集』を20年分ほどさかのぼり、構造設計者を見ないように、直感で、構造的に優れていると思ったものに、端から付箋をつけていきました。確か10人くらいの構造家に集中した覚えがありますが、1人だけ当時名前を知らなかった方がいて、それが私の師匠である鈴木啓さんでした。当時、構造的な主張の強い建築が多かった中で、鈴木さんの作品には、品があり、ジワジワくる何かを感じ、是非働かせてもらいたいと思いました。

学部4年の2006年夏からアルバイトをさせてもらい、最初に見せてもらったオープンハウスが、代表作の1つである〈輪の家〉（設計：TNA）で、その年の秋にはコンテンポラリーズとの協働〈えんぱーく〉のコンペで勝利しました。自分は運が良いと心から思いました。

ASAに入社

学部卒業後、2007年春から正式に入社させてもらい、まさに修行の5年間が始まりました。構造系の研究室を出ていなかったこともあり、全て一から勉強しながら、日々格闘していましたが、プロジエクト毎に違う解答を見つけていく作業は楽しくて仕方ありませんでした。ＡＳＡ在籍時に心がけていたことは、とにかく場数を踏むということでした。そのため、少しでも手が空けば、暇であることを鈴木さんにアピールして、担当物件をできるだけ増やしていくようにしました。構造的な挑戦ができる面白いプロジェクトや、大きいコンペに勝つ経験をするためには、確率的にそうしていくことが一番だと思ったからです。結果的に、様々な規模、構造種別の物件を、５年で80件以上（基本設計で終わったものありますが）担当させてもらい、多種多様な建築家と、異なる設計プロセスと現場監理の経験ができ、これ以上ないものを得ることができました。

海外に行くことを決める

ＡＳＡに入社する際、「うちの事務所は５年したら、辞めてもらうから、そのつもりで将来を計画してください」と言われました。目の前にある仕事をこなしていくことに精一杯でしたが、５年目に差し掛かるときに、辞めた後のことを考え始めました。このまま独立か、ほかの事務所で働くか、意匠事務所に行こうか等、いろいろ考えましたが、大学院に行っていなかった自分は、ＡＳＡを卒業してもまだ、28歳。あのとき、大学院に行かずに実務の世界に飛び込んだおかげで、２年間の猶予がある、無駄になってもいいから思い切ったことに使いたいと思いました。我々の世代は、海外経験がデフォルトになっていくだろうと考えていましたので、そのコンプレックスを取り払っておきたいという理由と、独立前に体育館やスタジアム等スケールの大きなプロジェクトに関わってみたいという考えから、海外の大きな構造事務所にいくことに決めました。

場所は、19世紀後半から20世紀前半にかけて、文学、音楽、アート、哲学あらゆる分野で「構造」の革命が起こったフランスと最初に決めました。既成概念を疑う態度がどのような場所で生まれたのか、ここでもう一度、抽象概念としての「構造」と向き合いながら、海外での「構造設計」を経験し、自分の原点を見直そうと思いました。

海外の事務所へ入社するまで

そう決めたものの、明確に行きたい事務所があったわけでもなかったので、鈴木さんに相談したところ、「佐々木睦朗さんがＳＡＮＡＡと進めている〈ルーヴル・ランス〉はパリのローカルエンジニアと組んでいるみたいだから、連絡とってみたら?」と言われ、ボーリンガー＋グローマン（Bollinger ＋ Grohmann）という事務所にコンタクトをとりました。

しかし、メールは全く返ってきません。文章を変えて送り直したり、添付ファイルをアップデートしたり、あの手この手で3か月の間に30通ほど送りましたが、全く返ってきません。いよいよ、焦ってきたので思い切って、「夏休みにパリの事務所に訪問できます」と送ったところ、数分後に「来れるなら、来てください。日程が決まったら教えてください。今までのメールは全部見ていましたよ」と、なんと返事が来たのです。解けなかった暗号が解けた感じでしたが、本気度が試されていたんだと思います。

その日から急いでポートフォリオと想定問答を作成し、英語を丸暗記して行きました。面接は、1時間くらいパリ事務所の所長と1対1、じっくりポートフォリオを見せて、暗記した英語で説明していきました。最初は、興味があるのかわからない様子でしたが、ＴＮＡの〈廊の家〉を担当していたことを知ると、事務所内で話題になったことがあると言って興奮し始め、ほかの担当作品にも興味をもってもらい、その場で来年から来て欲しいと言われました。

ボーリンガー＋グローマン　パリ事務所在籍時

ＡＳＡ卒業後、すぐに渡仏し、２０１２年春から働き始めました。多国籍の環境で、常に5か国語が飛び交う環境はもの凄く刺激的で、英語とフランス語での生活にも徐々に慣れていきました。

在籍は2年間でしたが、OMAの〈パリ中央学校キャンパス(Ecole Centrale Paris)〉、フィリップ・ラーム(Philippe Rahm)とキャサリン・モースバッハ(Catherine Mosbach)による〈台中公園〉や、フランスの若手建築家ビューロ・ファス・べー(bureau face B)の〈カレーの体育館(La salle de sportde Calais)〉、田根剛氏との〈新国立競技場コンペ案〉の構造システムの提案と解析を担当し、独立前に、希望通り規模の大きなものを経験できました。

私は留学経験はありませんが、日本で学んだ構造設計の知識は、「構造設計言語」として世界共通のものであることを確信できました。海外に興味があるのであれば、実務経験を日本でしてからでも全く遅くなく、むしろほかではできない濃密な経験は、語学のスキルを超えた評価を得ることができます。留学後に、実務経験なしに現地の人と競争するのは大変なことだと思いますが、私の場合は、ASAで得た桁違いの実務経験を武器に、言語のハンデキャップを超えて、十分通用した感覚がありました。

海外で独立することを決める

海外に出てみて、気付けたことがあります。それは、「アトリエ系」構造事務所の不在です。

ヨーロッパ全般、建築家と構造エンジニアの教育体制は、日本とは大きく違うもので、建築家はアート系の学校、構造エンジニアは建築とは切り離された工学系の学校にて教育を受けるのが一般的です。工学部建築学科に、建築家をはじめとして、建築にかかわる設計者、施工者までもが同じ教育を受けるという日本のシステムは珍しく、また、それは実務の設計環境におけるコミュニケーションの円滑さと、お互いの領域への歩み寄りによる発想の豊かさに、貢献しています。

日本のように小さな「アトリエ系」の存在は、そうした状況から生まれた職能だと思いますが、世界的には希有で、規模に関係なく、設計の初期段階から構造の打ち合わせをし、建築家と一緒に設計していくという状況はなかなかありません。優秀な構造設計事務所は大きな組織になっていて、小さな住宅規模やアートワークのようなもので、設計料の少ない若手建築家が気軽に相談できる状況ではありません。また、空間の概念を持てないエンジニアと、工学的根拠からかけ離れたところに理想を持とうとする建築家の間に、ある程度の諦めとフラストレーションをはっきりと見ることができました。

私は、そこにもの凄い需要があると思い、そのまま海外で独立してみようと決めました。まさに広大なブルー・オーシャンを発見したようでした。

海外で構造設計をすること（図Ⅰ〜6）

これまでに、フランス、中国、台湾、香港、タイ、ベトナム、シンガポール、南米、とアジアを中心に様々な国でプロジェクトが動いていますが、私自身、ある規模以上のものを設計する場合、どこの国でもローカルエンジニアの助けが必要になります。その理由の1つは、建築許可申請の手続き、その場所の法規の確認のためであり、もう1つは、こちらの指示や構造的な意図を説明する上で、現地の言語で建設会社との間を取り持ってもらうためです。

できるだけ、プロジェクトの初期段階で、ローカルエンジニアにヒアリングをするか、その国の構造法規（英語版）をもらい、読み込みます。法規を知ることは、その国の建築の制約を学ぶことであり、外力の設定は建築の構造形式に影響を与えます。

また、法規と施工技術、資材の流通は、その場所に建つ建築のあり方にかかわる制約であると同時に、「そこでしかできないもの」という特異性を見出す鍵でもあると思っています。例えば、フランスでは、

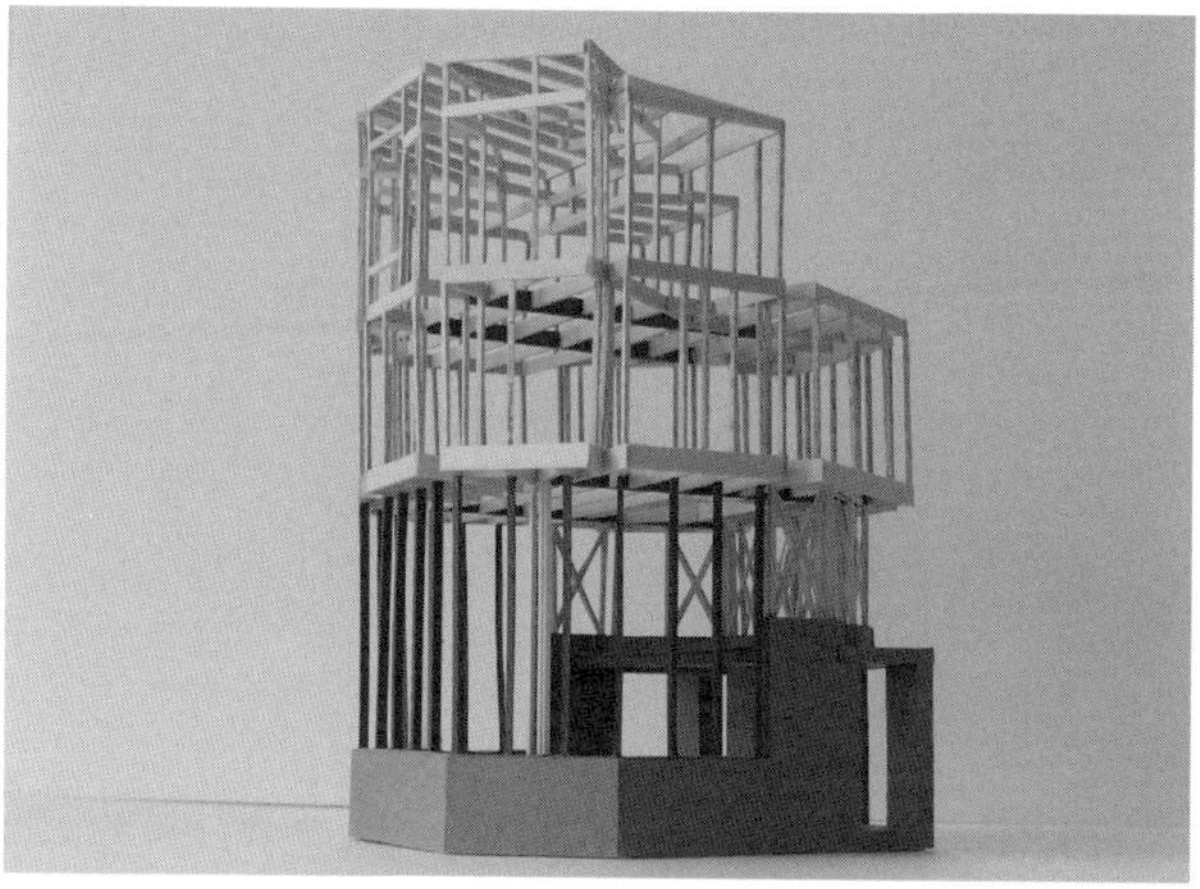

図1 〈Todoroki House in Valley〉法規、コスト、プランの制約に対して、最適解を求めたプロジェクト。木造3階建てであるが、鉄骨、RCを適材適所で使用している。1階の庭側部分を解放させるために、片側にもの凄く多くの壁を配置させ偏心させているが、床スラブが水平力に対して片持ちに作用するように配置することで、変形量を小さく抑えている。傾斜地における構造計画として汎用性のある解答だと考えている（意匠設計：田根剛／Atelier Tsuyoshi Tane Architects、構造：木造・一部鉄骨造・RC造、竣工：2018年、写真：yasuhirokaneda STRUCTURE）

図2 〈UDC〉各階の条件に応じて部材断面を調整したプロジェクト。三重県で建設中の鉄骨3階建ての歯科医院の計画。柱梁を1階：柱・ブレースH150x150／梁H300x150、2階：柱・ブレースH125x125／梁：250x125、3階：柱・ブレースH100x100／梁H200x100により構成し、上部に行くほど、壁内・天井内の無意識に感じられるであろう「厚み」を調整している。階毎の鉄骨量を意識し、一般的な合理性とは違う着地の仕方を建築家と議論しながら決定していった（意匠設計：大室佑介、構造：鉄骨造、竣工：2019年予定、写真：yasuhirokaneda STRUCTURE）

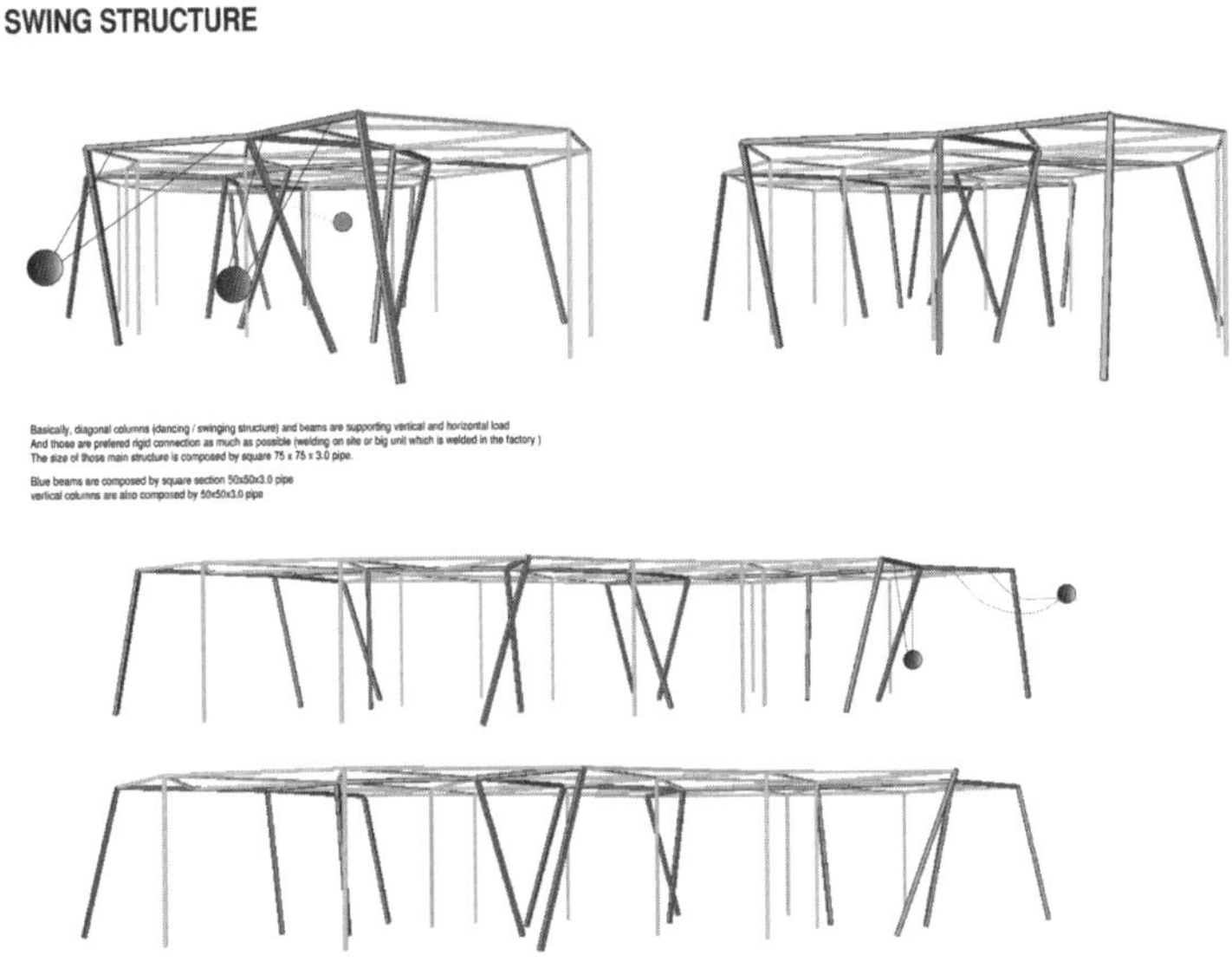
SWING STRUCTURE
Basically, diagonal columns (dancing / swinging structure) and beams are supporting vertical and horizontal load
And those are prefered rigid connection as much as possible (welding on site or big unit which is welded in the factory)
The size of those main structure is composed by square 75 x 75 x 3.0 pipe.
Blue beams are composed by square section 50x50x3.0 pipe
vertical columns are also composed by 50x50x3.0 pipe

図 3 〈Playable Journey Yoho〉香港の元朗に建設された複合ブランコ。細いまっすぐの柱が均質に立てられた建築家の最初の提案に対して、ブランコという動的な性質と、水平力への抵抗を可視化することを提案。スウィングダンスとスウィング(ブランコ)を掛けて SWING STRUCTURE と名づけ、そのまま形になったプロジェクト（意匠設計：LAAB Architects、構造：鉄骨造、竣工：2015 年、写真：LAAB Architects、下図：yasuhirokaneda STRUCTURE）

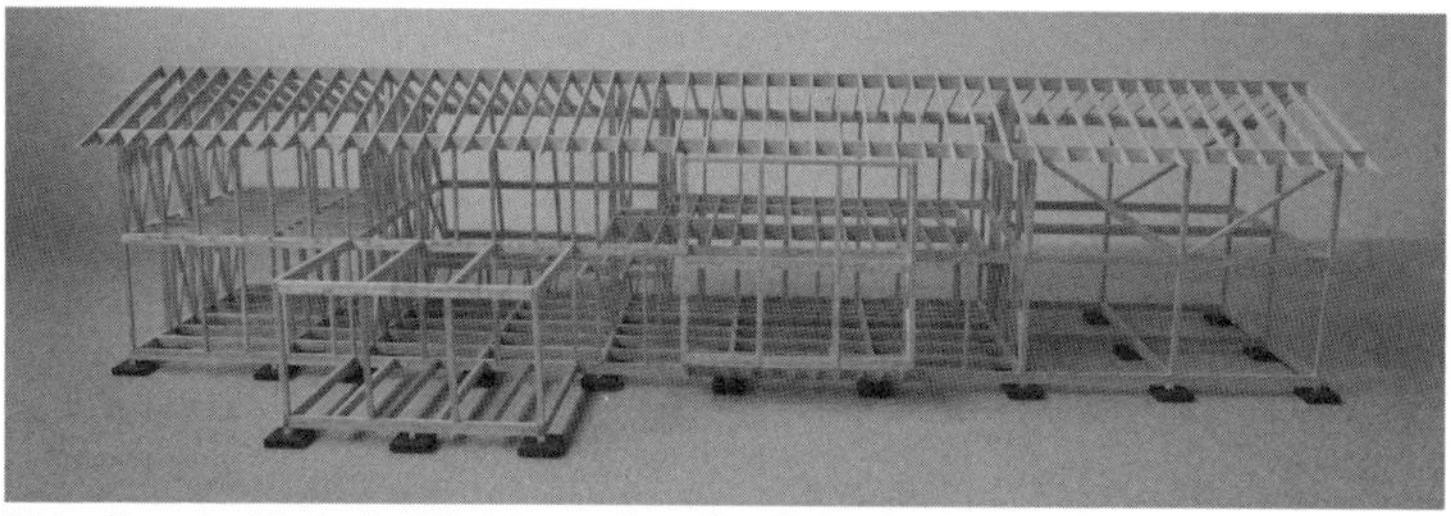

図4 〈Casa Azul Project〉南米チリ・アズール湖の湖畔に建つ住宅。敷地条件からボートでのアクセスしかできないため、敷地に立つ樹を伐採・乾燥させて構造部材を現場加工するプロジェクト。HP を見たチリの建築家から直接依頼をもらって始まった（意匠設計：Matias Zegers Arquitectos、構造：木造、進行中、写真：yasuhirokaneda STRUCTURE）

図5 〈IKA Project〉南米チリから3700km離れたモアイ像で有名なイースター島に建つ住宅。資材の搬入が難しいことから、敷地内にある土にセメントを混ぜてつくる版築壁と、入手が容易なCLT を同じモデュールで屋根と内壁それぞれで使用している。要素を少なく限定した設計（意匠設計：Matias Zegers Arquitectos、構造：木造・RC 造、竣工：2019 年予定、写真中央：Matias Zegers Arquitectos、下：yasuhirokaneda STRUCTURE）

図6 〈Kaleidome〉上海で行われたアートイベントのために、泡の構造と同様の多面体に2mm厚のステンレスで形成したユニットを組み合わせてつくったドーム（意匠設計：LAAB Architects、構造：ステンレス造、竣工：2018年、写真：LAAB Architects）

大工が少なく、木工事が非常に高価です。コンクリート工事はプレキャストがメインで、現場打ちを最小限にし、現場打ちが必要な場合は、木製の型枠ではなく、鋼製型枠になります。また、中国や東南アジアでは、ボルト接合よりも現場溶接の方が、安く綺麗にできる場合があります。それにより、同じ構造形式でも「合理性」の意味が国によって全く変わってきます。様々な国で同時に設計を行うことで、今どこでどのようなことが起こっているのかをリアルタイムで知り、それぞれのプロジェクトに対して有効にアウトプットできていると感じています。

日本から距離をおく

このような（様々な国のプロジェクトを同時に設計する）スタンスがとれるのは、建築家と違い、構造設計者はプロジェクトの場所に依存する必要がないからです。クライアントと定期的に会って打ち合わせをする必要もありませんし、建築家とは時々会って打ち合わせる以外は、メールやチャットベースで連絡を取り合い、スカイプや電話で必要に応じて話します。

また、現場監理も、小規模のものであれば数回現場に行く程度で、建築家のように、終盤で毎週行く必要もありません。建築家は、予算や工期、プランニング等、総合的に様々なことを考え処理していく必要がありますが、そのなかで、見落とされようとしている建築のあり方や、モノのあり方等を客観的に捉えて、建築家と議論する姿勢を常に持つようにしています。

スタッフの働き方等、事務所の概要

２０１４年の独立から、基本的に1人でやってきました（図7）。4月から日本人スタッフが入社、物件数も増えてきたのでもう1人くらい雇いたいと考えています。現在、日本のプロジェクトが7割、海外プロジェクトが3割です。新築物件がほとんどで

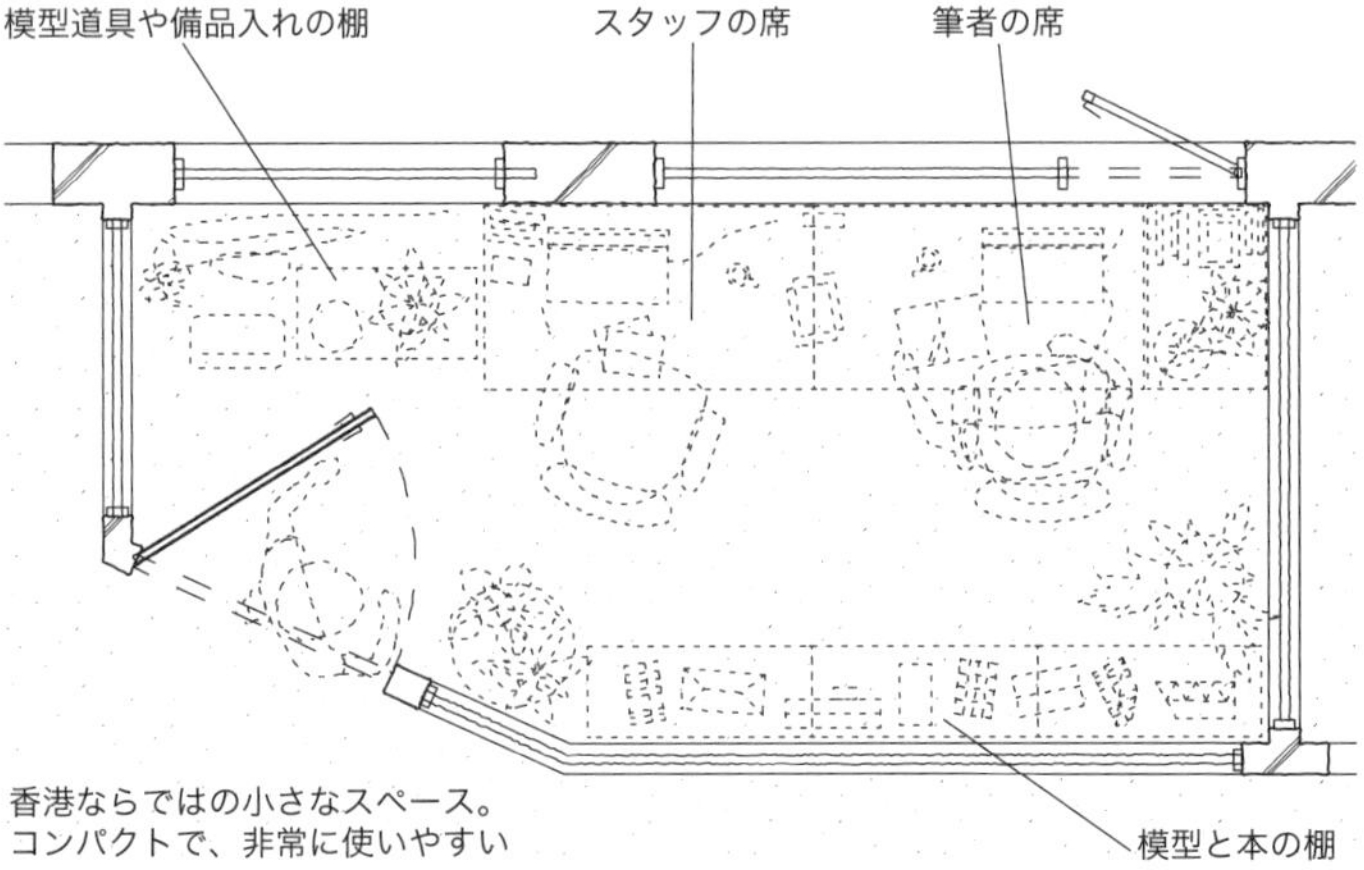

図7　事務所間取り図

すが、内装、アートワーク、改修も含めて年間50件程度の物件数が動いています。業務時間は、週40時間、土日祝が休みです。

次なる挑戦

場所に依存しないという意味では、ヨーロッパに比べ、各プロジェクトのスピードが圧倒的に早いアジアで、その中心にある香港に２０１６年から拠点を置き、様々な設計条件に触れ、多くの経験をすることができました。そして今年、新たな挑戦が始まります。２０１９年8月、コペンハーゲンに事務所を移転し、活動の中心をヨーロッパに戻しました。東京には駐在スタッフを置き、ローカルエンジニアとして協力してくれる事務所もみつかり、更に日本のプロジェクトにも力を入れていく体制が整いました。既存の構造事務所の在り方に囚われず、これまで通り、世界各国で様々なプロジェクトを同時進行させていけたら良いなと思っています。

16 良い建築は綺麗な骨組みでできている

鈴木啓
ASA

吹抜けのある一室空間オフィス

私にとっての構造設計とは

良い建築は必ず綺麗な骨組みでできています。綺麗な骨組みは単純明快な構成をしています。それらを生み出すために、構造設計者は構造計算よりも構造計画に多くのエネルギーを費やします。優れた構造計画をすることが構造設計者の腕の見せ所で、建築家のイメージする形や空間に適合する架構形状を重力や地震・風による力をコントロールしながら決めていきます。この時には簡単なスケッチと電卓による計算を行うだけです。その後は、最適なスケールとプロポーションの部材断面を求めて、詳細に構造解析を進めていきます。構造設計とは、力学・形態・幾何学・材料・素材の合理性を追求しながら、自然条件と対峙する行為です。その条件は場所毎に異なるため、その相手の特性をよく知らなければいけません。最適で綺麗な骨組みを実現するため、構造家も建築家同様に様々な事柄に精通し、高い洞察力を必要とする職業なのです。

建築家の言葉

私が建築の道に進んだ理由はなんとなくという言葉が適切かもしれません。神奈川の自然溢れた半原宮大工と呼ばれる地で生まれ、学校の通学路には大工の加工場や製材所があり、神社やお寺も多数ありました。友達や親戚の家には大きな茅葺屋根の家や立派な大黒柱のある土間の家、屋根裏が養蚕部屋となっている家もありました。それらの家を探検して、見てまわるのが好きでした。だからと言って、直線的に建築学科に進んだわけでもなく、中学生では外交官や国連職員に、高校生では弁護士と様々な職業を夢見てきました。どちらかと言えば、社会の正義に憧れて、人助けをする職業に就きたいと思いつつ、子どもの頃から考えていた建築の道へ進みました。

大学に進学してからも、のんびりと過ごし、本当に建築学科で良いのかと迷ってさえいましたが、2

年生になると、設計スタジオの授業が始まります。そこで出会った初めての建築家が難波和彦氏です。風貌やファッション等、それまで私が知る先生や設計士のイメージとは全く異なる人種でした。見た目以上に驚きであったのは、難波さんの発する言葉でした。既成概念に捉われないストレートな言葉の全てが衝撃で、以来、授業では難波さんの発する言葉を一言も漏らすまいと、自分のエスキス以外でも難波さんの隣で聞き耳を立てていました。建築家とコラボーレーションする構造家という職能があるということも、後に自分が勤めることになる佐々木睦朗さんの名前を初めて聞いたのも難波さんからです。

構造設計をしていると、「数学が得意でしたか?」とよく聞かれますが、数学は苦手で苦労してきました。一方、物理は比較的好きな科目で、物理現象をイメージしながら考えるのは好きでした。その点では構造力学の授業にはすんなり入っていけたと思います。建築の構造は難しい数学を必ずしも必要とせず、ほかの理系分野と比べると簡単な数学が扱えれば良く、大規模な建物でも電卓で計算できる世界で、数字を扱うことが嫌いでなければ構造設計はできるといつも私は学生に言っています。大切なのは力学現象をイメージし推測する能力で、これは日々の訓練で培うことができます。

4年生に進級する際は、意匠・歴史系へ進むか迷いながら、最終的には構造系の富澤稔研究室に進みました。富澤先生は横山不学構造設計事務所の出身で、同時期には木村俊彦さんも在籍していました。横山事務所での構造設計担当は、コルビュジエの〈国立西洋美術館〉、丹下健三氏の〈山梨文化会館〉等でした。しかし、富澤先生が授業中に当時の設計の話をすることはなく、建築振動や地震波だけをひたすら教えていました。富澤研究室に進めば、設計と繋がる内容を研究できると思ったのですが、この頃の先生の関心は建物本体よりも既に建物に作用する入力地震動へ移っていて、私の研究テーマは模擬地震動作成に向けての地震波解析が与えられました。物理モデルでの研究というよりも信号処理解析に基づく数学モデルへのフィッティングで、ひたすらプログラムを組んで解析するものです。構造設計に有益だったとは今でも思えませんが、1つのテーマにじっくり取り組むという意味では有意義でした。

佐々木睦朗構造計画研究所入所

就職活動をした1995年春はバブル景気の崩壊直後で、企業は採用人数を抑えていました。それでも同級生の多くは大手企業に就職していきました。建築家の存在を知って以来、アトリエ事務所の活動に魅力を感じていた私は、アトリエ構造事務所への就職を決めていて、構造家をリストアップして調べました。佐々木睦朗構造計画研究所を初めて訪問したのは大学院2年の1995年5月頃です。〈せんだいメディアテーク〉のコンペ当選が1995年3月、磯崎新氏の〈静岡県民国際プラザ〉の設計が進行中で事務所は活気に満ちていました。その頃の佐々木さんは、木村俊彦事務所の後輩である池田昌弘さんと協働していましたが、建築構造界で後進の人材育成を考えて、初めてのスタッフとして多田脩二さんが4月から働き始めていて、私もすぐに就職が決まりました。

入社時は手書き図面からCADへ移行したばかりで、構造解析に使われるPCの性能はまだ悪く、メディアテークの解析でも苦労しました。スラブとチューブをそれぞれ個別に解析し、スラブも1フロア毎に解析していました。毎日、終電で帰るときに、解析計算をスタートさせて、朝に事務所に来てから解析結果の検証とモデル修正を行います。1つの計算に5、6時間かかるためです。PCの処理能力に現在とは格段に差がありました。その頃の佐々木事務所の皆がほぼ毎日、朝から終電まで仕事です。土曜日も出勤し、日曜・祝日は休みなので午後から出社する生活でした。在籍していた期間は仕事漬けでしたが、国内外の建築見学ツアーへ何度も連れて行っていただき、毎日、佐々木さんから聞く建築の話は魅力的で充実していました。このような仕事のスタイルだったからこそ、5年で独立できたのかもしれません。この時期に、脇目を振らずに遮二無二に仕事へ取り組んだことが良かったと思っています。現在、構造設計を生業にできているのも、そのお陰だと思いますが、同じ経験を今の若い所員にさせることは、現在の社会状況から不可能ですから、限られた時間でいかに効率よく進めていけるか、より柔らかな働き方、より良い働き方を日々模索中です。

佐々木事務所では、架構のスタディーを徹底的に繰り返すことを経験しました。最初は意匠図にスケッチを書き込みながら色鉛筆と電卓で構造計画を行

図1　〈せんだいメディアテーク〉鉄骨建方現場（意匠設計：伊東豊雄建築設計事務所、構造設計：佐々木睦朗構造計画研究所、構造：鉄骨造、竣工：2000年、写真：坂口裕康　AtoZ）

い、次に3Dモデルで架構を決めていきます。佐々木さんが隣に座って納得するまで骨組架構の確認をしていきます。部材のプロポーションを確認し、部材断面を決定します。集中力を1番必要とし、構造のアイデアが生まれる瞬間でもあります。この時に私たちは佐々木さんの構造設計に取り組む姿勢だけでなく、構造に対する美学と倫理を学びました。多

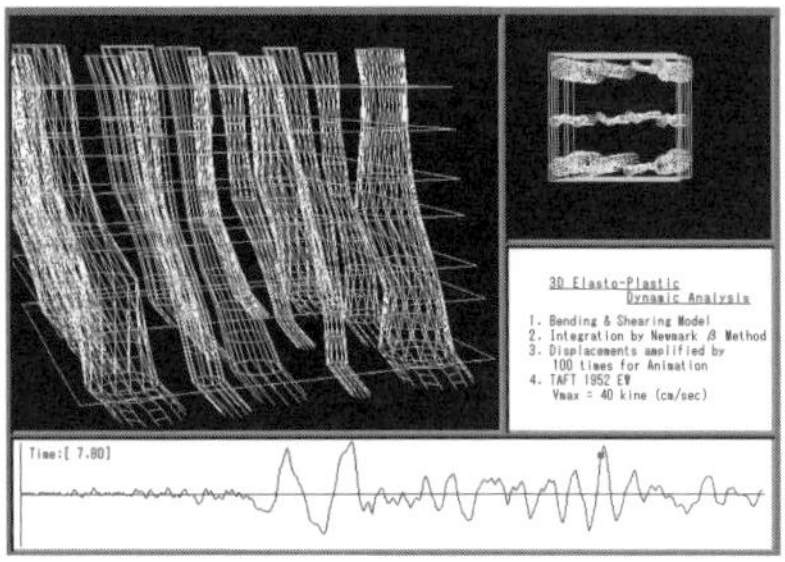

図2 〈せんだいメディアテーク〉チューブの振動解析図（提供：佐々木睦朗構造計画研究所）

くのプロジェクトを担当しましたが、やはり〈せんだいメディアテーク〉が思い出深いです（図1、2）。このプロジェクトは所員全員が設計を担当しましたが、着工から18か月間、現場で常駐監理までしたことが私には貴重な経験です。打ち合わせや承認・検査に追われ、意匠・構造・設備・ゼネコン・サブコン・職人と毎日顔を合わせて、様々な知恵を出し合いました。建築現場が造船工場へ置き換わったかのような、今までにない精度の鉄骨工事を無事に終えて、竣工にたどり着きました。20年近く経った今でも、メディアテーク関係者とは何かあれば聞き合ったり集まったりして、繋がっています。

独立——自信になる作品を積み重ねる

佐々木睦朗構造計画研究所を5年で退職し、池田昌弘建築研究所に1年半勤めた後、満を持してでもなく、将来への不安を持ちながら、2002年10月1日に鈴木啓／ASAを立ち上げ独立しました。自

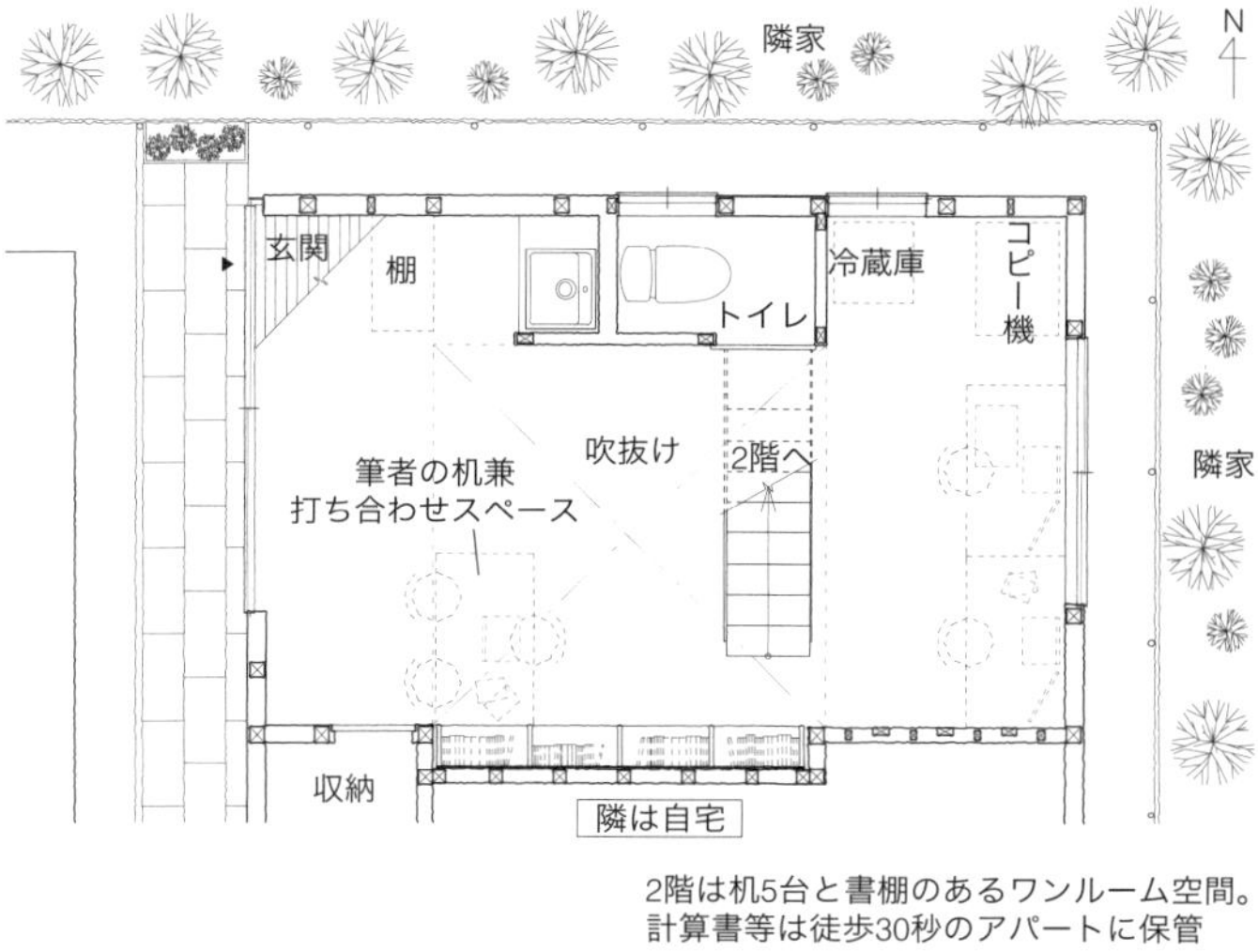

2階は机5台と書棚のあるワンルーム空間。
計算書等は徒歩30秒のアパートに保管

図3　事務所間取り図

分で仕事を始めると、お互いが所員同士として仕事をしていた建築家から声がかかり、少しずつ構造設計をする機会をいただきました。佐々木事務所では、数千〜数万㎡のプロジェクトを同時に2、3件担当しましたが、池田事務所では住宅や集合住宅等の50㎡から1000㎡規模の建物を常に10件前後担当していました。私にはその流れでの独立がとても良かったです。独立後の依頼の多くは、同世代の若い建築家からの木造住宅で、佐々木事務所を辞めてすぐでは木造住宅の構造設計はできなかったと思います(図3)。

構造設計者としてやっていける小さな自信がついたのは、2004年夏に竣工したTNAの武井誠さんと鍋島千恵さん設計の軽井沢の〈輪の家〉が完成した時です。この別荘は外周の細い木造柱とそれに巻き付く幾重もの梁だけで構成されています(図4)。在来木造にある耐震壁や筋交いがなく、柱梁

図4　〈輪の家〉（意匠設計：武井誠 ＋ 鍋島千恵／TNA、構造：木造、竣工：2006年、写真：阿野太一）

接合部にスプリットリングと呼ばれる金物を使ってラーメン構造としています。非常に単純明快な骨組ですが、だからこそディテールを含めた構造の検討を何度も行い、最終的な梁部材の寸法と配置を決定していきました（図５）。

佐々木事務所に在籍中は、コンペに勝ち、受賞することは日常の出来事でしたが、自分が構造設計をした〈輪の家〉が社会に評価をされていくつか受賞することで、小さな自信を得ました。２００５年「つくば田園都市コンセプト住宅実施設計競技」では、建築家の根津武彦さんと沢瀬学さんとの版築住宅〈造成建築〉が最優秀賞となり、独立後初めてのコンペ当選です。２００６年にはコンテンポラリーズの柳澤潤さんと一緒に１９１案のなかからコンペで勝った〈えんぱーく／塩尻市市民交流センター〉も、構造設計者として大きく自信を得た建物の１つです（図６）。

「壁柱で空間を構成する」という建築コンセプトに対して、壁柱をいかに構造的に構成するかが一番のテーマでした。壁柱はコンクリートのテクスチャーとしながらもＲＣ造にはない薄い構造体にしたいという要望に対して、プレキャストの片側鋼板付きＲＣ壁柱をコンペで提案し、そのまま実現すること

図5 〈輪の家〉建方現場。木造の柱・梁を地組みし、ユニット化して建方（写真：TNA）

図6 〈えんぱーく／塩尻市市民交流センター〉壁柱の厚さは206mm（意匠設計：柳澤潤／コンテンポラリーズ、構造：鋼板付きRC造・一部鉄骨造、竣工：2010年）

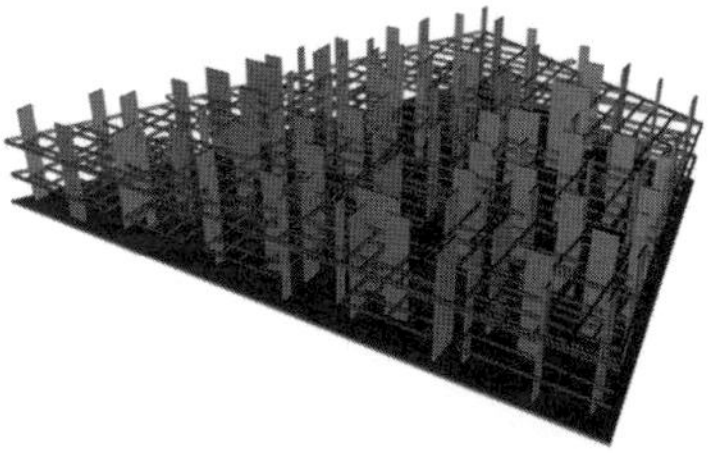

図7 〈えんぱーく〉構造解析モデルアクソメ図

図8 〈えんぱーく〉PCa 製の壁柱の現場搬入

図9 〈えんぱーく〉壁柱建方現場。97 枚の壁柱

ができました（図7〜9）。着工後にモックアップを使って、壁柱のつくり方や見せ方の検証を行いました。竣工後も日本建築学会選奨や日本建築士事務所協会賞等を受賞し、私も日本構造デザイン作品賞を受賞しました。この受賞により、同じく構造設計をするほかの組織の先輩方や同世代の人たちと繋がりを持つことができたのも、私にとっては大切で貴重なことでした。

ＡＳＡ設立以来、多くの建築家と様々なプロジェクトを手掛けてきました。若い建築家も年輩の建築家からの依頼もありましたが、生物建築舎の藤野高志さんとの仕事も興味深いものでした。群馬県高崎市内での自身のアトリエの構造設計依頼が最初でした。初めは小さな木造のアトリエを計画していましたが、多くの建築家と同じく、最初の打ち合わせ以降、案が次から次へと提案され、最終的に誕生したのが〈天神山のアトリエ〉です。

図10 〈天神山のアトリエ〉（意匠設計：藤野高志／生物建築舎、構造：RC造、竣工：2011年、写真：生物建築舎）

〈天神山のアトリエ〉はRC造打ち放しです。屋根はガラスのトップライト、床は全て土間です。RC壁と鉄骨フレームの構造体が完成した後は、ガラスが嵌め込まれて簡単な設備が付いただけです（図10）。骨組がそのまま表現された建築です。アトリエ内には緑が生い茂った植物園のようで、当然、夏は暑くて冬は寒く、熱環境は過酷な状況です。それでも暑さ寒さを実験的に前向きに受け入れて仕事する光景は、良い参考になりました。初めての建築家と仕事をする時は、その建築家がどういう方でどう設計を進めていくかもわかりません。藤野さんは高崎市で仕事をしていますので、頻繁に会える距離でもありません。群馬で打ち合わせをする時には、いつも長い時間話し合った気がします。

構造設計を通した支援活動
――〈ACADEX小学校〉の建設と〈ベニアハウス〉

構造設計以外にも様々な依頼があります。非常勤

図 11 〈ACADEX 小学校〉（意匠設計：慶應義塾大学 SFC、構造：組積造、竣工：2017 年）

講師やレクチャー、アート作品や什器の依頼。依頼というより、建築家の悩み相談だったりします。そのなかでも、積極的に話を聞いているのは、支援プロジェクトです。学生時代にいくつかボランティアをしていた私は、働き始めてから仕事だけの生活にずっと違和感がありました。そんな時、２００９年に、アフリカのコンゴ民主共和国の〈ACADEX 小学校〉への協力を依頼されました。教育と建築と医療の三分野が、小学校の建設と運営を行います。建築チームは、毎年春学期に日本で校舎の設計をして、夏休みに現地の若者と一緒に自ら建設する活動です（図11）。

〈ACADEX 小学校〉は、現地が建設工事費を負担し、日本側が設計と建設支援を行う形式で、２０１７年まで活動が行われました。校舎と言っても、教室２部屋程度の大きさの建物を毎年１棟ずつ建てていきました。

図 12 〈ベニアハウス・番屋〉石巻市前網浜に完成した（意匠設計：慶應義塾大学 SFC 小林博人研究会、構造：木造、竣工：2012 年、写真：Manuel Oka）

私も現地に何度も行きましたが、首都のキンシャサ空港に到着する直前に機内から外を覗いた光景は想像以上でした。空港から車で2時間の敷地には電気も水道もありません。運が良ければ、夜に1時間程度は電気が繋がります。雨季の貯め水でシャワーをたまに浴びることができるだけです。皆が自主的に学校建設に協力するこのプロジェクトでは、自分の専門知識を活かした社会貢献がやっと実現したという気持ちでした。現地では見慣れない木造のトラスフレームでできた校舎は好評で、子どもたちもとても喜んでいました。

コンゴ民主共和国での小学校建設に協力していた時、2011年東日本大震災が発生しました。多くの建築家が社会的使命感を感じて、様々な活動をしていました。この頃に慶應義塾大学SFCの小林博人さんに声をかけていただいて始まったのが、〈ベニアハウス〉です。

図13 〈ベニアハウス〉の建材。CNCマシンでカットされた合板部材

石巻市の合板メーカーが所有し、震災で浸水した構造用合板を使って、学生が設計し、自ら建設まで行う支援プロジェクトです。２０１１年秋にスタートし、２０１２年春に完成した南三陸町のベニアハウスのコミュニティ施設が〈魚竜の湯〉です。それに続いて石巻市前網浜に〈番屋〉が完成しました（図12）。その後、ミャンマーではサイクロンで水没する地域に建設したラーニングセンター、フィリピンではハリケーンと地震で被災した保育園、ネパールでは震災による復興住宅と続けていきました。最近では、クロアチア・スロベニア・イタリアでベニアハウスによる交流施設の設計・建設、ワークショップを行っています。ベニアハウスはデジタルファブリケーションによる構法で、発展可能性のある未来の建築システムとして、今も試行錯誤しながら、構造実験をしながらも開発を続けています（図13）。２０１４年からはインドネシアのジャカルタ市チキニでの高密度住宅地域における居住環境改善の支援プロジェクトである〈Megacity Skeleton 1・2（メガシティの小さな躯体1・2）〉にも声をかけていただき、建築家の雨宮知彦さんたちと継続的に活動しています（図14）。支援プロジェクトでは、日本での当たり前が現地では不可能であったり、予算があれば普通にできることができなかったりと、固有の条件を享受しながら、新しい知見を得ています。

図14 〈Megacity Skeleton I〉構造躯体上棟（意匠設計：岡部明子＋雨宮知彦＋エリサ・エヴァワニ、構造：RC造・木造、竣工：2013年、写真：NUWALARUPA）

スタッフの進路、私のこれからの道

ＡＳＡ設立以来、15人が入社しました。小さな事務所ですから、所員は1年目からプロジェクトを担当し、建築家との打ち合わせにも参加します。構造解析を行い、構造図を描き、建築確認申請業務も行います。工事が始まれば、施工図チェックや現場検査等の現場監理を行います。複数のプロジェクトを担当しますので、同時に様々なことを経験し、5年も経てば、本人が自覚する以上に多くの知識と経験が積み上がっています。ＡＳＡに在籍した人たちは皆、将来に希望を持って入社し、その間に次の進路を定めて辞めていきます。地元に帰って構造設計をしたり、子育てしながら自分のペースで構造設計している人もいます。海外の事務所で働いたり、意匠設計へ進む者も何人もいます。それぞれが自分の進路を見つけ、イキイキと活動していると感じます。アトリエ事務所で働くということは、自分の意志で様々な活動を見定め、それを継続していくことができます。

私自身も、さらに新しい建築を目指して、建築家と様々な活動を続けていきたいと思います。私が常に感じているのは、構造家という職能は、建築家からも社会からも強く求められていて、世の中を幸せにできるやりがいがある職業だということです。

column
構造設計者の生き方

建築構造家 金箱温春

構造設計の役割

若者はどのような想いをもって構造設計を志すのだろうか。ダイナミックな建築を支えているエンジニアリングや力学的原理と建築構造との一体化に興味を持ち、自分の考えたことが実際の形となって出来上がることでの充実感を期待する人は多いだろう。そのとおりではあるが、見た目に華やかなことは構造設計のほんの一部であり、構造設計者の役割、言い換えると社会が構造設計の専門家に期待することはもっと広範囲に及ぶ。モニュメンタルな建築の実現に関わることだけが構造設計ではなく、人々の想いに寄り添った建築を実現していく中での構造の専門家としての活動が根幹となる。専門家としての貢献はプロジェクトの大小に関係はなく、見た目の華やかさとも関係はなく、対象となるものも新築の建築だけではなく、既存の建築を活用する改修や建築以外の土木・ランドスケープに関わるもの、あるいは家具的な小さなもの等、広範囲である。専門技量を発揮してプロジェクトを成し遂げることが構造設計者のやるべきことで、充実感に繋がるものである。

構造設計者が所属する組織

構造設計者としてどのような組織に所属して活動するかにより生き方は異なってくる。現在の日本での構造設計者の主な活動の場を大別すると、アトリエ系とも呼ばれる構造設計専業事務所（以下、構造設計事務所）、総合設計事務所、施工会社設計部あるいは専門メーカーの技術部となる。どの組織に身を置いていてもその状況のなかで充実した生き方を見出すことはできる。

組織の規模は必然的に扱うプロジェクトの大きさや内容に関係する。大組織では大きなプロジェクトに関わる機会が多くあり、そのことは醍醐味があるが、スタッフとして関わる時間が長いことや個人の守備範囲が限定されることがあり、またかなりの期間に同種のプロジェクトに関わることが多いだろう。構造設計事務所の場合には、大規模建築を扱うことも時にはあるが小規模なプロジェクトが中心となり、スタッフとして同時に複数のまた様々な種類のプロジェクトに参画する機会が多い。最近の社会状況で設計事務所といえども効率化が要求され、大組織ではそのことの対応が進み、設計業務の効率化やマニュアル化が行われ、さらにはAIの導入までもが考えられている。このことは社会状況への適合として否定すべきものではないが、ものづくりという側面から考えると疑問を感じることもある。この点では構造設計事務所の方が自由があるのではと思う。

効率化され整った設計体制のなかで活動するか、自由度のある中で苦労しながら活動するか、それには優劣はなくそれぞれの生き方があり各自が決めていけばよい。筆者は大学在学中に知人の紹介で構造設計事務所のパイオニアである横山不学さんにお会いした。大学院を出た後、同級生はほとんどが大手の会社に就職したが、状況がよくわからず将来的な展望もさほどないまま横山建築構造設計事務所に入社し、その後独立して後者の人生を歩んできた。結果的に、多くの人との出会いや様々なプロジェクトへの関わりができ、ほかの人が手掛けない分野に関われたこと等、有意義なものであった。

構造設計事務所の特徴

構造設計事務所の特徴はプロジェクトごとに組む相手が異なり、広範な体験ができることである。異なる状況での判断を意識せざるを得ず柔軟な対応が養われるが、一方で活動が評価されないと声をかけられなくなるので常に真剣勝負である。構造設計事務所は意匠設計事務所の単なるサポート役ではなく、構造的知見はもちろんのこと建築デザインの素養も兼ね備えて提案・主張しなければならない。さらに構造設計事務所の存在価値を示すためには、プロジェクトを通じて考えたことや活動内容を対外的に発信することも必要であり、そのような労苦を尽くす覚悟を持たずして構造設計事務所での活路は見いだせない。

あとがき

「氷山の一角」という言葉は、通常あまり良い意味には用いられませんが、捉えようによっては、建築のあり方を良く表しています。できあがった建築物が海の上に現れている氷山の一角だとすれば、海面下にはそれを支えているずっと大きな部分が沈んでいます。そこには、設計過程で検討されながら採用に至らなかった試案の数々や、そこで積み重ねられた意匠・構造・設備設計者の思考や対話、さらには建設当時の時代背景や、連綿と続く建築・技術の歴史までが含まれています。

本書は、16人の構造設計者の仕事という切り口から、建築という氷山の全体像に近づくことを試みたものです。海上に見える作品紹介にとどまらず、構造設計を志した経緯や、建築家との協働の苦労や面白さ、事務所内での働き方等の内情まで取り上げることで、普段、人目に触れることのない海面下の部分にまで光をあてることを目指しました。本書を通して、読者の皆様が構造設計という仕事に興味を持ち、理解する手助けとなれば嬉しく思います。

この本の編集作業が進められていた最中の２０１９年5月29日、私たちの偉大な先達の一人であり、独創的なアイデアで空間構造の世界をリードされてきた川口衞先生が他界されました。川口先生は、構造設計という仕事の基本的なあり方について、「単なる知識や技術の機械的な適用ではなく、五体、五官を総動員して行う、全人格的な作業である」（『構造と感性―構造デザインの原理と手法』鹿島出版会、２０１５、まえがき）と述べています。私は、編集メンバーの一人として執筆者の原稿を読みながら、構造設計者の人格がどのように形づくられ、それぞれの作品に結実していったのか、その過程を目の当たりにする思いがしました。

最後になりますが、ご多忙のなか貴重な時間を割いて記事・コラムの執筆にご協力頂いた皆様、ならびに、企画当初から一貫して構造設計者に対する共感と熱意をもって私たちを励まし続けて下さった編集者の井口夏実さんに、感謝の意を表したいと思います。

２０１９年盛夏
村田龍馬

執筆者紹介（掲載順、＊は編著者）

小澤雄樹（おざわ ゆうき）

１９７４年群馬県生まれ。１９９８年京都大学卒業、２０００年東京大学大学院修了。博士（工学）。TIS&Partners、立命館大学講師、エス・キューブ・アソシエイツ（現在はパートナー）を経て、２０１１年４月より芝浦工業大学准教授。2018年9月〜2019年9月ドレスデン工科大学客員研究員。単著に『20世紀を築いた構造家たち』（オーム社、２０１４年）、共著に『世界の構造デザインガイドブックⅠ』（日本建築学会編、建築技術、２０１９年）。２０１７年日本建築学会著作賞受賞

坂田涼太郎（さかた りょうたろう）＊

１９７３年生まれ。１９９７年早稲田大学理工学部建築学科卒業、１９９９年早稲田大学大学院理工学研究科建設工学修了（西谷章研究室）。１９９９〜２０１２年金箱構造設計事務所勤務。２０１２年株式会社坂田涼太郎構造設計事務所設立。２０１６年〜早稲田大学非常勤講師。主な作品に、道の駅あいづ、屋久島町庁舎。主な論考に「近未来の構造設計」『建築画報No.374』（建築画報社、２０１８年）

山田憲明（やまだ のりあき）＊

１９７３年東京都生まれ。１９９７年京都大学工学部建築学科卒業（辻文三・西澤英和研究室）。１９９７〜２０１２年増田建築構造事務所勤務。２０１２年山田憲明構造設計事務所設立。主な作品に国際教養大学中嶋記念図書館、竹林寺納骨堂、ベラビスタ・エレテギア、大分県立武道スポーツセンター。主な著書に『ヤマダの木構造』（エクスナレッジ、２０１７年）、『構造ディテール図集』（共著、オーム社、２０１６年）

三原悠子（みはら ゆうこ）

１９８３年生まれ。２００５年東京理科大学理工学部建築学科卒業（小嶋一浩研究室）、２００７年同大学大学院修了（北村春幸研究室）。２００７〜１７年佐藤淳構造設計事務所勤務。２０１７年三原悠子構造設計事務所設立。主な作品にCHUMS表参道店、NERIMA HOUSE、シラス洞窟の家。主な論考に「近未来の構造設計」『建築画報No.374』（建築画報社、２０１８年）

大野博史（おおの ひろふみ）＊

１９７４年大分県生まれ。１９９７年日本大学理工学部建築学科卒業、２０００年日本大学大学院修了（若色峰郎研究室）。２０００〜０４年池田昌弘建築研究所勤務。２００５年オーノＪＡＰＡＮ設立。主な作品にRing Around a Tree、森のピロティ、ぼよよん土管。主な共著書に『ヴィヴィッドテクノロジー』（学芸出版社、２００７年）、『構造デザインマップ東京』（総合資格、２０１４年）。主な受賞に第６回日本構造デザイン賞、２０１７年耐震改修優秀建築賞

黒岩裕樹（くろいわ ゆうき）

１９８０年熊本県生まれ。博士（工学）。２００３年琉球大学環境建設工学科卒業。２００３〜０６年鈴木啓／ＡＳＡ勤務。２００６年黒岩構造設計事ム所設立。２００８年九州大学大学院博士前期課程修了。２０１３年熊本大学大学院博士後期課程修了（岡部猛研究室）。主な作品に福岡市水上公園SHIP'S GARDEN、仙厳園、御船町コミュニティスペース、合戦峰地区物販販売所。主な論考に『建築技術No.827』（建築技術、２０１８年）、『structure No.148』（JSCA、２０１８年）

礒﨑あゆみ（いそざき あゆみ）

１９７７年東京都生まれ。２００２年東京大学大学院工学系研究科建築学専攻修了（鋼構造研究室）。２００２〜０７年佐々木睦朗構造計画研究所勤務。２００８〜１０年オーストリア・グラーツ及びドイツ・カイザーシュラウテルンの大学で研究員等。２０１０年〜Schnetzer Puskas Ingenieure（スイス・バーゼル）勤務。現事務所での主な担当作品にSwatch Omega Museum（スイス・ビール）、taz本社ビル（ドイツ・ベルリン）、Roche Campus Bau 08+11（スイス・バーゼル）

桝田洋子（ますだ ようこ）

１９５９年大阪府生まれ。１９８４年京都工芸繊維大学工芸学部住環境学科卒業、１９９３年京都工芸繊維大学大学院修了。１９８４〜８８年（有）川崎建築構造研究所勤務。１９８９年桃李舎設立、２００１年に有限会社とする。主な作品に西有田(現有田町)タウンセンター、行橋の住宅。主な共著書に『伝統構法を生かす木造耐震設計マニュアル』(学芸出版社、２００４年)、『いきている長屋』(大阪公立大学出版会、２０１３年)

村田龍馬（むらた りょうま）＊

１９７８年兵庫県生まれ。２００１年京都大学工学部情報学科卒業、２

003年同建築学科卒業、2017年東京大学大学院修了。2003~07年高松伸建築設計事務所、2007~14年川口衞構造設計事務所勤務。2014年村田龍馬設計所設立。主な構造設計作品に、伊達こども園、菜根こども園、キールハウス、東白川郡森林組合事務所等。共著書に『建築のORIGIN』(京都大学学術出版会、2013年)。京都造形芸術大学、千葉工業大学非常勤講師

木下洋介(きのした ようすけ)*

1978年神奈川県生まれ。2001年東京工業大学工学部建築学科卒業(仙田満研究室)、2003年同大学大学院修了(和田章・坂田弘安研究室)。2003~11年金箱構造設計事務所勤務。2011年木下洋介構造計画設立。主な作品にちぐさこども園、オガールベース、みしま未来研究所、尾花沢市新庁舎等。主な共著書に『子育てしながら建築を仕事にする』(学芸出版社、2018年)。2016年JSCA賞新人賞受賞

萩生田秀之(はぎうだ ひでゆき)

1977年東京都生まれ。2002年明治大学大学院理工学研究科博士前期課程修了(木質構造研究室)。修士(工学)。2003年~空間工学研究所。2007年KAP設立と同時に移籍、取締役。2019年~KAP共同代表取締役。2012年より、NPO法人team Timberize 理事。主な作品に、安曇野市新庁舎、東京クラシッククラブ、新豊洲 Brillia ランニングスタジアム、北区立田端中学校

松尾智恵(まつお ちえ)

1978年広島県生まれ。2001年法政大学工学部建築学科卒業(川口衞研究室)、2003年シュツットガルト大学大学院修了(ドイツ、Institute for Structural Mechanics, Prof. Ekkehard Ramm)。2003~19年現在、川口衞構造設計事務所勤務。2010~14年日本大学非常勤講師。主な作品に、川崎市立御幸小学校、黒羽統合中学校、横浜英和学院、佐原消防署庁舎、道の駅ソレーネ周南

名和研二(なわ けんじ)*

1970年長野県生まれ。1994年東京理科大学理工学部建築学科卒業。1998~2002年EDH遠藤設計室、1999~2002年池田昌弘建築研究所勤務。2002年なわけんジム(すわ製作所)設立。主な受賞に、2007年吉岡賞、2014年AACA賞、芦原義信賞、環境・設備デザイン賞、2012年・2017年T-1グランプリ大賞

多田脩二(ただ しゅうじ)*

1969年愛媛県生まれ。1995年日本大学大学院理工学研究科修士課程修了(斎藤公男研究室)。1995~2003年佐々木睦朗構造計画研究所勤務。2004年多田脩二構造設計事務所設立。主な作品に、中国木材名古屋事業所、工学院大学武道場。主な共著書に『構造ディテール図集』(オーム社、2016年)、『建築のリテラシー』(彰国社、2018年)。主な受賞に、第15回松井源吾賞、第16回JSCA賞(ともに2005年)

山脇克彦(やまわき かつひこ)

1968年大阪府生まれ。1992年神戸大学大学院環境計画学科修了(辻研究室)。1992~2015年日建設計勤務。2015年山脇克彦建築構造設計設立。主な作品に当麻町庁舎、籤、モード学園スパイラルタワーズ。主な共著書に『構造デザインの歩み—構造設計者が目指す建築の未来』(JSCA構造デザインの歩み編集WG編著、建築技術、2010年)、『挑戦する構造』『建築画報 No.344』(建築画報社、2011年)

金田泰裕(かねだ やすひろ)

1984年神奈川県生まれ。2007年芝浦工業大学工学部建築工学科卒業(丸山洋志研究室)。2007~12年鈴木啓/ASA勤務。2012~14年 Bollinger+Grohmann(パリ事務所)勤務。2014年 yasuhirokaneda STRUCTURE(パリ事務所)設立。2016~19年香港拠点。2019年コペンハーゲンへ拠点を移す。主な作品に Todoroki House in Valley、まれびとの家、Casa Azul

鈴木啓(すずき あきら)*

1969年神奈川県生まれ。1996年東京理科大学理工学研究科建築学専攻修了。1996年~佐々木睦朗構造計画研究所勤務。2001年~池田昌弘建築研究所勤務。2002年、鈴木啓/ASA設立。主な作品に、輪の家、えんぱーく/塩尻市市民交流センター、天神山のアトリエ、ベニアハウスプロジェクト、ACADEX小学校、コンゴ民主共和国日本文化センター、Megacity Skeleton 1・2(メガシティの小さな躯体1・2)

構造設計を仕事にする

思考と技術・独立と働き方

2019年9月20日　第1版第1刷発行

編著者　坂田涼太郎・山田憲明・大野博史・村田龍馬・木下洋介・名和研二・多田脩二・鈴木啓

著　者　小澤雄樹・三原悠子・黒岩裕樹・礒﨑あゆみ・桝田洋子・萩生田秀之・松尾智恵・山脇克彦・金田泰裕 他

発行者　前田裕資

発行所　株式会社 学芸出版社
京都市下京区木津屋橋通西洞院東入
〒600-8216　電話 075-343-0811
http: //www. gakugei-pub. jp/
E-mail　info@gakugei-pub.jp

編集担当　井口夏実・中井希衣子

印　刷　創栄図書印刷

製　本　新生製本

装　丁　助川誠・門野由華（SKG）

ISBN978-4-7615-2717-4　　Printed in Japan